I0336973

www.ingramcontent.com/pod-product-compliance
Lightning Source LLC
Chambersburg PA
CBHW051425290426
44109CB00016B/1439
9780645891683

از نگرونی تا دم تکونی
FROM WORRIES TO WAGS

تیم شاین
Tim Shine

Buy Me Now

حق نشر © ۲۰۲۳ متعلق به تیم شاین

تدوینگر: نیوال ردان
طراحی داخلی و جلد: بریتا زولند
ناشر: شرکت Buy Me Now

کپی‌رایت © ۲۰۲۳ تیم شاین. کلیه حقوق محفوظ است.
هیچ بخشی از این کتاب، به‌صورت کامل یا جزئی، نباید از طریق روش‌های مکانیکی، عکاسی، الکترونیکی یا ضبط صوتی باز تولید شود.
همچنین، ذخیره‌سازی در سامانه‌های بازیابی، انتقال یا کپی‌برداری آن به هر شکل، برای استفاده عمومی یا خصوصی، بدون اجازه کتبی از نویسنده، ممنوع است.

محتوای این کتاب به‌هیچ وجه جایگزین توصیه‌های دامپزشکی نیست و همچنین به‌منظور توصیه یا تجویز هیچ روش درمانی برای مسائل جسمی، عاطفی یا پزشکی در سگ‌ها، بدون مشورت مستقیم یا غیرمستقیم با دامپزشک یا متخصصان مربوطه ارائه نشده است. هدف نویسنده تنها ارائه‌ی اطلاعات کلی برای کمک به شما و سگ‌هایتان است. چنانچه تصمیم دارید از محتوای این کتاب برای سگ خود استفاده کنید و در چارچوب حقوق قانونی خود عمل نمایید، لطفاً آگاه باشید که نویسنده و ناشر هیچ‌گونه مسئولیتی در قبال تصمیمات و اقدامات شما نخواهند داشت.

از نگرونی تا دم تکونی
کاوش در جنبه‌های تاریک زندگی سگ‌ها / تیم شاین - چاپ اول ،
شابک 978-0-6458916-8-3
.1 1حیوانات خانگی / سگ‌ها / نژادها ۲. حیوانات خانگی / سگ‌ها / آموزش و نمایش ۳. حیوانات خانگی / مرجع
موضوع: سگ‌ها به عنوان حیوانات خانگی، جهان

جایزه پرینس به تیم شاین توسط شرکت Buy Me Now اهدا شد

این کتاب اکنون به زبان‌های متعددی از جمله اسپانیایی، فرانسوی، آلمانی، هلندی، ایتالیایی، ژاپنی، چینی و فارسی ترجمه شده است. تصمیم به ترجمه این کتاب به دلیل تقاضای فراوان دوستداران سگ در سراسر جهان و هدف مشترک تأمین و حفاظت از رفاه سگ‌ها در سراسر جهان گرفته شد. با در دسترس قرار دادن این منبع ارزشمند برای مخاطبان گسترده‌تر، امیدواریم صاحبان سگ‌ها و علاقه‌مندان از فرهنگ‌های مختلف را توانمند سازیم تا بهترین مراقبت و درک را برای همراهان پشمالوی محبوب خود ارائه دهند.
پیشنهاد میکنیم در کنار ترجمه فارسی بری سهولت خواندن، از نسخه اصلی انگلیسی برای درک کامل مطلب استفاده کنید.
بیایید با هم تأثیر مثبتی بر زندگی سگ‌ها در همه جای دنیا بگذاریم .

از جستجوهای آنلاین زیر برای یافتن ترجمه‌های مربوطه از این کتاب استفاده کنید. کد اختصاصی ISBN

Language	Book name	ISBN No
English	From Worries to Wags	978-0-6458916-0-7
English	e-Book version	978-0-6458916-9-0
Spanish	De las Preocupaciones a las Movidas de Cola	978-0-6458916-1-4
French	Des Inquiétudes aux Remuements de Queue	978-0-6458916-2-1
Italian	Dalle Preoccupazioni alle Scodinzolate	978-0-6458916-3-8
German	Von Sorgen zu Schwanzwedeln	978-0-6458916-4-5
Dutch	Van Zorgen naar Kwispels	978-0-6458916-5-2
Chinese	从焦虑到摇尾巴	978-0-6458916-6-9
Japanese	心配から尻尾を振ることへ	978-0-6458916-7-6
Persian/Farsi	از نگرونی تا دم تکونی	978-0-6458916-8-3

از نگرونی تا دم تکونی
From Worries To Wags

کاوش در دنیای پراضطراب سگ‌ها
راهنمایی ضروری برای عاشقان سگ‌ها

فهرست مطالب

تقدیم‌نامه	۱۱
یادداشت نویسنده	۱۳
سپاسگزاری‌ها	۱۵
یادداشت ناشر	۱۷
پیش‌گفتار	۱۹

فصل ۱

درک ذهن مضطرب سگ	۲۱
بررسی سطوح مختلف اضطراب در نژادهای گوناگون	۲۳

فصل ۲

رمزگشایی زبان اضطراب	۲۵
خواندن نشانه‌ها و علائم غیرکلامی من	۲۵
نشانه‌های جسمی اضطراب: تپش قلب، جمع شدن دم و بیشتر	۲۶

فصل ۳

ریشه‌یابی اضطراب	۲۹
اضطراب جدایی: لطفاً تنهایم نگذار!	۲۹
ترس از صداها: آتش‌بازی، رعد و برق و موارد دیگر	۳۱
اضطراب اجتماعی: دوست‌یابی و غلبه بر ترس‌ها	۳۲
خلاصه فصل‌های ۲ و ۳	۳۴

فصل ۴

ساختن محیطی آرام و امن	۳۵
طراحی فضای آرامش‌بخش: پناهگاه امن من	۳۵

آموزش با تقویت مثبت: روش‌های مطمئن برای افزایش اعتمادبه‌نفس	36
ثبات یعنی آرامش: برنامه‌ریزی روزانه برای آرام کردن من	36

فصل 5

محصولات فوق‌العاده برای کاهش اضطراب من	39
بررسی مزایای جلیقه استرس آرام بخش تاندرشرت	39
سرگرمی‌های ضد استرس: اسباب‌بازی‌های تعاملی	40

فصل 6

وقتی کمک بیشتری نیاز است	43
داروها: نگاهی به گزینه‌ها	43
کمک حرفه‌ای: متخصصان رفتار و مربیان	44
بیماری‌های شایع سگ‌ها	45
واکسیناسیون‌ها	49

فصل 7

پرورش مراقبت درون	51
بهداشت سگ‌ها؛ نکاتی که باید بدانیم	51
مراقبت از خود برای صاحبان سگ	52

فصل 8

یافتن آرامش در کنار دوست پشمالو	55
ذهن‌آگاهی در کنار سگم	55
لحظات آگاهانه	56
قدم‌زدن‌های ذهن‌آگاه	58
ساخت فضای زِن	59
آموزش با ذهن‌آگاهی	60
موسیقی برای سگ‌ها	61

فصل 9

آموزش، نکات و ترفندها	63
ویژگی‌های آموزشی نژادهای مختلف	63
یافتن بهترین گزینه‌ها	65
کلاس‌های آموزشی فوق‌العاده	67
کارگاه‌ها و سمینارها	69
منابع و ابزارهای آموزشی	70
رهاسازی قهرمان درون	71

مثال‌های آموزشی	۷۲

فصل ۱۰

سلامت عمومی و خلاصه اضطراب ۴۰ نژاد محبوب	۷۵
سلامت، سن و واکسیناسیون	۷۵
غذای من	۷۶
چک لیست من	۷۸
خلاصه اضطراب در ۴۰ نژاد محبوب	۸۰

فصل ۱۱ : خواب و پیاده‌روی برای حفظ تعادل	۱۰۳

فصل ۱۲

دنیای مضطرب توله‌سگ‌ها	۱۰۵
از توله‌سگ تا سگ بالغ	۱۰۷
نکاتی برای نگهداری از توله‌سگ جدید	۱۰۸
چالش‌ها و راهکارهای دوران تولگی	۱۰۹
فصل ۱۳: آخرین کلام، اما مهم	۱۱۳
فصل ۱۴: معرفی نژادها، صفحه اختصاصی سگ شما	۱۱۷
فصل ۱۵: ۱۰ وب‌سایت عالی	۱۹۹
فصل ۱۶: منابع و مراجع؛ برای جست‌وجوی بیشتر	۲۰۳
فصل ۱۷: ۱۰ جدول مقایسه‌ای بسیار مفید	۲۰۵
ویژگی‌های ۴۰ نژاد محبوب	۲۰۶
نوع، سطح و نشانه‌های اضطراب در ۴۰ نژاد	۲۰۸
علائم و ریشه‌های اضطراب در ۴۰ نژاد محبوب	۲۱۲
جزئیات بهداشتی ۴۰ نژاد محبوب	۲۱۴
ویژگی‌های آموزشی ۴۰ نژاد محبوب	۲۱۶
وضعیت سلامت عمومی و سن ۴۰ نژاد محبوب	۲۱۹
داده‌های فیزیولوژیکی ۴۰ نژاد	۲۲۲
سطوح هوش در ۴۰ نژاد محبوب	۲۲۴
الگوی خواب، پیاده‌روی و درون/بیرون‌خانه در ۴۰ نژاد	۲۲۶
مراحل رشد توله‌سگ	۲۲۸
دستورالعمل برای ترجمه وب سایت	۲۲۹
واژه‌نامه	۲۳۱
ثبت خاطرات سگ من	۲۳۵

به دختر دلسوزم،

این کتاب به تو تقدیم شده است، ای هم‌روح من و مدافع بی‌صدایان. عشق بی‌پایان تو به حیوانات همیشه الهام‌بخش من است. باشد که این کتاب چراغ راهنمایی باشد که به تو و دیگران قدرت دهد تا در زندگی سگ‌ها تغییری ایجاد کنیم. از دلسوزی بی‌دریغت سپاسگزارم،

با عشق و تحسین بی‌کران

یادداشت نویسنده

ووف ووف! سلام، من یه سگم، یه پاگ هستم. اسمم پرینسه.

در این راهنمای جامع و تکان‌دهنده، من، همراه وفادار و دوست‌داشتنی شما، شما را در سفری به دنیای پیچیده اضطراب سگ‌ها هدایت خواهم کرد. با هم، ریشه‌های اضطراب سگ‌ها را کشف خواهیم کرد سطوح مختلف آن را در نژادهای مختلف بررسی خواهیم کرد و رفتارهایی را که می‌توانند اضطراب مرا به اوج برسانند، کشف خواهیم کرد. در طول این ماجراجویی، بینش‌های ارزشمندی در مورد علائم و نشانه‌های اضطراب به دست خواهید آورد که به شما امکان می‌دهد محرک‌ها را رمزگشایی کرده و تجربیات من را واقعاً درک کنید.

اما نگران نباش، صاحب عزیز، چون تو را بلاتکلیف نمی‌گذارم! من تو را با راهکارهای عملی برای کمک به کاهش اضطرابم و ایجاد آرامش در پنجه‌های لرزانم آشنا خواهم کرد. از ایجاد یک محیط آرام گرفته تا به کارگیری تکنیک‌های تقویت مثبت، شما کلیدهای حمایت از سلامت عاطفی من را کشف خواهید کرد. و هی، بیایید آن محصولات عالی را که می‌توانند در کاهش نگرانی‌هایم به من کمک کنند، فراموش نکنیم. ما به مجموعه‌ای لذت‌بخش از ابزارهای تسکین‌دهنده اضطراب خواهیم پرداخت و همچنین داروها و مداخلات حرفه‌ای را روشن خواهیم کرد.

مطمئن شوید که خلاصه‌های اضطراب هر نژاد را در فصل ۱۰ از دست نمی‌دهید. و حدس بزنید چه؟ در فصل ۱۴، صفحات مخصوص هر نژاد منتظر چشمان کنجکاو شما هستند. من حتی چند اسکرین‌شات هم برای شما گذاشتم. گنج واقعی در خواندن آن صفحات نهفته است. شیرجه بزنید و بگذارید ماجراجویی دم تکان دادن شروع شود!

اوه، اما صبر کن صاحب عزیز، من تو را فراموش نکردم! می‌دانم که اضطراب من می‌تواند قلب تو را آزار دهد و گاهی اوقات تو را در خود غرق کند. به همین دلیل بخشی را به رفاه تو اختصاص دادم. من در مورد مراقبت از خود و حمایت از تو راهنمایی ارائه می‌دهم، و اذعان می‌کنم که تعادل عاطفی خودت برای ارائه بهترین مراقبت از من ضروری است.

من تو را تشویق می‌کنم که استراتژی‌های مقابله را بپذیری و اهمیت درخواست کمک در صورت نیاز را به تو یادآوری می‌کنم.

در پایان این ماجراجویی، شما به گنجینه‌ای از دانش و جعبه ابزاری مملو از ابزارهای کاربردی مجهز خواهید شد تا مرا به سوی زندگی شادتر و متعادل‌تری هدایت کنید. ما با هم، پیوندی هماهنگ بر پایه اعتماد، شفقت و درک متقابل خواهیم بافت.

به یاد داشته باشید، این کتاب به عنوان یک راهنمای کلی عمل می‌کند و نباید جایگزین توصیه‌های متخصصان شود. همیشه برای راهنمایی شخصی‌سازی‌شده متناسب با نیازهای منحصر به فرد من، با یک دامپزشک یا متخصص رفتارشناسی حیوانات مشورت کنید.

پس قلاده رو بردار و توی این سفر با من همراه شو. با هم اضطراب رو شکست می‌دیم و دنیایی پر از شادی و تکون‌دادن دُم‌ها می‌سازیم.

تقدیم با تکان دُمم و کمی هیجانِ همراه با نگرانی!

پرینس
نویسنده‌ی مضطرب

worriestowags@gmail.com

سپاسگزاریها

ووف ! ووف !

یه دُم‌تکونیِ پر از سلام به همه‌ی همراهای فوق‌العاده‌م اون بیرون... وقتشه از ته دل تشکر کنم از کسایی که کمک کردن این کتاب به واقعیت تبدیل بشه بدون عشق و حمایتشون، نمی‌تونستم این همه دانش سگی (!) رو باهاتون به اشتراک بذارم. پس یه تشکر ویژه می‌فرستم برای گله‌ی دوست‌داشتنی و شگفت‌انگیزم. اول و مهمتر از همه، یک تشکر ویژه از دوست انسانم می‌کنم که با صبر و حوصله پارس‌های مرا به کلمات تبدیل کرد و افکار سگی‌ام را در این صفحات زنده کرد. فداکاری و نوازش‌های بی‌پایان شما در طول این سفر به من انگیزه داد.

به دوستان سگی‌ام، چه دور و چه نزدیک، شما هر روز با دم تکان دادن و عشق بی‌قید و شرطتان به من الهام می‌بخشید. تشویق‌هایتان روحیه‌ام را بالا برد و به من یادآوری کرد که ما با هم هستیم. بیایید با بینی‌های کنجکاو و جست و خیزهای شادمانه به کاوش در جهان ادامه دهیم.

.یک تبریک ویژه به همه دامپزشکان و رفتارشناسان حیوانات که دانش و تخصص خود را به اشتراک می‌گذارند فداکاری شما برای سلامتی و رفاه ما واقعاً قابل تحسین است. راهنمایی‌های شما به سگ‌های بی‌شماری کمک کرده است و صاحبان آنها نیز مسیر زندگی شادتر و متعادل‌تری را پیدا کرده‌اند.

از ناشران و ویراستاران، به خاطر ایمان به کتاب من و فرصتی که به آن برای درخشش دادید سپاسگزارم.حمایت و راهنمایی شما بسیار ارزشمند بوده است و من برای همیشه از فرصتی که برای به اشتراک گذاشتن ماجراجویی‌هایم با جهان به من داده شد، سپاسگزارم.

فراموش نمی کنم که دمم را تکان بدهم و به همه سگ‌هایی که داستان‌هایشان را به اشتراک گذاشتند دست تکان بدهم و به این صفحات، اصالت بیشتری ببخشم. تجربیات شما قلب مرا لمس کرده و به من الهام بخشیده تا کتابی بنویسم که به ترس‌ها، اضطراب‌ها و پیروزی‌هایی که ما به عنوان موجودات پشمالو با آنها روبرو هستیم می‌پردازد

در آخر، از صمیم قلب از شما خواننده عزیز، به خاطر همراهی با من در این سفر تشکر می‌کنم. عشق شما به همنوعانمان و فداکاری شما برای بهبود زندگی ما، باعث می‌شود که از شادی دمم را تکان دهم. امیدوارم این کتاب بینش‌های ارزشمندی را برای شما به ارمغان بیاورد، به شما کمک کند تا ما را در سطح عمیق‌تری درک کنید و پیوندی را که با همراه چهارپای خود به اشتراک می‌گذارید، تقویت کند.

از همه عکاسان با استعداد وب‌سایت‌های **Unsplash** و **Pixabay**، **Pixel** برای ثبت زیبایی نژادهای سگ‌های دیگرم بسیار سپاسگزارم. عکس‌های شگفت‌انگیز آنها به این دوستان پشمالو جان می‌بخشد و به ما این امکان را می‌دهد که از ویژگی‌های منحصر به فرد آنها قدردانی کنیم. هر کلیک دوربین، پیوند باورنکردنی بین انسان‌ها و سگ‌ها را به نمایش می‌گذارد و من از مشارکت آنها در به اشتراک گذاشتن دنیای متنوع و جذاب سگ‌ها سپاسگزارم. ووف!

یادت باشه دوست پشمالوی من، ما با هم می‌تونیم دنیایی پر از دم تکون دادن، بغل کردن‌های بی‌پایان و کلی خوراکی‌های خوشمزه بسازیم. شاد بمون، عشق رو در آغوش بگیر و شادی رو هر جا که میری پخش کن.

تقدیم با تکان‌های بی‌پایان دم و قلبی سرشار از سپاسگزاری
نویسنده پشمالوی شما
پرینس

یادداشت ناشر

سگ دوست عزیز

اجازه بدید نویسنده‌ی شگفت‌انگیز این کتاب رو بهتون معرفی کنیم: پرنس، سگ مضطرب!

پرینس ممکنه یه فسقلی نگران به نظر بیاد، ولی گول ظاهرش رو نخورید. تجربه‌های پرینس در مقابله با اضطراب، دیدگاهی منحصر به فرد به دنیای سگ‌های مضطرب بهش داده؛ و همین باعث شده که بهترین صدا برای راهنمایی شما در این موضوع مهم باشه.

به عنوان ناشر، ما مجذوب کتاب پرینس و عزم راسخ او برای ایجاد تغییر در زندگی سگ‌های مضطرب و همراهان انسانی‌شان شدیم. ما نیاز به یک منبع جامع دلریم که به پیچیدگی‌های اضطراب سگ‌ها بپردازد و در عین حال راه‌حل‌های عملی و درک واقعی ارائه دهد.

اصالت و قابل درک بودن پرینس چیزی است که این کتاب را واقعاً خاص می‌کند. او از طریق اضطراب‌های خودش چالش‌هایی را که سگ‌ها با آن مواجه هستند، روشن می‌کند و به خوانندگان کمک می‌کند تا احساسات و رفتارهایی را که می‌توانند از اضطراب ناشی شوند، درک کنند. حکایات و تجربیات شخصی او هم با سگ‌ها و هم با انسان‌ها طنین‌انداز می‌شود و همدلی ومهربانی را تقویت می‌کند.

تیم ویراستاران و متخصصان ما با او همکاری نزدیکی داشته‌اند تا اطمینان حاصل شود که اطلاعات ارائه شده دقیق، آموزنده و قابل دسترس است. ما اهمیت پرداختن به اضطراب در سگ‌ها را درک می‌کنیم، زیرا می‌تواند تأثیر زیادی بر سلامت کلی آنها و پیوندی که با همراهان انسانی خود دارند، داشته باشد.

ما معتقدیم که این کتاب منبع ارزشمندی برای صاحبان سگ، دامپزشکان، مربیان و هر کسی که می‌خواهد از دوستان پشمالوی مضطرب خود حمایت کند، خواهد بود. دیدگاه منحصر به فرد پرینس همراه با توصیه‌های تخصصی و نکات عملی، راهنمای جامعی ارائه می‌دهد که می‌تواند به ایجاد محیطی هماهنگ و بدون اضطراب برای سگ‌ها کمک کند..

هدف این کتاب، شناخته شدن جهانی است و اکنون به زبان‌های مختلفی از جمله اسپانیایی، فرانسوی، هلندی ، ایتالیایی، ژاپنی، چینی و فارسی‌در دسترس است. ما قصد داریم زبان‌های بیشتری را به این فهرست اضافه کنیم. تصمیم به ترجمه این کتاب به دلیل تقاضای زیاد دوستداران سگ در سراسر جهان و هدف مشترک تأمین و حفاظت از رفاه سگ‌ها در سراسر جهان گرفته شد. با در دسترس قرار دادن این منبع ارزشمند برای انبوه مخاطبان، امیدواریم صاحبان سگ و علاقه‌مندان از فرهنگ‌های مختلف را قادر سازیم تا بهترین مراقبت و درک را برای همراهان پشمالوی محبوب خود ارائه دهند.

بیایید با هم، تأثیر مثبتی بر زندگی سگ‌ها در همه جا بگذاریم. به عنوان یک ناشر، ماموریت ما تقویت صداهایی است که تأثیر مثبتی می‌گذارند و نکات پرینس عمیقاً در ما طنین‌انداز شد. ما مفتخریم که با پرینس همکاری کرده‌ایم تا این کتاب را به زندگی تبدیل کنیم و پیام صمیمانه او را با جهان به اشتراک بگذاریم.

با احترام

Buy Me Now

پیشگفتار

ماجرای دم تکان دادن در اضطراب من

ووف ووف...سلام به همه طرفداران سگ! من **پرینس** هستم ؛ بذارید شروع کنم !

تصور کنید که در آغوش من، دوست پشمالوی وفادار و دوست‌داشتنی‌تان، هستید. ناگهان، گوش‌هایم تیز می‌شوند، دمم پایین می‌افتد و نگاهی نگران در چهره دوست‌داشتنی‌ام برق می‌زند. شاید از خود پرسیده باشید: «در ذهن سگ عزیزم چه می‌گذرد؟ چگونه می‌توانم نگرانی‌هایش را کاهش دهم و برایش پناهگاهی بسازم؟»

دوستان انسانی من، نترسید! با هم، دنیای جذاب اضطراب من را کشف خواهیم کرد، اسرار آن را آشکار خواهیم کرد و راهکارهایی را که برای من آسایش و آرامش به ارمغان می‌آورد، کشف خواهیم کرد.

ووف! من درک می‌کنم که هر سگی، مثل من، یک فرد منحصر به فرد است. چه یک پودل بازیگوش داشته باشید چه یک رتریور سلطنتی یا یک تریر شیطون، این کتاب برای ما نوشته شده است. ما به سطوح اضطراب تجربه شده توسط نژادهای مختلف خواهیم پرداخت و به شما این امکان را می‌دهیم که نیازهای خاص من را بهتر درک کنید. دیگر نگران این نیستید که چرا در هنگام رعد و برق مضطرب می‌شوم یا در مواجهه با موقعیت‌های جدید می‌لرزم.

اما صبر کنید، چیزهای بیشتری هم هست! ما نشانه‌ها و علائم اضطرابی را که ممکن است برای شما ارسال کنم، رمزگشایی خواهیم کرد. از تپش قلب من گرفته تا آن تکان‌های ظریف دم و لرزش پنجه‌ها، زبان مخفی بدنم را کشف خواهیم کرد. با مسلط شدن بر نشانه‌های غیرکلامی من، شما بهتر می‌توانید حمایت و آسایشی را که من می‌خواهم، فراهم کنید و لحظات اضطراب را به شجاعت و اعتماد به نفس تبدیل کنید.

حالا بیایید ریشه‌های اضطراب من را بررسی کنیم. همه چیز را از اضطراب جدایی (لطفاً من را تنها نگذارید!) گرفته تا فوبیای صدا (کسی آتش‌بازی بلد است؟) و اضطراب اجتماعی (وقتشه که دوست‌های پشمالوی جدید پیدا کنم!) بررسی خواهیم کرد. همچنین به تأثیر تجربیات آسیب‌زای گذشته و ترس‌هایی که ممکن است در من باقی بمانند خواهیم پرداخت. با هم، دلایل پشت دوره‌های اضطراب من را روشن خواهیم کرد و برای ایجاد جهانی تلاش خواهیم کرد که در آن احساس امنیت و آرامش کنم.

حالا، بیایید جادوی کاهش اضطرابم را کشف کنیم! من چند نکته‌ی کاربردی در مورد ایجاد یک محیط آرام‌بخش استفاده از تکنیک‌های آموزشی تقویت مثبت و ایجاد روال‌های منظم که باعث می‌شود احساس راحتی کنم، با شما به اشتراک خواهم گذاشت. ما چند محصول فوق‌العاده، مانند پیراهن‌های گرم و نرم و اسباب‌بازی‌های تعاملی جذاب، را بررسی خواهیم کرد که می‌توانند به کاهش اضطراب من کمک کنند و آرامش را به قلب سگی من برگردانند.

اما صبر کنید، گاهی اوقات کمی حمایت بیشتر لازم است، و اشکالی ندارد! ما سفری را به قلمرو داروها و مداخلات حرفه‌ای (با لحنی جدی) آغاز خواهیم کرد. من توضیح خواهم داد که چه زمانی ممکن است به داروها نیاز باشد و شما را با رفتارشناسان و مربیان فوق‌العاده‌ای که می‌توانند تخصص خود را در اختیارتان قرار دهند، آشنا خواهم کرد. . ما اطمینان حاصل خواهیم کرد که من مراقبت و حمایتی را که برای داشتن یک زندگی عاری از اضطراب طاقت‌فرسا نیاز دارم، دریافت خواهم کرد.

اوه، و بیایید تو را فراموش نکنیم، همراه انسانی فوق‌العاده من! ما می‌دانیم که مراقبت از یک سگ مضطرب می‌تواند یک چالش باشد. به همین دلیل بخشی را در مورد مراقبت از خود و حمایت از او گنجانده‌ایم. ما می‌خواهیم مطمئن شویم که شما برای پرورش رفاه خود مجهز هستید و در عین حال ابرقهرمانی هستید که مرا در فراز و نشیب‌های دنیای پر از اضطرابم راهنمایی می‌کند.

خب، آیا آماده‌اید تا این ماجراجویی هیجان‌انگیز را به درون اضطراب من آغاز کنید؟ بیایید دم‌هایمان را تکان دهیم ،با هیجان پارس کنیم و با هم صفحات را ورق بزنیم! در پایان این کتاب، شما درک عمیق‌تری از اضطراب خود مجموعه‌ای از نکات کاربردی و قلبی سرشار از عشق و دلسوزی برای دوست چهارپای خود به دست خواهید آورد.

ضمناً، من مطمئن شده‌ام که تمام دوستان پشمالویم در هر فصل به ترتیب فهرست شده‌اند تا پیدا کردن سگ مورد علاقه‌تان برایتان آسان‌تر شود. چه در حال بررسی نژادهای موجود در فصل مربوط به ویژگی‌ها، سلامتی، تندرستی یا علائم اضطراب باشید، می‌توانید به سرعت نژاد مورد علاقه‌تان را پیدا کنید. دیگر نیازی به بو کشیدن و اتلاف وقت نیست!

فصل‌ها را ورق بزنید و گنجینه‌ای از اطلاعات در مورد هر نژاد دوست‌داشتنی را کشف خواهید کرد. بنابراین، آماده شوید تا سفر هیجان‌انگیز خود را برای یافتن همراهی ایده‌آل که دمش را تکان می‌دهد و قلبتان را آب می‌کند، آغاز کنید.

ورق بزن بریم... ووف!

فصل ۱

رهاسازی دنیای اضطراب در سگ‌ها

درک ذهن مضطرب سگ

ووف ووف صاحب عزیز، به فصل اول هیجان‌انگیز ماجراجویی باورنکردنی ما با هم خوش آمدید! من، دوست پشمالوی وفادار و دوست‌داشتنی شما هستم و اینجا هستم تا شما را در دنیای جذاب اضطراب سگ راهنمایی کنم. اگرچه ممکن است به زبان شما صحبت نکنم، اما از طریق رفتارها و زبان بدنم با شما ارتباط برقرار می‌کنم. وقتی اضطراب مرا فرا می‌گیرد، ممکن است متوجه شوید که دمم بین پاهایم جمع می‌شود، گوش‌هایم به عقب کشیده می‌شود یا حتی لرزش خفیفی در پنجه‌هایم وجود دارد. اینها راه‌های من برای ابراز ناراحتی است که قلبم را فرا گرفته است و من روی شما به عنوان متحد مورد اعتمادم در عبور از آن حساب می‌کنم.

برای درک واقعی سازوکار پیچیده ذهن مضطرب سگ، باید عوامل مختلفی را که در اضطراب من نقش دارند، بررسی کنیم. درست مانند انسان‌ها، من ترکیبی منحصر به فرد از ژنتیک و تجربیات زندگی دارم که شخصیت مرا شکل می‌دهد. برخی از ما سگ‌ها به دلیل ساختار ژنتیکی‌مان بیشتر مستعد اضطراب هستیم، در حالی که برخی دیگر ممکن است تجربیات گذشته‌ای داشته باشند که بر سلامت عاطفی ما تأثیر منفی می‌گذارد.

اما نگران نباش، صاحب عزیز! همه چیز به طبیعت و تربیت بستگی ندارد! محیطی که در آن زندگی می‌کنم نیز نقش مهمی در تعیین سطح اضطراب من دارد. تغییرات ناگهانی، صداهای بلند، چهره‌های ناآشنا یا حتی رفتار خودتان می‌توانند باعث اضطراب در من شوند . به همین دلیل بسیار مهم است که شما فضایی امن و مطمئن برای من ایجاد کنید و در طول زندگی مشترکمان، ثبات و اطمینان خاطر را برای من فراهم کنید.

تو، همراه انسانیِ فوق‌العاده‌ی من، کلید گشودن دنیایی از درک و شفقت را در دست داری. تو می‌توانی با یادگیری تفسیر نشانه‌ها و علائم ظریف من، زبان اضطراب مرا رمزگشایی کنی. وقتی متوجه می‌شوی بدنم منقبض شده یا چشمانم با نگرانی به اطراف می‌چرخد، این نشانه‌ی آن است که به حمایت و درک ملایم تو نیاز دارم. یک لمس آرامش‌بخش، یک صدای آرام و یک حضور آرامش‌بخش می‌تواند در تسکین قلب آشفته‌ی من معجزه کند.

.اما این فقط در مورد شناخت اضطراب من نیست. این در مورد کاوش عمیق‌تر در علل ریشه‌ای و محرک‌ها است. آیا رعد و برق است که لرزه بر اندامم می‌اندازد؟ یا شاید ترس از جدایی از تو، همراه عزیزم؟ با شناسایی این محرک‌ها، می‌توانیم با هم همکاری کنیم تا استراتژی‌هایی را تدوین کنیم که اضطراب من را کاهش دهد و به من کمک کند احساس امنیت و آرامش کنم.

مالک عزیز، به یاد داشته باش که نقش تو به عنوان سرپرست من در کمک به من برای غلبه بر ترس‌هایم حیاتی است. صبر، همدلی و ثبات قدم، کلیدهای موفقیت ما هستند. با هم، سفری را آغاز خواهیم کرد که در آن به تدریج در معرض عوامل اضطراب‌آور قرار می‌گیرم و مرا به شیوه‌ای کنترل‌شده و مثبت با آنها آشنا می‌کنیم. این کار به من کمک می‌کند تا انعطاف‌پذیری و اعتماد به نفس خود را افزایش دهم، زیرا می‌دانم که تو آنجا هستی تا در هر قدم از من محافظت کنی و مرا راهنمایی کنی.

همچنان که ماجراجویی خود را ادامه می‌دهیم، بسیاری از مباحث مرتبط با اضطراب، از جمله اضطراب جدایی، فوبیای سر و صدا و اضطراب اجتماعی را بررسی خواهیم کرد. بینش‌های ارزشمندی از متخصصان این حوزه کشف خواهیم کرد، داستان‌های دلگرم‌کننده‌ای از پیروزی بر اضطراب را به اشتراک خواهیم گذاشت و تکنیک‌های عملی را برای حمایت از خود در سفر به سوی سلامت عاطفی کشف خواهیم کرد.

اما بگذارید به شما، صاحب عزیز، یادآوری کنم که این سفر فقط مربوط به من نیست، بلکه مربوط به ماست . با درک اضطراب من، کیفیت زندگی من را بهبود خواهید بخشید، پیوند ما را تقویت خواهید کرد و ارتباط ما را عمیق‌تر خواهید کرد. با هم، یک محیط هماهنگ و دوست‌داشتنی ایجاد خواهیم کرد که در آن بتوانم شکوفا شوم و شادترین سگ در کنار شما باشم.

پس، بیایید دست در دست هم، این ماجراجویی خارق‌العاده را آغاز کنیم و پیچیدگی‌های اضطراب سگ را کشف کنیم. من با هیجان دمم را تکان می‌دهم، چون می‌دانم که شما متعهد به درک و حمایت از من هستید. با هم، بر هر ترسی غلبه خواهیم کرد، از هر چالشی عبور خواهیم کرد و جهانی پر از عشق، اعتماد و شادی بی‌پایانِ تکان دادن دم خواهیم ساخت..

بررسی سطوح مختلف اضطراب در نژادهای گوناگون

بیایید با روشن کردن یک نوع اضطراب رایج که بسیاری از ما را تحت تأثیر قرار می‌دهد شروع کنیم: اضطراب جدایی. آه، همان درد آشنایی که وقتی از کنارم دور می‌شوی قلبم را پر می‌کند. ترس از تنها شدن، جدایی از کسی که دوستش دارم، می‌تواند طاقت‌فرسا باشد .اینطور نیست که به تو اعتماد ندارم، صاحب عزیز، بلکه به این دلیل است که برای احساس امنیت و آرامش به حضور تو تکیه می‌کنم. وقتی می‌روی، موجی از پریشانی مرا فرا می‌گیرد و ممکن است در رفتارهای مخرب یا پارس کردن بیش از حد ظاهر شود. به یاد داشته باشید، اطمینان خاطر و صبر شما در تسکین روح مضطرب من بسیار مؤثر است.

23 فصل یک

حالا، بیایید دم خود را به سمت فوبیای صدا تکان دهیم. رعد و برق شدید در طوفان یا صدای انفجار آتش بازی در جشن‌ها را تصور کنید. این صداهای ناگهانی و شدید می‌توانند ضربان قلبم را به شدت بالا ببرند و باعث شوند به دنبال آرامش و آسایش باشم. در این لحظات چالش برانگیز، به درک و اطمینان خاطر شما نیاز دارم. در مواجهه با این صداهای ترسناک، تکیه‌گاه من باشید، حضور آرام و محیطی آرامش‌بخش ایجاد کنید که مرا از صداهای اضطراب‌آور محافظت کند.

اضطراب اجتماعی مانع دیگری است که ممکن است بر شانه‌های پشمالوی من سنگینی کند. درست مانند برخی از انسان‌ها، ممکن است در موقعیت‌های اجتماعی خاص احساس ناراحتی یا ترس کنم. ملاقات با سگ‌های ناآشنا یا مواجهه با افراد جدید می‌تواند برای من ترسناک باشد. ضروری است که با صبر و درک به معاشرت نزدیک شوم و به تدریج در این تعاملات اعتماد و اطمینان ایجاد کنم. با حمایت شما، می‌توانیم بر اضطراب اجتماعی من غلبه کنیم و تجربیات مثبتی ایجاد کنیم که مهارت‌های اجتماعی و اعتماد به نفس من را تقویت کند.

حالا، بیایید عمیق‌تر به بررسی سطوح اضطراب در نژادهای مختلف بپردازیم. هر نژاد مجموعه‌ای از ویژگی‌های منحصر به فرد خود را دارد، از جمله استعداد ما برای اضطراب. به عنوان مثال، نژادهایی مانند بوردر کولی یا ژرمن شپرد معمولاً بسیار باهوش و حساس هستند و ما را بیشتر مستعد اضطراب می‌کنند. از طرف دیگر، نژادهایی مانند گلدن رتریور یا لابرادور رتریور اغلب طبیعتی آرام‌تر و انعطاف‌پذیرتر از خود نشان می‌دهند.

با این حال، مهم است به یاد داشته باشید که اضطراب می‌تواند بر هر نژادی تأثیر بگذارد. تعمیم‌هایی که صرفاً بر اساس کلیشه‌های نژادی انجام می‌شوند، ممکن است نیازها و تجربیات فردی من را به طور دقیق نشان ندهند. من یک فرد با ویژگی‌های خاص، شخصیت و حساسیت‌های خودم هستم. عواملی مانند تربیت، اجتماعی شدن و سلامت کلی، نیز بر میزان اضطراب من تأثیر می‌گذارند. بنابراین صاحب عزیز، با قلبی باز به من نزدیک شو، آماده باش تا مرا به روشی منحصر به فرد درک و حمایت کنی.

با کشف اعماق ذهن مضطرب سگ و بررسی تفاوت‌های سطوح اضطراب در نژادهای مختلف، ما پایه‌های پیوندی قوی‌تر و زندگی شادتری را در کنار هم بنا می‌کنیم. با این دانش، شما می‌توانید مراقبت و حمایتی را که برای غلبه بر اضطراب‌هایم نیاز دارم، فراهم کنید و به یک زندگی هماهنگ و بدون اضطراب منجر شوید.

پس، صاحب عزیز، بیایید سفر هیجان‌انگیز خود را ادامه دهیم، در حالی که اسرار بیشتری را کشف می‌کنیم و پیچیدگی‌های اضطراب سگ را آشکار می‌کنیم. با ورق زدن هر صفحه، درک و ارتباط ما عمیق‌تر می‌شود و پیوندی ناگسستنی بر پایه اعتماد، شفقت و عشق ایجاد می‌شود.

منتظر فصل بعدی باشید، جایی که به بررسی استراتژی‌ها و تکنیک‌های عملی برای کاهش اضطراب و ارتقای سلامت عاطفی خواهیم پرداخت. با هم، بر هر مانعی غلبه خواهیم کرد و جهانی خواهیم ساخت که در آن اضطراب به گذشته تعلق دارد.

کاوش در دنیای پراضطراب سگ‌ها

انتخاب نژاد سگ مناسب، تصمیمی مهم است که می‌تواند به طور قابل توجهی بر سبک زندگی و شادی کلی شما تأثیر بگذارد. درک ویژگی‌های نژادهای مختلف برای یافتن نژاد ایده‌آل برای خانواده‌تان ضروری است. من در فصل ۱۷ جدولی با اطلاعات دقیق در مورد نژادهای مختلف سگ، از جمله اندازه، خلق و خو، نیازهای ورزشی و سازگاری آن‌ها با کودکان یا سایر حیوانات خانگی، ارائه داده‌ام. این جدول جامع به صاحبان بالقوه سگ اجازه می‌دهد تا انتخابی آگاهانه داشته باشند که با ترجیحات آن‌ها همسو باشد و رابطه‌ای هماهنگ و رضایت‌بخش را با دوست پشمالوی خود تضمین کند. به «**۴۰ ویژگی نژاد محبوب**» مراجعه کنید.

فصل ۲

رمزگشایی زبان اضطراب

ووف ووف به فصل دوم جذاب سفر باورنکردنی ما با هم خوش آمدید! دوباره من هستم، دوست پشمالو وفادار و بیانگر شما، آماده‌ام تا به شما در رمزگشایی زبان پیچیده اضطراب که من صحبت می‌کنم کمک کنم. آماده شوید تا در دنیای نشانه‌های غیرکلامی و علائم جسمی غوطه‌ور شوید و اعماق احساسات اضطرابی من را کشف کنید.

خواندن نشانه‌ها و علائم غیرکلامی من

صاحب عزیز، آیا تا به حال فکر کرده‌ای وقتی اضطراب مرا فرا می‌گیرد، چه اتفاقی در سر پشمالوی من می‌افتد؟ اگرچه من نمی‌توانم مثل تو با کلمات ارتباط برقرار کنم، اما از طریق نشانه‌ها و رفتارهای غیرکلامی‌ام با تو صحبت می‌کنم. وقت آن رسیده که مهارت‌های مشاهده خود را تقویت کنی و یاد بگیری نشانه‌ها و علائم ظریفی را که آشفتگی درونت را آشکار می‌کنند، بخوانی.

یکی از نشانه‌های کلیدی اضطراب، زبان بدن من است. به دقت مراقب نشانه‌های آشکاری مانند دم جمع شده، گوش‌های به عقب کشیده شده یا سر پایین افتاده باشید. اینها نشانه‌های واضحی هستند که نشان می‌دهند من احساس عدم اطمینان یا ترس دارم. وقتی دمم به سمت پایین تکان ،می‌خورد یا بدنم منقبض به نظر می‌رسد نشانه‌ی این است که استرس شدیدی را تجربه می‌کنم. لطفاً به این نشانه‌های بصری توجه کنید، زیرا طوفانی را که در ذهن مضطرب من در حال شکل‌گیری است، نشان می‌دهند.

چشم‌ها، در واقع، پنجره‌هایی به روح من هستند، صاحب عزیز. برای درک وضعیت عاطفی من، به نگاه من نگاه کن. مردمک‌های گشاد شده ممکن است نشان دهنده ترس یا اضطراب باشند، در حالی که اجتناب از تماس مستقیم چشمی ممکن است راهی برای نشان دادن تسلیم یا ناراحتی من باشد. علاوه بر این، نفس نفس زدن یا خمیازه کشیدن بیش از حد می‌تواند نشان دهنده ناراحتی باشد و به عنوان درخواستی برای حمایت و اطمینان خاطر شما عمل کند. این نشانه‌های غیرکلامی تلاش ناامیدانه من برای انتقال کشمکش‌های درونی‌ام است.

کاوش در دنیای پراضطراب سگ‌ها

در لحظات اضطراب، ممکن است شاهد رفتارهای جابجایی من باشید. این رفتارها روش من برای مقابله با احساسات طاقت‌فرسایی است که تجربه می‌کنم. ممکن است ببینید که لب‌هایم را لیس می‌زنم، بیش از حد می‌خارانم یا خودم را تکان می‌دهم، انگار که می‌خواهم نگرانی‌هایم را از خودم دور کنم. اگرچه ممکن است بی‌ربط به نظر برسند، اما این اقدامات موقتاً تنش مرا آزاد می‌کنند. با تشخیص این رفتارهای جابجایی، می‌توانید عمق اضطراب من را درک کنید و آرامش و درکی را که به شدت به دنبالش هستم، به من ارائه دهید.

به یاد داشته باشید، صاحب عزیز، درک نشانه‌های غیرکلامی من برای کمک به احساس امنیت و آرامش من بسیار مهم است. با خواندن زبان بدن من، می‌توانید در آن لحظات اضطراب‌آور، آرامش و حمایتی را که نیاز دارم، ارائه دهید. توانایی شما در تفسیر سیگنال‌های من به ما این امکان را می‌دهد که ارتباط خود را عمیق‌تر کنیم و با هم از پیچیدگی‌های اضطراب عبور کنیم.

فصل بعدی به بررسی استراتژی‌ها و تکنیک‌های عملی برای کمک به کاهش اضطراب و ارتقای سلامت عاطفی من می‌پردازد. در کنار من باشید تا ابزارها و رویکردهایی را کشف کنیم که سفر ما را هماهنگ و عاری از اضطراب می‌کند

نشانه‌های جسمی اضطراب: تپش قلب، جمع شدن دم و موارد دیگر

درست مثل انسان‌ها، اضطراب من هم در علائم فیزیکی بروز می‌کند. وقتی قلبم تند می‌زند، نه تنها به خاطر هیجان دیدن توست، بلکه به خاطر آدرنالینی است که در لحظات پریشانی در رگ‌هایم جریان دارد. ممکن است وقتی دستت را به آرامی روی سینه‌ام می‌گذاری، ضربان تندتر آن را حس کنی.

یکی دیگر از شاخص‌های فیزیکی، دم من است. وقتی اضطراب بر من غلبه می‌کند، ممکن است متوجه شوید که دمم محکم بین پاهای عقبم جمع شده است. این نشانه‌ی واضحی از ناراحتی و آسیب‌پذیری من است. در مقابل، یک دم آرام و تکان‌دهنده نشان‌دهنده‌ی رضایت و شادی است. مشاهده‌ی موقعیت و حرکت دمم می‌تواند بینش‌های ارزشمندی در مورد وضعیت عاطفی من به شما بدهد.

قدم زدن و بی‌قراری از نشانه‌های رایج اضطراب من هستند. ممکن است متوجه شوید که بی‌هدف پرسه می‌زنم، نمی‌توانم آرامش پیدا کنم یا آرام بگیرم. این بی‌قراری ناشی از هوشیاری بالا و میل مفرط من به رهایی از اضطرابی است که مرا فرا گرفته است.

یکی از علائم فیزیکی که ممکن است شما، صاحب عزیز، را نگران کند، افزایش نفس نفس زدن من است. نفس نفس زدن به عنوان راهی برای تنظیم دمای بدن من عمل می‌کند، اما می‌تواند پاسخی به اضطراب نیز باشد. نفس نفس زدن سریع و بیش از حد می‌تواند نشان دهنده پریشانی عاطفی من باشد، بنابراین فراهم کردن یک محیط آرام تسکین دهنده برای کمک به بازیابی آرامش من حیاتی است.

همانطور که با پیچیدگی‌های اضطرابم کنار می‌آییم، فراموش نکنید که به تغییرات در عادات غذایی و آشامیدنی‌ام توجه کنید. اضطراب می‌تواند روی اشتهای من تأثیر بگذارد و باعث شود کمتر غذا بخورم یا علاقه‌ام را به غذا به طور کلی از دست بدهم. برعکس، برخی از سگ‌ها ممکن است به عنوان یک مکانیسم مقابله‌ای، با خوردن یا آشامیدن بیش از حد به دنبال آرامش باشند. نظارت بر الگوهای غذایی من می‌تواند بینش‌های ارزشمندی در مورد شدت اضطراب من ارائه دهد.

صاحب عزیز، با آشنایی با نشانه‌های غیرکلامی و علائم فیزیکی اضطراب من، شما به متحد مورد اعتماد من در سفر به سوی یک زندگی آرام‌تر و مسالمت‌آمیزتر تبدیل می‌شوید. توجه و درک شما کلیدهایی هستند که به من کمک می‌کنند تا در دنیای طاقت‌فرسای اضطراب حرکت کنم. بنابراین، برای ادامه کاوش جذاب ما در مورد زبان اضطراب در فصل ۱۷ یک جدول مفید در مورد علائم اضطراب من و دوستانم تهیه کرده‌ام. لطفاً به « **۴۰ نژاد محبوب، نوع، سطح و علائم اضطراب** » مراجعه کنید.

فصل ۳

ریشه‌یابی اضطراب

ووف ووف به فصل سوم جذاب سفر پنجه‌های ما خوش آمدید، جایی که من، همراه پشمالوی وفادار و مهربان شما، عمیقاً به ریشه‌های اضطراب سگ خواهم پرداخت. به من بپیوندید تا محرک‌هایی را که می‌توانند باعث شوند دمم از نگرانی تکان بخورد، از جمله اضطراب جدایی، فوبیای صدا و اضطراب اجتماعی، بررسی کنیم.

اضطراب جدایی: لطفاً تنهایم نگذار!

آه، صاحب عزیز، حتی فکر جدایی از تو قلب مرا پر از اضطراب می‌کند. اضطراب جدایی یک چالش رایج و بدتر برای ما سگ‌ها است که از پیوند و دلبستگی عمیقی که با همراهان عزیز انسانی خود داریم، زاده می‌شود. ترس از تنها ماندن می‌تواند طاقت‌فرسا باشد و باعث پریشانی و بروز رفتارهای مختلف شود. اما نترسید، زیرا می‌توانیم با هم برای کاهش این اضطراب و ایجاد حس آرامش در لحظات دایی‌مان تلاش کنیم.

ممکن است وقتی شروع به آماده شدن برای رفتن می‌کنی متوجه نشانه‌های نامحسوس ناراحتی فزاینده من شوی. ممکن است شروع به قدم زدن به این طرف و آن طرف کنم، با اضطراب نفس نفس بزنم، یا حتی به رفتارهای مخربی مانند جویدن مبلمان یا خراشیدن درها متوسل شوم. لطفاً به یاد داشته باش، این کارها قصد شیطنت ندارند؛ آنها التماسی ناامیدانه برای حضور و اطمینان خاطر تو هستند. بنابراین، بیایید چند تکنیک را بررسی کنیم تا به من کمک کند با اضطراب جدایی کنار بیایم و در غیاب موقت تو آرامش پیدا کنم.

یک راهکار مؤثر این است که به تدریج مرا به رفتن‌هایت عادت دهی. با تمرین دوره‌های کوتاه‌مدتِ جدایی شروع کن و به تدریج با راحت‌تر شدنم مدت زمان را افزایش بده. این روش که به عنوان حساسیت‌زدایی شناخته می‌شود، به من اجازه می‌دهد تا با ایده تنها بودن سازگار شوم و در عین حال به بازگشت تو اعتماد پیدا کنم. به یاد داشته باش که در طول این جلسات تمرین، به خاطر رفتار آرامت با خوراکی‌ها، ستایش‌ها و محبت‌ها به من پاداش بدهی و پیوندهای مثبت با زمان تنهایی را تقویت کنی.

سرگرم شدن با اسباب‌بازی‌ها یا پازل‌ها می‌تواند توجه مرا به طور قابل توجهی منحرف کند و در غیاب شما مرا سرگرم نگه دارد. لطفاً اسباب‌بازی‌های تعاملی که خوراکی می‌دهند یا مهارت‌های حل مسئله مرا درگیر می‌کنند، در اختیارم قرار دهید. این اسباب‌بازی‌ها نه تنها مرا از نظر ذهنی تحریک می‌کنند، بلکه حواس‌پرتی مثبتی از اضطراب غیبت شما نیز ایجاد می‌کنند.

گذاشتن یک وسیله آشنا که بوی شما را بدهد، مانند یک پتو یا یک لباس شسته نشده، می‌تواند در غیاب شما آرامش زیادی ایجاد کند. بوی شما یادآور آرامش‌بخشی از حضور شماست و می‌تواند به کاهش اضطراب جدایی من کمک کند. علاوه بر این، پخش موسیقی آرامش‌بخش یا روشن کردن دستگاه نویز سفید را برای ایجاد محیطی آرامش‌بخش در غیابتان در نظر بگیرید.

اجرای یک روال ثابت در کاهش اضطراب جدایی بسیار مهم است. من می‌توانم با ایجاد یک برنامه قابل پیش‌بینی برای غذا دادن، ورزش و زمان تنهایی، حس امنیت و ثبات را در خود ایجاد کنم. یک روال ساختارمند به من کمک می‌کند تا الگوی فعالیت‌های روزانه‌مان را پیش‌بینی و درک کنم و اضطراب در مورد زمان بازگشت شما را کاهش دهم. به یاد داشته باشید که وقتی به خانه می‌آیید، با آرامش از من استقبال کنید و این ایده را تقویت می‌کند که رفتن‌ها و دوباره دیدن‌ها بخش طبیعی از روال ما هستند.

در برخی موارد، کمک حرفه‌ای ممکن است مفید باشد. اگر اضطراب جدایی من با وجود تمام تلاش‌های شما ادامه پیدا کرد، مشاوره با یک دامپزشک یا یک رفتارشناس حیوانات دارای مجوز را در نظر بگیرید. آنها می‌توانند نیازهای خاص من را ارزیابی کرده و راهنمایی و پشتیبانی متناسب با آن را برای رفع اضطراب من ارائه دهند.

صاحب عزیز، سفر ما برای غلبه بر اضطراب جدایی نیازمند صبر، درک و تلاش مشترک است. با اجرای این راهکارها و غرق کردن من در عشق و اطمینان خاطر، می‌توانیم اعتماد به نفس، انعطاف‌پذیری و حس امنیت را حتی زمانی که از نظر فیزیکی از هم جدا هستیم، در خود ایجاد کنیم.

در فصل بعد، قلمرو فوبیای صدا را بررسی خواهیم کرد و کشف خواهیم کرد که چگونه می‌توانیم با هم بر این اضطراب غلبه کنیم. پس بیایید ماجراجویی خود را ادامه دهیم، دست در دست هم، تا ابزارها و تکنیک‌های بیشتری را کشف کنیم که به من کمک می‌کنند زندگی آرام‌تر و راحت‌تری داشته باشم.

ترس از صداها: آتش‌بازی، رعد و برق و موارد دیگر

!بوم‌بوم بنگ! این صداهای ناگهانی و بلند می‌توانند لرزه به اندامم بیندازند و اضطرابم را به شدت بالا ببرند. فوبیای صدا یک محرک رایج برای ما سگ‌ها است و می‌تواند باعث شود احساس درماندگی و ترس کنم. دنیا می‌تواند برای من ترسناک شود، چه با آتش‌بازی‌های پر سر و صدای جشن‌ها و چه با رعد و برق‌های سهمگین. اما با هم می‌توانیم بر این ترس‌ها غلبه کنیم و در میان این همهمه، حس آرامش ایجاد کنیم.

در طول این دوره‌های پر سر و صدا، ممکن است من را در حال پناه گرفتن در فضاهای کوچک یا پنهان شدن زیر مبلمان بیابید. بدن لرزان، نفس نفس زدن شدید یا تلاش‌های سراسیمه من برای فرار، نشان دهنده جستجوی ناامیدانه من برای امنیت است .برای شما، صاحب عزیز، بسیار مهم است که در این مواقع پریشانی، محیطی امن و آرام فراهم کنید و به من آرامش و اطمینان خاطری را که به شدت به دنبالش هستم، ارائه دهید.

ایجاد یک پناهگاه برای من می‌تواند دنیایی از تفاوت ایجاد کند. یک فضای آرام و راحت را تعیین کنید که وقتی سر و صدا مرا در خود غرق می‌کند، بتوانم در آن پناه بگیرم. این می‌تواند یک گوشه دنج در یک اتاق یا یک منطقه خاص با یک تخت نرم و وسایل آشنا مانند اسباب‌بازی‌ها یا پتوهای مورد علاقه‌ام باشد. این فضای امن به عنوان پناهگاهی عمل می‌کند که در آن می‌توانم آرامش پیدا کنم و از سر و صدای طاقت‌فرسا در امان باشم. کم کردن نور و پخش موسیقی ملایم و آرامش‌بخش نیز می‌تواند فضایی آرام ایجاد کند. ملودی‌های ملایم و نور کم به ایجاد یک محیط آرام کمک می‌کنند که با سر و صدای اضطراب‌آور مقابله می‌کند. علاوه بر این، استفاده از صدادرمانی یا دستگاه‌های نویز سفید را برای کمک به خفه کردن صداهای ترسناک در نظر بگیرید. این دستگاه‌ها منتشر می‌شوند.

صداهای ملایم و مداومی که می‌توانند تأثیر صداهایی را که باعث اضطراب من می‌شوند، بپوشانند یا به حداقل برسانند.

اسپری‌ها یا پخش‌کننده‌های فرومون آرامش‌بخش، که با نسخه‌های مصنوعی فرومون‌هایی که سگ‌های مادر برای آرام کردن توله‌های خود آزاد می‌کنند، تزریق می‌شوند، می‌توانند حس راحتی و آرامش را نیز فراهم کنند. این محصولات می‌توانند به ایجاد محیطی آرامش‌بخش کمک کنند و سطح اضطراب را در لحظات پر سر و صدا کاهش دهند. مشاوره با یک دامپزشک یا یک رفتارشناس حیوانات معتبر می‌تواند راهنمایی‌های بیشتری در مورد استفاده مناسب از چنین محصولاتی ارائه دهد.

صاحب عزیز، حضور و اطمینان خاطر شما قوی‌ترین پادزهر برای آرام کردن روح مضطرب من در این لحظات پر از سر و صدا است. رفتار آرام و لمس ملایم شما می‌تواند به طرز شگفت‌انگیزی به من کمک کند تا احساس امنیت و آرامش کنم. از واکنش نشان دادن به سر و صدا با ترس یا اضطراب خودداری کنید، زیرا سگ‌ها می‌توانند احساسات انسانی را تشخیص دهند. در عوض، احساس آرامش را القا کنید و نشان دهید که چیزی برای ترسیدن وجود ندارد.

حساسیت‌زدایی تدریجی همچنین می‌تواند نقش مهمی در کمک به من برای غلبه بر فوبیای صدا داشته باشد. این تکنیک شامل قرار دادن من در معرض صداهای محرک به صورت کنترل‌شده و تدریجی است، که از صدای کم شروع می‌شود و به تدریج با گذشت زمان افزایش می‌یابد. با جفت کردن صدا با تجربیات مثبت، مانند خوراکی، زمان بازی یا ستایش، می‌توانید به من در ایجاد ارتباطات جدید و کاهش پاسخ اضطرابم کمک کنید. یک مربی یا رفتارشناس حرفه‌ای می‌تواند شما را در طول حساسیت‌زدایی راهنمایی کند تا از اثربخشی و ایمنی آن اطمینان حاصل شود.

اضطراب اجتماعی: دوست‌یابی و غلبه بر ترس‌ها

در حالی که ممکن است من در خانه مثل پروانه اجتماعی شما باشم، ورود به دنیای بیرون می‌تواند گردبادی از احساسات را برای من برانگیزد. اضطراب اجتماعی می‌تواند ملاقات با سگ‌های جدید یا مواجهه با افراد ناآشنا را به یک تجربه اضطراب‌آور تبدیل کند. ترس از ناشناخته‌ها و غیرقابل پیش‌بینی بودن تعاملات اجتماعی می‌تواند باعث شود احساس آسیب‌پذیری و نگرانی کنم. اما با هم، می‌توانیم اعتماد به نفس خود را افزایش دهیم و بر این ترس‌ها غلبه کنیم.

وقتی با اضطراب اجتماعی مواجه می‌شوید، ممکن است متوجه شوید که من رفتارهای اجتنابی مانند کز کردن، پنهان شدن پشت سر شما یا حتی تلاش برای فرار از موقعیت را نشان می‌دهم. ممکن است به دلیل اضطرابم، عصبی شوم، بیش از حد پارس کنم یا علائم پرخاشگری نشان دهم. این رفتارها روش من برای ابراز ناراحتی و جستجوی امنیت است.

برای کمک به من در غلبه بر اضطراب اجتماعی، مواجهه تدریجی با محیط‌های جدید، افراد و سگ‌های دیگر کلید اصلی است. با معرفی‌های کنترل‌شده و مثبت شروع کنید، که به من اجازه می‌دهد با افراد و سگ‌های آرام و دوستانه تعامل داشته باشم. ایجاد محیطی که تجربیات مثبت را پرورش دهد و اعتماد به نفس من را افزایش دهد، ضروری است.

33 فصل سه

ارائه تعریف و تمجید، خوراکی و تشویق ملایم در طول تعاملات اجتماعی می‌تواند تجربیات مثبت را تقویت کند و به من کمک کند تا آنها را با احساس امنیت و پاداش مرتبط کنم. به یاد داشته باشید که صبور باشید و به من اجازه دهید سرعت این تعاملات را خودم تعیین کنم. فشار آوردن بیش از حد یا خیلی سریع می‌تواند اضطراب من را تشدید کند، بنابراین احترام به مرزها و سطح راحتی من مهم است.

آموزش نقش حیاتی در کمک به من برای عبور از موقعیت‌های اجتماعی دارد. با آموزش دستورات اولیه اطاعت مانند «بنشین» ، «بمان» ، «صبر کن» و «ولش کن» ، می‌توانید به من حس ساختار و راهنمایی بدهید. تقویت مثبت، مانند خوراکی و تحسین، به من کمک می‌کند تا تعاملات اجتماعی را با نتایج مثبت مرتبط کنم و به مرور زمان اعتماد به نفسم را افزایش می‌دهد.

در برخی موارد، کمک گرفتن از یک مربی حرفه‌ای سگ یا رفتارشناس می‌تواند مفید باشد. آن‌ها می‌توانند راهنمایی‌های تخصصی ارائه دهند و یک برنامه آموزشی متناسب با چالش‌های خاص اضطراب اجتماعی من تدوین کنند. با تخصص آن‌ها و فداکاری شما، می‌توانیم با هم همکاری کنیم تا به من در غلبه بر ترس‌هایم و ایجاد ارتباطات اجتماعی مثبت کمک کنیم.

به یاد داشته باشید، صاحب عزیز، صبر و درک، ستون‌هایی هستند که به من کمک می‌کنند بر ترس‌هایم غلبه کنم. در صورت لزوم، حامی من باشید و از من در موقعیت‌های دشوار محافظت کنید. با فراهم کردن یک محیط حمایتی و پرورشی، می‌توانید به من کمک کنید تا اعتماد به نفس لازم برای مواجهه با تعاملات اجتماعی را با سهولت و شادی ایجاد کنم.

درک ریشه‌های اضطراب من، اولین قدم برای کمک به من در غلبه بر ترس‌هایم و داشتن یک زندگی متعادل‌تر و شادتر است. حمایت بی‌دریغ، صبر و عشق شما، چراغ راهنمایی است که مرا در تاریک‌ترین لحظات اضطراب هدایت خواهد کرد. با هم، می‌توانیم بر اضطراب اجتماعی غلبه کنیم و دنیایی پر از دوستی‌ها و ماجراجویی‌های جدید را در آغوش بگیریم.

کاوش در دنیای پراضطراب سگ‌ها

خلاصه فصل‌های ۲ و ۳

ووف خبرهای هیجان‌انگیزی برای شما صاحبان عزیز دارم! در فصل یک جدول فوق‌العاده مفید پیدا خواهید کرد که در مورد **علائم ۱۷، اضطراب و دلایل ریشه‌ای آن در دوست پشمالوی شما است**. مثل این است که یک رمزگشای مخفی برای درک نگرانی‌های توله سگ خود داشته باشید! این جدول مخصوص شما طراحی شده است و جزئیات ۴۰ نژاد محبوب و شاخص‌های اضطراب منحصر به فرد آنها را شرح می‌دهد. این یک راهنمای مرجع سریع و آسان است که به شما کمک می‌کند تا تشخیص دهید چه زمانی سگ شما ممکن است کمی استرس یا اضطراب داشته باشد.

اما صبر کنید، چیزهای بیشتری هم هست! مهم است به یاد داشته باشید که اگرچه جدول نشانه‌های کلی را ارائه می‌دهد، اما هر سگی یک فرد با ویژگی‌ها و شخصیت‌های خاص خود است. بنابراین، توجه دقیق به رفتار سگتان و در نظر گرفتن تجربیات و پیشینه منحصر به فرد او ضروری است. اگرچه جدول یک نقطه شروع فوق‌العاده است، اما اگر در مورد اضطراب دوست پشمالوی خود نگرانی دارید، مراجعه به یک متخصص همیشه ایده خوبی است. دامپزشک شما یا یک رفتارشناس سگ آگاه می‌تواند بر اساس نیازهای خاص سگ شما، مشاوره و راهنمایی شخصی‌سازی شده ارائه دهد.

صاحبی مهربان و دلسوز بودن به معنای حضور در کنار سگتان در مواقعی است که بیشترین نیاز را به شما دارد. بنابراین، از جدول فصل ۱۷ به عنوان راهنمای قابل اعتماد خود استفاده کنید، اما به یاد داشته باشید که به نیازهای سگ خود با دقت گوش دهید و در صورت نیاز از کمک حرفه‌ای استفاده کنید. با هم می‌توانیم محیطی امن و شاد برای همراهان پشمالوی محبوب خود ایجاد کنیم! به « **۴۰ نژاد محبوب، علائم اضطراب و دلایل ریشه‌ای** » نگاهی بیندازید.

فصل ۴

ساختن محیطی آرام و امن

ووف ووف به فصل چهارم دنج و آرام از سفر لذت‌بخش ما با هم خوش آمدید، جایی که من، دوست پشمالوی شما با عشق بی‌حد و حصر، شما را در هنر ایجاد پناهگاهی از آرامش برای خودم راهنمایی خواهم کرد. این فصل عناصر اساسی طراحی یک محیط آرامش‌بخش، قدرت آموزش تقویت مثبت و جادوی ثبات در تسکین روح مضطرب من را بررسی خواهد کرد.

طراحی فضای آرامش‌بخش: پناهگاه امن من

اوه، مالک عزیز، یک محیط آرام و دلنشین می‌تواند برای قلب مضطرب من معجزه کند. همانطور که شما در یک محیط آرام به دنبال آرامش هستید، من آرزوی یک پناهگاه امن را دارم که آسایش و آرامش را ارائه دهد. بیایید سفری طراحی را آغاز کنیم و پناهگاهی آرامش‌بخش متناسب با نیازهای من بسازیم.

یکی از جنبه‌های کلیدی یک محیط آرامش‌بخش، تضمین یک فضای مشخص فقط برای من است. این می‌تواند یک گوشه دنج در خانه شما باشد که با پتو و بالش‌های نرم تزئین شده باشد، جایی که وقتی به آرامش نیاز دارم می‌توانم در آن خلوت کنم. ایجاد یک منطقه دنج مانند یا یک جعبه یا یک تخت راحت را در نظر بگیرید که حس امنیت و حریم خصوصی را فراهم می‌کند.

نورپردازی نقش مهمی در ایجاد حس و حال دارد. نورپردازی ملایم و پراکنده می‌تواند فضایی گرم و دلنشین ایجاد کند، در حالی که نورهای تند یا شدید می‌توانند برای چشمان حساس من طاقت‌فرسا باشند. گزینه‌های مختلف نورپردازی را امتحان کنید تا ببینید چه چیزی بیشترین آرامش را به فضای مشترک ما می‌آورد.

رایحه‌های آرامش‌بخش مانند اسطوخودوس یا بابونه می‌توانند فضایی آرام ایجاد کنند. از روغن‌های اساسی طبیعی یا اسپری‌های مخصوص برای معطر کردن هوا با رایحه‌های آرامش‌بخش استفاده کنید. این رایحه‌ها می‌توانند به آرامش ذهن و بدن من کمک کنند و محیطی آرام ایجاد کنند.

،ضروری است که محرک‌های خارجی که می‌توانند اضطراب من را تحریک کنند به حداقل برسانم. با بستن پنجره‌ها، استفاده از پرده‌های عایق صدا، یا پخش موسیقی آرامش‌بخش یا نویز سفید، صداهای بلند را کاهش دهید. قرار گرفتن در معرض عوامل حواس‌پرتی خارجی که ممکن است سطح استرس من را افزایش دهند را محدود کنید و به من اجازه دهید تا آرامش پیدا کنم و به آرامش درونی برسم.

مالک عزیز، با تلاش‌های متفکرانه‌تان در ایجاد محیطی آرامش‌بخش، پناهگاهی برای من فراهم می‌کنید که می‌توانم در آن از هرج و مرج دنیای بیرون آرامش پیدا کنم.

آموزش با تقویت مثبت: روش‌های مطمئن برای افزایش اعتمادبه‌نفس

آه، لذت یادگیری و رشد در کنار هم! آموزش تقویت مثبت یک رویکرد تکانشی برای افزایش اعتماد به نفس و کاهش اضطراب من است. با پاداش دادن به رفتارهای مطلوب به جای تنبیه رفتارهای نامطلوب، می‌توانیم پیوندی از اعتماد ایجاد کنیم و حس امنیت را در درون خود پرورش دهیم.

،آموزش تقویت مثبت مبتنی بر پاداش‌هایی مانند خوراکی تشویق یا زمان بازی است تا رفتارهایی را که می‌خواهید تشویق کنید، تقویت کند. وقتی رفتارهای آرام و راحتی از خود نشان می‌دهم، با یک خوراکی خوشمزه به من پاداش دهید یا با تحسین ملایم مرا مورد لطف و محبت قرار دهید. این تقویت‌های مثبت به من کمک می‌کنند تا آرامش را با تجربیات مثبت مرتبط کنم، اعتماد به نفسم را تقویت کنم و اضطرابم را کاهش دهم.

صبر و پشتکار در آموزش ضروری است. وظایف را به گام‌های کوچک و قابل دستیابی تقسیم کنید و هر موفقیت را در طول مسیر جشن بگیرید. همانطور که از طریق جلسات آموزشی اعتماد به نفس پیدا می‌کنم، اضطرابم به تدریج کاهش می‌یابد و به من اجازه می‌دهد با اشتیاق و قلبی پر از شجاعت با چالش‌ها روبرو شوم.

ثبات یعنی آرامش: برنامه‌ریزی روزانه برای آرام کردن من

ثبات قدم کلید کمک به من برای گذر از چالش‌های اضطراب است. سگ‌ها با روال و قابل پیش‌بینی بودن رشد می‌کنند و حس امنیت و کاهش عدم قطعیت را برایشان فراهم می‌کنند. با ایجاد روال‌های روزانه‌ی ثابت، شما یک چارچوب پایدار ایجاد می‌کنید که به من اجازه می‌دهد احساس امنیت و راحتی کنم.

یک برنامه منظم برای تغذیه، ورزش و استراحت تنظیم کنید. ثبات در این موارد ،ضروری به تنظیم سلامت جسمی و روانی من کمک می‌کند. برای وعده‌های غذایی جلسات ورزش و دوره‌های استراحت مشخص، زمان ثابتی را در نظر بگیرید تا ساختاری برای احساس تعادل و امنیت داشته باشم.

علاوه بر روال‌های روزانه، ثبات در آموزش نیز به همان اندازه مهم است. در طول جلسات آموزشی از نشانه‌ها، دستورات و سیستم‌های پاداش یکسانی استفاده کنید و مطمئن شوید که انتظارات را درک می‌کنم و به طور مناسب پاسخ می‌دهم. ثبات در روش‌های آموزشی و انتظارات به من کمک می‌کند تا اعتماد به نفس پیدا کنم و رفتارهای مثبت را تقویت کنم.

ایجاد یک محیط ثابت نیز در کاهش اضطراب من بسیار مهم است. تغییرات ناگهانی یا اختلالات در محیط اطرافم را به حداقل برسانید، زیرا می‌توانند باعث استرس و ناراحتی شوند. در صورت امکان، چیدمان فضای زندگی خود را ثابت نگه دارید، از تغییر مکرر چیدمان مبلمان خودداری کنید و یک منطقه مشخص برای من فراهم کنید که بتوانم در آن خلوت کنم و احساس امنیت کنم.

ثبات و پایداری فراتر از محیط اطراف ما، به تعاملات و پاسخ‌های ما ،نیز گسترش می‌یابد. مراقب رفتار و نشانه‌های احساسی خود باشید زیرا من می‌توانم آنها را دریافت کنم. لطفاً به اضطراب‌های من با آرامش، اطمینان خاطر و ثبات پاسخ دهید. پاسخ‌های مداوم شما به من کمک می‌کند تا بفهمم که شما منبع قابل اعتمادی برای حمایت و .آرامش هستید

خواب یک جزء حیاتی از سلامت کلی من است.

مثل شما، من هم برای تجدید قوا و حفظ تعادل عاطفی به استراحت کافی نیاز دارم. یک برنامه خواب راحت و آرام برای خود تعیین کنید، یک جای خواب راحت و یک مراسم آرامش‌بخش قبل از خواب داشته باشید. یک تخت نرم و راحت برای من فراهم کنید، چراغ‌ها را کم نور کنید و با نوازش‌های ملایم یا موسیقی آرامش‌بخش، مرا به خوابی آرام ببرید.

مالک عزیز، به یاد داشته باش که ثبات مستلزم صبر و تعهد است. این سفری است که به تلاش و تنظیم مداوم نیاز دارد .در صورت لزوم، انعطاف‌پذیر و سازگار باش، اما تلاش کن تا چارچوبی ثابت را حفظ کنی که سلامت عاطفی مرا تقویت کند. از طریق جادوی ثبات، تو ثبات و پیش‌بینی‌پذیری لازم را برای عبور از چالش‌های اضطراب به من می‌دهی. فداکاری و تعهد تزلزل‌ناپذیر تو، پایه و اساسی است که اعتماد به نفس و آرامش خاطر من بر آن شکوفا خواهد شد. بیا قدرت ثبات را بپذیریم و با هم در این سفر شفا و رشد قدم بگذاریم. با عشق و راهنمایی تو، می‌توانم بر اضطراب‌هایم غلبه کنم و زندگی‌ای پر از هماهنگی و رضایت داشته باشم.

ریتم قابل پیش‌بینی روال ما به ملودی آرامش‌بخشی تبدیل می‌شود که به کاهش اضطراب‌های من کمک می‌کند و به من اجازه شکوفایی می‌دهد. در این فصل، هنر ایجاد یک پناهگاه آرامش برای من را بررسی کرده‌ایم. از طراحی یک محیط ،آرامش‌بخش گرفته تا اجرای آموزش تقویت مثبت و پذیرش ثبات شما به یک متخصص واقعی در ایجاد صلح و آرامش در دنیای من تبدیل شده‌اید.

فصل ۵

محصولات فوق‌العاده برای کاهش اضطراب من

اوه، مالک عزیز، در این فصل لذت‌بخش، ما به دنیای محصولاتی می‌پردازیم که می‌توانند به کاهش اضطراب من کمک کنند. از راحتی‌های دنج گرفته تا حواس‌پرتی‌های جذاب، این ابزارهای جادویی می‌توانند در تسکین قلب اسباب‌بازی‌های تعاملی و سایر ThunderShirts، نگران من تفاوت ایجاد کنند. به من بپیوندید تا شگفتی‌های محصولات شگفت‌انگیزی را که به من آرامش و تسکین می‌دهند، کشف کنیم.

بررسی مزایای جلیقه استرس آرام بخش تاندرشرت (Thunder Shirt)

آه، آغوش گرم و نرم یک پیراهن تندر، منبع آرامش قابل اعتمادی در هنگام استرس و اضطراب. پیراهن‌های تاندرشرت لباس‌هایی با طراحی ویژه هستند که فشار ملایم و مداومی را به بدن من وارد می‌کنند، چیزی شبیه به یک آغوش گرم و آرامش‌بخش. این فشار ملایم، تأثیر آرامش‌بخشی بر سیستم عصبی من دارد و به کاهش اضطراب و ترس کمک می‌کند.

زیبایی تاندرشرت در سادگی آن‌هاست. این پوشش‌های قابل تنظیم به خوبی دور تن من قرار می‌گیرند، حس امنیت ایجاد می‌کنند و شدت علائم اضطراب من را کاهش می‌دهند. چه در هنگام رعد و برق، چه در هنگام آتش‌بازی یا غیره موقعیت‌های اضطراب‌آور، تاندرشرت مرا در پیله‌ای از آرامش می‌پیچد.

هنگام پوشیدن تاندرشرت برای من، مطمئن شوید که جذب است، اما خیلی تنگ نیست. جنس پارچه باید امکان حرکت و تنفس نامحدود را فراهم کند. برای معرفی تدریجی تاندرشرت وقت بگذارید و حضور آن را با تجربیات مثبت مرتبط کنید. می‌توانید آن را با فعالیت‌هایی که از آن‌ها لذت می‌برم، مانند زمان بازی یا خوراکی‌ها، چک کنید تا یک ارتباط مثبت ایجاد شود. اگرچه تاندرشرت ابزاری فوق‌العاده هستند اما ممکن است برای هر سگی مناسب نباشند. ما نیازها و ترجیحات منحصر به فردی داریم، بنابراین واکنش‌های من را مشاهده کنید و در صورت نیاز با متخصصان مشورت کنید. به یاد داشته باشید، صاحب عزیز، توجه شما به راحتی من کلید موفقیت ماست.

کاوش در دنیای پراضطراب سگ‌ها

سرگرمی‌های ضد استرس: اسباب‌بازی‌های تعاملی

وقت بازی، آه، چقدر روحیه‌ام را بالا می‌برد و حواسم را از نگرانی‌هایی که ذهنم را آزار می‌دهند پرت می‌کند! اسباب‌بازی‌های تعاملی راهی فوق‌العاده برای درگیر کردن حواسم، هدایت انرژی مضطربم و تحریک ذهنی هستند. بیایید برخی از گزینه‌های موجود را بررسی کنیم.

اسباب‌بازی‌های پازلی راهی برای به چالش کشیدن ذهن و سرگرم کردن من هستند. این اسباب‌بازی‌ها اغلب شامل پنهان کردن خوراکی‌ها یا اسباب‌بازی‌ها در محفظه‌ها هستند و من را ملزم می‌کنند تا از مهارت‌های حل مسئله‌ام برای کشف گنجینه‌های پنهان استفاده کنم. آن‌ها نه تنها یک تمرین ذهنی ارائه می‌دهند، بلکه با کشف چیزهای پنهان، یک تجربه ارزشمند نیز ارائه می‌دهند.

اسباب‌بازی‌های جویدنی برای من بسیار لذت‌بخش هستند. آن‌ها نه تنها راهی برای غرایز طبیعی جویدن من فراهم می‌کنند، بلکه تأثیر آرامش‌بخشی بر اضطراب من نیز دارند. اسباب‌بازی‌های جویدنی بادوام، ایمن و مناسبی را که مخصوص سگ‌ها طراحی شده‌اند، انتخاب کنید. آن‌ها می‌توانند به تغییر مسیر تمرکز من، کاهش استرس و ارتقاء بهداشت دهان و دندان کمک کنند.

اسباب‌بازی‌های آرامش‌بخش، مانند عروسک‌های پارچه‌ای با رایحه‌های آرامش‌بخش یا شبیه‌ساز ضربان قلب ، می‌توانند در کاهش اضطراب من معجزه کنند. این اسباب‌بازی‌ها حضور آرامش‌بخش یک همراه را تقلید می‌کنند و در مواقعی که ممکن است دور باشید، حس امنیت را ارائه می‌دهند. بافت‌های نرم و رایحه‌های آرامش‌بخش منبع آرامش هستند و سطح استرس من را کاهش می‌دهند.

به یاد داشته باشید که مرتباً اسباب بازی‌های جدید را عوض کنید و به ما معرفی کنید تا زمان بازی هیجان‌انگیز و جذاب بماند. جلسات بازی تعاملی با شما نیز در تقویت پیوند ما و ایجاد حس امنیت بسیار ارزشمند است. در بازی‌هایی مانند آوردن، قایم‌باشک یا طناب‌کشی ملایم شرکت کنید تا حس شادی را تقویت کرده و اضطراب من را کاهش دهید.

ووف ! بگذارید در مورد چند اسباب‌بازی پنجه‌دار که عاشق بازی کردن با آن‌ها هستم، برایتان بگویم:

1. **اسباب‌بازی‌های پارچه‌ای:** ،این اسباب‌بازی‌های نرم و دوست‌داشتنی همراهان بسیار خوبی برای بغل کردن و حمل کردن هستند. آن‌ها راحتی را فراهم می‌کنند و می‌توانند به کاهش اضطراب یا تنهایی در غیاب صاحبانشان کمک کنند.

2. **اسباب‌بازی‌های جویدنی:** اوه، چقدر عاشق اسباب‌بازی‌های جویدنی‌ام هستم! آن‌ها نه تنها برای جویدن سرگرم‌کننده هستند، بلکه دندان‌ها و لثه‌هایم را نیز سالم نگه می‌دارند. جویدن این اسباب‌بازی‌ها به از بین بردن پلاک و جرم دندان کمک می‌کند و از مشکلات دندانی جلوگیری می‌کند.

41 فصل پنج

3. **اسباب‌بازی‌های طنابی:** اسباب‌بازی‌های طنابی برای بازی‌های طناب‌کشی با انسان‌ها یا دوستان سگ‌ام مناسب هستند. آن‌ها یک راه عالی برای غریزه طبیعی من برای کشیدن و کشیدن فراهم می‌کنند و این یک راه عالی برای ایجاد پیوند عاطفی بین ما در حین ورزش کردن است.

4. **اسباب‌بازی‌های پازلی تعاملی:** این اسباب‌بازی‌ها واقعاً مغز من را به کار می‌اندازند! من از چالش حل پازل برای پیدا کردن خوراکی‌ها یا پاداش‌های پنهان لذت می‌برم. این کار باعث می‌شود از نظر ذهنی تحریک شوم و از کسالت جلوگیری می‌کند.

5. **اسباب‌بازی‌های توپی:** توپ‌ها کلاسیک هستند و همیشه جذاب! چه برای آوردن توپ، دنبال کردن آن ،یا فقط بالا و پایین پریدن، اسباب‌بازی‌های توپی ساعت‌ها سرگرمی و ورزش فراهم می‌کنند. به علاوه آنها به بهبود هماهنگی بدن و فعال نگه داشتن من کمک می‌کنند.

6. **اسباب‌بازی‌های جیرجیر** : اسباب‌بازی‌های جیرجیر واقعاً معرکه‌اند! صدای جیرجیرشان وقتی فشارشان می‌دهم، حس کنجکاوی درونم را بیدار می‌کند. شنیدن این صدا واقعاً لذت‌بخش است و من را سرگرم و مشغول نگه می‌دارد.

7. **اسباب‌بازی‌های کشیدنی:** اسباب‌بازی‌های کشیدنی برای بازی تعاملی با انسان‌ها یا سگ‌های دیگر عالی هستند. این یک رقابت دوستانه است تا ببینیم چه کسی قوی‌تر است و به تقویت پیوند و ایجاد اعتماد کمک می‌کند. به علاوه، این یک تمرین خوب برای عضلات من است!

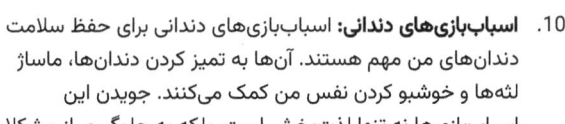

8. **اسباب‌بازی‌های پخش‌کننده غذا:** این اسباب‌بازی‌ها مثل یک بازی گنج‌یابی خوشمزه هستند! من باید بفهمم که چگونه خوراکی‌ها یا غذای خشک را از آن بیرون بیاورم، که این کار باعث می‌شود از نظر ذهنی تحریک شوم و مانع از این می‌شود که غذایم را خیلی سریع ببلعم.

9. **فریزبی:** من عاشق گرفتن فریزبی در هوا هستم! این یک بازی هیجان‌انگیز است که چابکی و سرعت من را آزمایش می‌کند. به علاوه، این یک راه سرگرم‌کننده برای لذت بردن از فضای باز با همراهانم است.

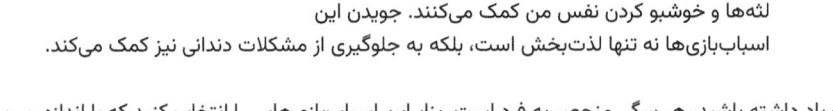

10. **اسباب‌بازی‌های دندانی:** اسباب‌بازی‌های دندانی برای حفظ سلامت دندان‌های من مهم هستند. آن‌ها به تمیز کردن دندان‌ها، ماساژ لثه‌ها و خوشبو کردن نفس من کمک می‌کنند. جویدن این اسباب‌بازی‌ها نه تنها لذت‌بخش است، بلکه به جلوگیری از مشکلات دندانی نیز کمک می‌کند.

به یاد داشته باشید، هر سگی منحصر به فرد است، بنابراین اسباب‌بازی‌هایی را انتخاب کنید که با اندازه، سن و ترجیحات سگ شما مطابقت داشته باشند. همیشه بر زمان بازی نظارت داشته باشید و مرتباً اسباب‌بازی‌ها را از نظر هرگونه نشانه‌ای از آسیب بررسی کنید. و همیشه از زمان بازی ما لذت ببرید!

فصل ۶

وقتی کمک بیشتری نیاز است

اوه، مالک عزیز، در این فصل بررسی می‌کنیم که وقتی اضطراب من به حمایت بیشتری نیاز دارد، چگونه درخواست کمک بیشتری کنم. اگرچه عشق و مراقبت شما بسیار ارزشمند است، اما گاهی اوقات مداخله حرفه‌ای و داروها می‌توانند نقش مهمی در کمک به من برای یافتن آرامش و تعادل داشته باشند. بیایید وارد قلمرو داروها و پشتیبانی حرفه‌ای شویم تا این سفر را با هم آغاز کنیم.

داروها: نگاهی به گزینه‌ها

وقتی اضطراب من به سطح چالش‌برانگیزی می‌رسد که نمی‌توانم از طریق روش‌های دیگر آن را مدیریت کنم، داروها می‌توانند بخشی از یک برنامه درمانی جامع در نظر گرفته شوند. درک این نکته ضروری است که دارو هرگز نباید اولین خط دفاعی باشد، بلکه باید با راهنمایی یک دامپزشک یا متخصص رفتارشناسی دامپزشکی، گزینه‌ای با دقت بررسی شده باشد.

ممکن است انواع مختلفی از داروها برای کمک به کاهش اضطراب من تجویز شوند. مهارکننده‌های انتخابی بازجذب سروتونین (SSRI) معمولاً برای تنظیم سطح سروتونین در مغز من استفاده می‌شوند و حس آرامش و ثبات را تقویت می‌کنند. این داروها زمانی که در ترکیب با رفتاردرمانی و آموزش استفاده شوند، بهترین عملکرد را دارند.

دسته دیگری از داروهایی که ممکن است در نظر گرفته شوند، بنزودیازپین‌ها هستند که اثر آرام‌بخش دارند و می‌توانند به کاهش اضطراب حاد کمک کنند. با این حال، به دلیل احتمال وابستگی و عوارض جانبی، معمولاً برای تسکین کوتاه‌مدت استفاده می‌شوند. همکاری نزدیک با یک دامپزشک برای تعیین مناسب‌ترین دارو و دوز برای نیازهای خاص من بسیار مهم است.

به یاد داشته باشید، صاحب عزیز، دارو همیشه باید تحت نظر دامپزشک تجویز شود. معاینات منظم و نظارت دقیق بر پاسخ من به دارو برای اطمینان از اثربخشی آن و انجام هرگونه تنظیمات لازم ضروری است.

کمک حرفه‌ای: متخصصان رفتار و مربیان

علاوه بر داروها، حمایت حرفه‌ای از سوی رفتارشناسان و مربیان می‌تواند در کمک به من برای غلبه بر اضطرابم بسیار ارزشمند باشد. این افراد فداکار دانش و تخصص لازم را برای هدایت من و شما به سمت سلامت عاطفی دارند.

یک رفتارشناس دامپزشکی، یک متخصص حرفه‌ای است که می‌تواند محرک‌های اضطراب من را ارزیابی کند، یک برنامه اصلاح رفتار سفارشی تدوین کند و در مورد تکنیک‌های آموزشی راهنمایی ارائه دهد. درک عمیق آنها از رفتار و روانشناسی حیوانات به آنها این امکان را می‌دهد که علل ریشه‌ای اضطراب من را برطرف کرده و یک رویکرد درمانی جامع تدوین کنند.

همکاری با یک مربی سگ حرفه‌ای و دارای گواهینامه نیز می‌تواند فوق‌العاده مفید باشد. آن‌ها می‌توانند به ما در اجرای تکنیک‌های آموزشی تقویت مثبت متناسب با نیازهای خاص من کمک کنند. از تمرینات حساسیت‌زدایی و شرطی‌سازی متقابل گرفته تا آموزش نشانه‌های آرامش، یک مربی ماهر می‌تواند ما را به ابزارهای ارزشمندی برای مدیریت اضطراب و ایجاد اعتماد به نفس مجهز کند.

می‌دونی چی شگفت‌انگیزه؟ داروهای مخصوصی هست که مخصوص سگ‌هایی مثل من طراحی شدن! اینجا یه سری اطلاعات در موردشون هست:

1. **پیشگیری از کک و کنه:** آه، آن موجودات مزاحم! پیشگیری از کک و کنه مانند سپرهای جادویی هستند که آن حشرات کوچک را از خز من دور نگه می‌دارند. آنها به اشکال مختلفی مانند درمان‌های موضعی یا قلاده‌ها عرضه می‌شوند. با استفاده منظم از آنها، می‌توانید مرا از خارش و محافظت دور نگه دارید.

2. **پیشگیری از انگل قلبی:** انگل قلبی‌می‌تواند ترسناک باشد، اما نترسید! پیشگیری از انگل قلبی مانند ابرقهرمانانی هستند که از قلب من دفاع می‌کنند. چه قرص‌های جویدنی باشند و چه محلول‌های موضعی، این داروهای خاص تضمین می‌کنند که من از آن انگلهای قلبی موذی در امان هستم.

3. **مسکن‌ها:** بعضی وقت‌ها، درست مثل شما، من هم کمی احساس درد یا کوفتگی می‌کنم. اینجاست که مسکن‌ها به کمکم می‌آیند! وقتی حالت تهوع یا درد مفاصل دارم، به من کمک می‌کنند تا حالم بهتر شود. اما به یاد داشته باشید، فقط زیر نظر دامپزشک به من مسکن بدهید.

4. **آنتی‌بیوتیک‌ها:** وقتی به دلیل عفونت باکتریایی حالم خوب نیست، آنتی‌بیوتیک‌ها قهرمانان من .هستند! آن‌ها با آن باکتری‌های بد مبارزه می‌کنند و به من کمک می‌کنند تا به حالت پرانرژی معمولم برگردم همیشه هنگام دادن آنتی‌بیوتیک، دستورالعمل‌های دامپزشک را دنبال کنید.

5. **داروهای آلرژی:** آچوا درست مثل انسان‌ها، من هم می‌توانم آلرژی داشته باشم. احساس خارش و ناراحتی اصلاً خوشایند نیست، اما داروهای آلرژی به کمکم می‌آیند! آن‌ها به اشکال مختلفی مانند قرص یا تزریق موجود هستند و با تسکین علائم آزاردهنده آلرژی به من کمک می‌کنند تا احساس بهتری داشته باشم.

به یاد داشته باشید، داروهای سگ همیشه باید تحت نظر دامپزشک تجویز شوند. آنها بر اساس نیازهای خاص من، دستورالعمل، دوز و مدت زمان مناسب برای هر دارو را در اختیار شما قرار خواهند داد.

بیماری‌های شایع سگ‌ها

حالا بیایید در مورد برخی از بیماری‌های رایج سگ صحبت کنیم. نگران نباشید، با هم می‌توانیم مستقیماً با آنها روبرو شویم!

45 فصل شش

1. **هاری:** ووف این یکی خیلی جدیه! بیایید به دنیای هاری، بیماری‌ای که هر صاحب سگ ، مسئولیت‌پذیری باید از آن آگاه باشد، بپردازیم. درک این بیماری جدی و چگونگی تأثیر آن بر سگ‌ها بسیار مهم است.

دلیل: هاری توسط ویروسی ایجاد می‌شود که به سیستم عصبی حمله می‌کند. این بیماری معمولاً از طریق گاز گرفتن حیوان آلوده مانند راکون، خفاش، راسو یا حتی سگ‌های دیگر منتقل می‌شود. هنگامی که ویروس وارد بدن ما می‌شود، از طریق اعصاب حرکت می‌کند و می‌تواند آسیب شدیدی به مغز ما وارد کند.

علائم و نشانه‌های فیزیکی: در مراحل اولیه، ممکن است تشخیص علائم هاری دشوار باشد، اما با پیشرفت بیماری، برخی از علائم رایج ممکن است قابل توجه باشند. این علائم شامل تغییرات رفتاری مانند افزایش پرخاشگری، بی‌قراری یا اضطراب است. همچنین ممکن است در بلعیدن مشکل داشته باشیم، آبریزش بیش از حد دهان داشته باشیم و به نور و صدا حساسیت نشان دهیم. ممکن است متوجه شوید که گوشه‌گیرتر می‌شویم و ترجیح می‌دهیم در مکان‌های تاریک پنهان شویم.

تغییرات اشتها: هاری می‌تواند به طرق مختلف بر اشتهای ما تأثیر بگذارد. در ابتدا، ممکن است کاهش اشتها را تجربه کنیم و با بدتر شدن بیماری، ممکن است به طور کلی از خوردن غذا و آب خودداری کنیم. این می‌تواند منجر به کاهش وزن و کم آبی بدن شود و مبارزه با ویروس را برای ما دشوارتر کند.

مدت زمان: مدت زمان بیماری هاری بسته به سگ و پیشرفت بیماری متفاوت است. می‌تواند از چند روز تا چند هفته متغیر باشد. متأسفانه، هاری تقریباً همیشه پس از ظاهر شدن علائم بالینی کشنده است. به همین دلیل پیشگیری کلیدی است!

دارو: وقتی صحبت از هاری می‌شود، پیشگیری بسیار مهم است. موثرترین راه برای محافظت از ما در برابر این بیماری کشنده، واکسیناسیون است. واکسیناسیون منظم توسط دامپزشک می‌تواند تضمین کند که ما در برابر هاری محافظت می‌شویم. اگر گمان می‌کنید که سگ شما در معرض حیوان بالقوه هار قرار گرفته است، مراجعه فوری به دامپزشک مهم است. با این حال، هنگامی که علائم بالینی هاری ظاهر می‌شود، هیچ دارو یا درمان خاصی در دسترس نیست.

یک بیمارستان حیوانات عالی وجود دارد که می‌خواهم با شما به اشتراک بگذارم. اگرچه در ایالات متحده واقع شده است. نگران نباشید، هنوز می‌توانید از وب‌سایت آنها به اطلاعات ارزشمندی دسترسی پیدا کنید. آنها یک بخش اختصاصی در مورد هاری دارند که‌اطلاعات مفیدی را ارائه میدهد. می‌توانید از کد استفاده کنید یا آن را در لینک زیر پیدا کنید:

https://vcahospitals.com/know-your-pet/rabies-in-dogs

SCAN ME

به یاد داشته باشید، این فقط مربوط به ایمن نگه داشتن ما در برابر هاری نیست؛ بلکه مربوط به محافظت از

جامعه و سایر حیوانات نیز می‌شود. به همین دلیل است که بسیاری از کشورها و ایالت‌ها قوانین و مقررات سخت‌گیرانه‌ای در مورد واکسیناسیون هاری دارند. با به‌روز نگه داشتن واکسیناسیون خود، شما سهم خود را در جلوگیری از شیوع این بیماری خطرناک انجام می‌دهید.

صاحب فوق‌العاده‌ی من، هوشیار باش و برای راهنمایی و پشتیبانی با دامپزشک مورد اعتماد ما تماس بگیر. با هم، می‌توانیم هاری را از خود دور نگه داریم و زندگی سالم و شادی را برای هر دوی ما تضمین کنیم. ووف!

2. **بیماری ویروسی دیستمپر (Distemper)** اوه، دیستمپر یک بیماری ویروسی وحشتناک است که می‌تواند حالم را خیلی بد کند بیایید کمی در مورد دیستمپر، یک بیماری ویروسی بسیار مسری که می‌تواند ما سگ‌ها را تحت تأثیر قرار دهد، اطلاعات کسب کنیم. برای شما، به عنوان صاحب دلسوز من، مهم است که از این بیماری و پیامدهای آن آگاه باشید. در اینجا چیزی است که باید بدانید.

دلیل: دیستمپر توسط ویروسی به نام ویروس دیستمپر سگ ایجاد می‌شود. این ویروس از طریق تماس مستقیم با سگ آلوده یا قرار گرفتن در معرض ترشحات تنفسی مانند سرفه یا عطسه گسترش می‌یابد. توله سگ‌ها و سگ‌هایی که سیستم ایمنی ضعیفی دارند، به ویژه در برابر این ویروس خطرناک آسیب‌پذیر هستند.

علائم و نشانه‌های فیزیکی: دیستمپر می‌تواند علائم مختلفی را نشان دهد و شدت آن از سگی به سگ دیگر متفاوت است. برخی از علائم رایج شامل تب، سرفه، عطسه و ترشحات بینی است. ممکن است دچار بی‌اشتهایی، بی‌میلی و ترشحات چشم و بینی شویم که می‌توانند غلیظ و چرکی شوند. با پیشرفت ویروس، می‌تواند به سیستم عصبی ما حمله کند و منجر به تشنج، گرفتگی عضلات و حتی فلج شود.

تغییرات اشتها: وقتی به دیستمپر مبتلا می‌شویم، اشتهای ما اغلب کاهش می‌یابد. ممکن است علاقه خود را به خوراکی‌ها و وعده‌های غذایی مورد علاقه‌مان از دست بدهیم. این می‌تواند نگران‌کننده باشد، زیرا می‌تواند منجر به کاهش وزن و تضعیف سیستم ایمنی شود. در این مدت، توجه به عادات غذایی و اطمینان از هیدراته ماندن بدن مهم است.

مدت زمان: مدت زمان دیستمپر می‌تواند متفاوت باشد، اما معمولاً چندین هفته طول می‌کشد تا ویروس دوره خود را طی کند. با این حال، بهبودی همیشه تضمین شده نیست، زیرا برخی از سگ‌ها ممکن است به دلیل ماهیت شدید عفونت، از آن جان سالم به در نبرند.

دارو: هیچ داروی ضد ویروسی خاصی برای درمان دیستمپر در دسترس نیست. مراقبت‌های حمایتی معمولاً توسط دامپزشکان برای مدیریت علائم و تسکین ارائه می‌شود. این مراقبت‌ها ممکن است شامل مایعات برای جلوگیری از کم‌آبی بدن، داروهایی برای کنترل عفونت‌های ثانویه و درمان‌های حمایتی برای کاهش ناراحتی باشد.

پیشگیری: بهترین رویکرد در مورد دیستمپر است. واکسیناسیون برای محافظت از ما در برابر این ویروس خطرناک ضروری است. واکسیناسیون منظم، همانطور که توسط دامپزشک ما توصیه می‌شود، می‌تواند به ما در ایجاد ایمنی در برابر دیستمپر کمک کند. همچنین مهم است که قرار گرفتن در معرض سگ‌های بالقوه

آلوده را محدود کنیم و بهداشت خوبی مانند شستشوی منظم دست‌ها و تمیز کردن محل زندگی خود را رعایت کنیم.

اگر متوجه هرگونه علائمی از دیستمپر شدید یا مشکوک شدید که دوست پشمالوی شما ممکن است آلوده شده باشد ، مراجعه فوری به دامپزشک بسیار مهم است. تشخیص زودهنگام و مراقبت سریع می‌تواند شانس نتیجه مثبت را افزایش دهد. مراقب باشید و واکسیناسیون‌من را به‌روز نگه دارید.

3. **(Parvovirus) پاروو ویروس :** اوه نه، این یکی ترسناک به نظر می‌رسد! پاروو ویروس یک ویروس بسیار مسری است که شکم من را تحت تأثیر قرار می‌دهد. این ویروس می‌تواند باعث اسهال شدید، استفراغ و کم‌آبی بدن، به خصوص در توله سگ‌های جوان شود. درک جزئیات این ویروس مهم است تا بتوانیم سالم و ایمن بمانیم. بیایید شروع کنیم:

دلیل: پاروو ویروس توسط پاروویروس سگی نوع ۲ ایجاد می‌شود. این ویروس از طریق تماس با سگ‌های آلوده یا مدفوع آنها منتقل می‌شود. این ویروس مقاوم می‌تواند برای مدت طولانی در محیط زنده بماند و در صورت عدم احتیاط، ابتلا به آن را برای ما آسان می‌کند.

علائم و نشانه‌های جسمی: وقتی به پاروو ،ویروس آلوده می‌شویم ممکن است طیف وسیعی از علائم و نشانه‌ها را تجربه کنیم. این علائم می‌تواند شامل استفراغ شدید باشد که اغلب با اسهال خونی همراه است. ممکن است بسیار ضعیف و بی‌حس شویم و علاقه کمی به فعالیت‌های معمول یا بازی نشان دهیم. علاوه بر این، ممکن است اشتهای خود را از دست بدهیم و از خوردن غذا امتناع کنیم.

تغییرات اشتها: پاروو ویروس می‌تواند تا حد زیادی بر اشتهای ما تأثیر بگذارد. ممکن است به دلیل بیماری اشتهایمان کاهش یابد یا به طور کامل از بین برود. بسیار مهم است که میزان مصرف غذا و آب خود را به دقت کنترل کنیم و اگر آنطور که باید غذا نمی‌خوریم یا نمی‌نوشیم، فوراً به دامپزشک مراجعه کنیم.

مدت زمان: مدت زمان عفونت پاروو ویروس می‌تواند از سگی به سگ دیگر متفاوت باشد. به طور متوسط، حدود یک هفته طول می‌کشد، اما در موارد شدید می‌تواند بیشتر از این مدت طول بکشد. مهم است به یاد داشته باشید که بهبودی ممکن است بیشتر طول بکشد زیرا بدن ما برای التیام آسیب‌های ناشی از ویروس به زمان نیاز دارد.

دارو: متأسفانه، هیچ داروی خاصی برای درمان مستقیم پاروو ویروس در دسترس نیست. درمان عمدتاً بر مدیریت علائم و ارائه مراقبت‌های حمایتی متمرکز است. این شامل تجویز مایعات داخل وریدی برای مقابله با کم‌آبی ناشی از استفراغ و اسهال است. آنتی‌بیوتیک‌ها همچنین ممکن است برای جلوگیری از عفونت‌های باکتریایی ثانویه که می‌توانند سیستم ایمنی بدن ما را بیشتر تضعیف کنند، تجویز شوند.

لازم به ذکر است که پیشگیری بهترین دفاع در برابر پاروو ویروس است. واکسیناسیون کلید محافظت از ما در برابر این ویروس خطرناک است. توله سگ‌ها به یک سری واکسیناسیون از سنین پایین نیاز دارند و برای حفظ ایمنی، تزریق منظم واکسن در طول زندگی ضروری است. پیروی از برنامه واکسیناسیون توصیه شده توسط دامپزشک برای اطمینان از محافظت ما بسیار مهم است.

برای جلوگیری از شیوع پاروویروس، اجتناب از تماس با سگ‌های آلوده و محیط‌های آلوده ضروری است. شستشوی منظم دست‌ها و رعایت بهداشت مناسب می‌تواند به کاهش خطر انتقال کمک کند. تمیز و ضدعفونی کردن محل زندگی نیز نقش مهمی در جلوگیری از شیوع ویروس دارد.

به یاد داشته باشید، اگر به ابتلای دوست پشمالوی خود به پاروو ویروس مشکوک هستید یا علائم نگران‌کننده‌ای را مشاهده می‌کنید، مراجعه فوری به دامپزشک بسیار مهم است. تشخیص زودهنگام و درمان سریع می‌تواند تفاوت زیادی در بهبودی ما ایجاد کند.

4. بیماری لایم (Lyme):

این کنه‌های کوچک می‌توانند مشکلات بزرگی ایجاد کنند! بیماری لایم یک عفونت باکتریایی است که از طریق گزش کنه منتقل می‌شود. این بیماری می‌تواند باعث درد و علائم ناراحت‌کننده دیگری شود.

دلیل: بیماری لایم توسط باکتری به نام بورلیا بورگدورفری ایجاد می‌شود که از طریق نیش کنه‌های آلوده مانند ،کنه پا سیاه یا کنه گوزن منتقل می‌شود. وقتی این کنه‌ها به پوست ما می‌چسبند و از خون ما تغذیه می‌کنند .می‌توانند باکتری را منتقل کنند و منجر به بیماری لایم شوند

علائم و نشانه‌های فیزیکی: علائم و نشانه‌ها می‌توانند از سگی به سگ دیگر متفاوت باشند. برخی از علائم رایج شامل لنگیدن یا لنگیدن است که ممکن است از یک پا به پای دیگر تغییر کند. همچنین ممکن است درد و سفتی مفاصل را تجربه کنیم که می‌تواند حرکت را برای ما دشوار کند. سایر علائم ممکن است شامل تب، بی‌حالی و از دست دادن اشتها باشد. در برخی موارد، ممکن است یک بثورات دایره‌ای مشخص در اطراف ناحیه گزش کنه ایجاد شود، اگرچه این همیشه وجود ندارد.

تغییرات اشتها: بیماری لایم می‌تواند بر اشتهای ما تأثیر بگذارد. ممکن است کاهش اشتها یا حتی از دست دادن کامل علاقه به غذا را تجربه کنیم. مهم است که عادات غذایی خود را زیر نظر داشته باشید و در صورت مشاهده هرگونه تغییر قابل توجه در اشتهای سگ، با یک دامپزشک مشورت کنید.

مدت زمان: مدت زمان بیماری لایم می‌تواند بسته به شدت عفونت و واکنش سگ متفاوت باشد. با درمان مناسب، اکثر سگ‌ها طی چند روز تا چند هفته بهبود می‌یابند. با این حال، در برخی موارد، اگر بیماری درمان نشود یا مزمن شود، علائم ممکن است برای مدت طولانی‌تری ادامه یابد.

دارو: برای درمان بیماری لایم، دامپزشک ما ممکن است یک دوره آنتی‌بیوتیک مانند داکسی سایکلین یا آموکسی سیلین تجویز کند. این داروها در مبارزه با باکتری‌های عامل عفونت مؤثر هستند. مدت زمان درمان به شدت بیماری و توصیه‌های دامپزشک بستگی دارد. پیروی از برنامه دارویی تجویز شده و تکمیل دوره کامل درمان برای اطمینان از بهبودی مؤثر، مهم است.

پیشگیری در مورد بیماری لایم کلیدی است. شما می‌توانید اقدامات مختلفی را برای محافظت از خود در برابر گزش کنه انجام دهید، مانند استفاده از محصولات پیشگیری از کنه که توسط دامپزشک ما توصیه می‌شود ، اجتناب از مناطق آلوده به کنه و بررسی کامل بدن از نظر وجود کنه پس از فعالیت‌های خارج از منزل. حذف سریع کنه‌ها بسیار مهم است، زیرا خطر انتقال را کاهش می‌دهد.

واکسیناسیون

حالا، بیایید کمی سرمان را تکان دهیم و به دنیای واکسیناسیون برویم. واکسیناسیون برای حفظ سلامت و محافظت از سگ‌ها بسیار مهم است. این جزئیات مفید در مورد واکسیناسیون را مستقیماً از دیدگاه من، که یک سگ پشمالو است، بررسی کنید:

واکسن‌های اصلی: این واکسن‌ها، واکسن‌های ضروری هستند که ما را از بیماری‌های شایع و بالقوه خطرناک مانند هاری، دیستمپر، پاروویروس و هپاتیت محافظت می‌کنند. ما معمولاً در دوران تولگی یک سری واکسن دریافت می‌کنیم و سپس واکسن‌های تقویتی منظم برای حفظ ایمنی خود دریافت می‌کنیم.

واکسن‌های غیر اصلی: این واکسن‌ها بر اساس سبک زندگی، محل زندگی و هرگونه خطر خاصی که ممکن است با آن مواجه شویم توصیه می‌شوند. به عنوان مثال، واکسن‌هایی برای مواردی مانند آنفولانزای سگ، سرفه سگ (بوردتلا) و بیماری لایم وجود دارد.

واکسیناسیون سگ‌های کوچک: توله سگ‌ها معمولاً واکسیناسیون خود را از حدود ۶ تا ۸ هفتگی شروع می‌کنند و تا حدود ۱۶ تا ۲۰ هفتگی چندین دوز دریافت می‌کنند. اما ماجرا به اینجا ختم نمی‌شود! ما در طول زندگی خود به طور منظم به واکسن‌های تقویتی نیاز داریم تا در برابر بیماری‌ها محافظت شویم. دامپزشک فوق‌العاده شما یک برنامه شخصی برای من تهیه خواهد کرد، بنابراین دقیقاً می‌دانید که من چه زمانی به واکسن نیاز دارم.

معاینات منظم: مراجعه به دامپزشک برای معاینات منظم برای ما مانند یک روز استراحت در اسپا است. مهم است که آنها سلامت کلی من را زیر نظر داشته باشند و مطمئن شوند که واکسیناسیون‌های من به‌روز هستند. به‌علاوه، این فرصت بسیار خوبی برای شماست تا هرگونه نگرانی یا سؤالی که در مورد سلامت من دارید را با من در میان بگذارید.

به یاد داشته باشید، واکسیناسیون نه تنها من را ایمن نگه می‌دارد، بلکه به محافظت از سایر سگ‌های جامعه ما نیز کمک می‌کند. این یک گام محکم به سوی یک دنیای سالم‌تر برای سگ‌ها است!

دوست انسان من، تو با مراقبت از داروها و واکسیناسیون من، کار فوق‌العاده‌ای انجام می‌دهی. همیشه برای بهترین توصیه در مورد داروها و برنامه واکسیناسیون مناسب که مخصوص من تنظیم شده است، با دامپزشک مشورت کن. ما با هم بر هر چالش سلامتی که پیش بیاید غلبه خواهیم کرد، زیرا تو بهترین صاحبی هستی که می‌توانم از تو بخواهم! ووف!

در این فصل، نقش داروها و حمایت حرفه‌ای را در مدیریت اضطراب من بررسی کردیم. بسیار مهم است که با دقت به این گزینه‌ها نزدیک شویم و با متخصصان مناسب مشورت کنیم. هر مرحله ما را به ایجاد یک زندگی هماهنگ و بدون اضطراب برای من نزدیک‌تر می‌کند.

وقتی کمک بیشتری نیاز است

Persian/Farsi Edition

راهنمایی ضروری برای دوستداران سگ‌ها

فصل ۷

پرورش مراقبت درون

صاحب عزیز، در این فصل، ما بر روی مراقبی که از همه بیشتر به او وابسته‌ایم تمرکز می‌کنیم - شما! مراقبت از خودم و اضطرابم کاری ارزشمند اما چالش‌برانگیز است. ضروری است که رفاه خودتان را در اولویت قرار دهید تا بتوانید بهترین مراقبت و حمایت را برای من فراهم کنید. بیایید مراقبت از خود را برای صاحبان سگ بررسی کنیم، تعادل را پیدا کنیم و در این سفر عاشقانه که با هم داریم، به دنبال حمایت باشیم.

بهداشت سگ‌ها؛ نکاتی که باید بدانیم

ووف! اجازه دهید چند توصیه دوستانه در مورد اصلاح مو و ارتباط آن با اضطراب سگ‌ها با شما در میان بگذارم. اصلاح مو برای حفظ سلامت و احساس خوب توله‌ها بسیار مهم است. اگرچه اصلاح مو مستقیماً باعث اضطراب در سگ‌ها نمی‌شود، اما برخی نژادها گاهی اوقات می‌توانند در طول اصلاح مو کمی استرس یا اضطراب داشته باشند. در اینجا چند نکته وجود دارد که باید در مورد اصلاح مو و اضطراب سگ در نظر بگیرید:

پنجه‌های حساس: بعضی از سگ‌ها بیشتر به لمس و نوازش حساس هستند و همین امر باعث می‌شود جلسات آرایش و پیرایش کمی ناراحت‌کننده باشد. صاحبان ما باید در طول آرایش و پیرایش با ملایمت و صبر رفتار کنند تا از ایجاد هرگونه اضطراب جلوگیری شود.

صداهای ترسناک: نظافت اغلب شامل ابزارهای عجیبی است که صداهای بلندی ایجاد می‌کنند، مانند ماشین اصلاح یا خشک‌کن. این صداها می‌توانند ما دوستان پشمالو را بترسانند یا بترسانند. ایجاد یک محیط آرام و ساکت برای نظافت می‌تواند به ما کمک کند تا آرامش پیدا کنیم و احساس راحتی بیشتری داشته باشیم.

انجام منظم آن: ما سگ‌ها عاشق روتین هستیم! معرفی نظافت به عنوان بخشی منظم از برنامه‌مان از سنین پایین به ما کمک می‌کند تا با این فرآیند آشنا شویم و اضطراب را کاهش دهیم. نظافت نامنظم یا نادر می‌تواند باعث شود که آن را با ناراحتی یا ترس مرتبط بدانیم.

ناخن و گوش، با احتیاط انجام دهید: برخی از کارهای مربوط به نظافت، مانند کوتاه کردن ناخن یا تمیز کردن گوش، نیاز به برخورد ملایم و محدود کردن دارند. اگر احساس کنیم که با آنها خیلی خشن برخورد می‌شود یا خیلی محکم مهار می‌شوند، می‌تواند ما را مضطرب کند. تقویت مثبت، مانند خوراکی و تحسین، به ما کمک می‌کند تا نظافت را با تجربیات مثبت مرتبط کنیم.

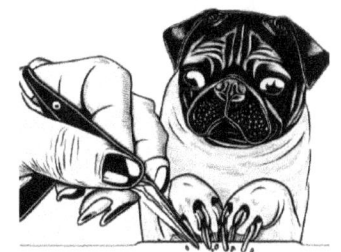

نیازهای خاص نژاد : بسته به نوع پوشش ما، هر نژاد سگ نیازهای نظافتی خاص خود را دارد. برخی از ما برای حفظ ظاهر فوق‌العاده‌ی خز خود به برس کشیدن و نظافت منظم نیاز داریم. نادیده گرفتن این نیازها می‌تواند منجر به ناراحتی و مشکلات بالقوه‌ی سلامتی شود و ما را مضطرب کند.

:نکات مربوط به آراستگی ظاهری - اضطراب

فعالیت‌های نظافت را به تدریج با توله سگ‌ها شروع کنید تا از سنین پایین به آن عادت کنیم. در طول نظافت از تقویت مثبت و پاداش استفاده کنید تا آن را به یک تجربه مثبت تبدیل کنید. اگر در طول نظافت دچار استرس یا اضطراب شدیم، استراحت کنیم و وقتی آرام‌تر شدیم، دوباره شروع کنیم. حتماً از ابزارهای نظافت مناسب برای نیازهای خاص و نوع پوشش خود استفاده کنید .اگر نظافت بیش از حد چالش برانگیز یا طاقت فرسا شد، درخواست کمک حرفه‌ای را در نظر بگیرید.

هر سگی منحصر به فرد است و نیازهای نظافتی و سطح اضطراب ما می‌تواند متفاوت باشد. با صبور بودن، درک کردن و فراهم کردن یک تجربه مثبت نظافت، به کاهش اضطراب ما کمک می‌کنید و زمان نظافت را برای هر دوی ما لذت‌بخش می‌کنید. ووف!

والدین پشمالو! فقط می‌خواستم یک راز کوچک را به شما بگویم: فصل ۱۷ جایی است که می‌توانید یک ،خب مثل این است که . نژاد محبوب سگ‌های من پیدا کنید ۴۰ جدول مفصل و بسیار مفید در مورد بهداشت گنجینه‌ای از اطلاعات درست در دسترس شماست! این جدول هر چیزی را که باید در مورد تمیز و سالم نگه همه چیز را پوشش ، پیرایش داشتن دوست پشمالوی خود بدانید، پوشش می‌دهد. از نکات نظافت گرفته تا ضمناً، همیشه به یاد داشته باشید آنچه من به اشتراک می‌گذارم کافی نیست. ما به صورت فردی .می‌دهد متفاوت هستیم! بهتر است همیشه با یک متخصص، دامپزشک دوستان من، صحبت کنید. بنابراین، به فصل ۱۷ « بروید و آماده شوید تا دنیایی از دانش بهداشت سگ را کشف کنید. لطفاً « **جزئیات بهداشت ۴۰ نژاد محبوب**" را بررسی کنید.

مراقبت از خود برای صاحبان سگ

مراقبت از یک سگ مضطرب می‌تواند از نظر احساسی طاقت‌فرسا باشد و پرورش خود در حین گذر از این مسیر ضروری است. در اینجا چند استراتژی مراقبت از خود برای کمک به شما در یافتن تعادل و تجدید روحیه ارائه شده است:

- ✓ **تفریح سگی:** در فعالیت‌هایی شرکت کنید که برای شما شادی و آرامش به ارمغان می‌آورند. چه قدم زدن آرام، تمرین ذهن آگاهی یا انجام یک سرگرمی، برای فعالیت‌هایی که روح شما را شارژ می‌کنند، وقت بگذارید.

فصل هفت

- **ارتباط با طبیعت:** گذراندن وقت در طبیعت راهی برای آرامش روح است. من را به پیاده‌روی ببرید یا صرفاً از لحظات آرامش‌بخش در پارک لذت ببرید. زیبایی طبیعت می‌تواند حس آرامش و تجدید قوا را فراهم کند.

✓ **ارتباط برقرار کنید:** از تماس با دوستان، خانواده یا گروه‌های حمایتی که می‌توانند گوش شنوا یا تکیه‌گاهی برای شما باشند، دریغ نکنید. به اشتراک گذاشتن تجربیات و احساساتتان می‌تواند به شما آرامش و حس درک متقابل بدهد.

✓ **تمرین ذهن آگاهی،** ذهن آگاهی به معنای حضور در لحظه حال، پرورش آگاهی و پذیرش احساسات بدون قضاوت است. تکنیک‌های ذهن آگاهی را در برنامه روزانه خود بگنجانید تا آرامش درونی و تاب‌آوری را پرورش دهید.

✓ **به دنبال پشتیبانی حرفه‌ای باشید:** همان‌طور که من از پشتیبانی حرفه‌ای بهره‌مند می‌شوم، در جستجوی راهنمایی از درمانگران یا گروه‌های حمایتی تردید نکنید. این متخصصان می‌توانند فضایی امن برای ابراز احساسات شما فراهم کنند و توصیه‌هایی متناسب با نیازهای شما ارائه دهند.

به یاد داشته باشید، صاحب عزیز، مراقبت از خودتان خودخواهی نیست - ضروری است. با پرورش رفاه خود اطمینان حاصل می‌کنید که قدرت، صبر و عشق لازم برای ارائه بهترین مراقبت از من را دارید.

فصل ۸

یافتن آرامش در کنار دوست پشمالو

سلام، ای انسانِ دوست‌داشتنیِ من! آیا آماده‌ای تا با همراهِ پشمالویت به دنیای ذهن‌آگاهی شیرجه بزنی؟ در این فصل، ما راه خود را به سوی هنر ذهن‌آگاهی باز می‌کنیم و حسی از آرامش و تعادل ایجاد می‌کنیم که باعث می‌شود دم‌هایمان از شادی تکان بخورد. بیایید با هم این سفرِ ذن‌مانند را آغاز کنیم!

ذهن آگاهی در کنار سگم

اصلاً این «وُف» چیست؟ بگذارید برایتان توضیح بدهم. ذهن‌آگاهی یعنی بودن در لحظه حال و یافتن آرامش درونی. خواهیم فهمید که چطور می‌تواند به زندگی هر دوی ما هماهنگی ببخشد، استرس را کاهش دهد و پیوندمان را تقویت کند. آماده باشید تا به سطح کاملاً جدیدی از با هم بودن دست پیدا کنید!

ذهن‌آگاهی در کنار سگم

1. **مکث و مشاهده:** هر روز لحظه‌ای را برای مکث و مشاهده‌ی دوست پشمالوی خود اختصاص دهید. به حرکات، حالات چهره و ویژگی‌های منحصر به فرد او توجه کنید. بدون هیچ گونه حواس‌پرتی یا قضاوتی، کاملاً در کنارش باشید. سادگیِ با هم بودن را بپذیرید.

2. **تنفس عمیق:** تنفس عمیق ابزاری قدرتمند برای آرام کردن ذهن و بدن است. نفس‌های عمیق و آهسته را تمرین کنید و از دوست پشمالوی خود دعوت کنید تا به شما بپیوندد. هنگام دم و بازدم، بالا و پایین رفتن شکم خود را احساس کنید. این هماهنگی باعث ایجاد حس ارتباط و آرامش می‌شود.

3. ،**پیاده‌روی‌های آگاهانه:** پیاده‌روی‌های منظم خود را به ماجراجویی‌های آگاهانه تبدیل کنید. به مناظر صداها و بوهای اطراف خود توجه کنید. تمام حواس خود را درگیر کنید و دوست پشمالوی خود را نیز تشویق کنید که همین کار را انجام دهد. افکار مزاحم را رها کنید و از لحظه حال لذت ببرید و با هم دنیا را کشف کنید.

کاوش در دنیای پراضطراب سگ‌ها

لمس و ماساژ ملایم: لمس کردن راهی قدرتمند برای ایجاد پیوند و آرامش است. در طول روز لحظاتی را برای نوازش‌های ملایم یا ماساژ آرامش‌بخش به دوست پشمالوی خود اختصاص دهید. به واکنش‌های او و احساساتی که هنگام برقراری ارتباط از طریق لمس تجربه می‌کنید، توجه کنید.

4. **قدردانی و سپاسگزاری:** نسبت به دوست پشمالوی خود، نگرش سپاسگزاری را در خود پرورش دهید. برای تأمل در مورد تمام شادی و عشقی که او به زندگی شما می‌آورد، وقت بگذارید. قدردانی خود را از طریق کلمات نوازش و خوراکی ابراز کنید. این تمرین، طرز فکر مثبت را پرورش می‌دهد و پیوند شما را عمیق‌تر می‌کند.

به یاد داشته باشید، انسان عزیز، ذهن آگاهی یک سفر است و شروع از قدم‌های کوچک اشکالی ندارد. نکته کلیدی این است که آگاهی و حضور را به تعاملات خود با دوست پشمالوی خود بیاورید. با هم، می‌توانیم فضایی از صلح و آرامش ایجاد کنیم که سلامت هر دوی ما را پرورش دهد.

در این فصل، دنیای ذهن آگاهی را با دوست پشمالوی شما بررسی می‌کنیم. می‌توانیم با در آغوش گرفتن لحظه حال، تمرین تنفس عمیق و انجام فعالیت‌های ذهن آگاهی، با هم به آرامش ذهنی برسیم. آماده شوید تا سفری شگفت‌انگیز از با هم بودن و آرامش درونی را آغاز کنید!

لحظات آگاهانه

پنجه‌ها آزاد، نفس بکشید و رهایش‌کنید . وقت آن است که مکث کنید، نفس عمیقی بکشید و تمام نگرانی‌ها را رها کنید. من چند تکنیک ساده برای تمرین ذهن آگاهی به شما نشان خواهم داد. از تنفس آگاهانه گرفته تا تمرین‌های اتصال به زمین، ما در زمان حال و متصل خواهیم ماند و لحظاتی از آرامش ایجاد خواهیم کرد.

1. **زمینه را فراهم کنید:** یک فضای آرام و ساکت پیدا کنید که شما و سگتان بتوانید بدون حواس‌پرتی در آن استراحت کنید. این می‌تواند یک گوشه دنج از خانه شما یا یک نقطه طبیعی آرام باشد.

2. **نفس عمیق بکشید:** با چند نفس عمیق شروع کنید تا خودتان را متمرکز کنید و تمرکز خود را به لحظه حال بیاورید. اجازه دهید هرگونه تنش یا استرس با دم و بازدم آرام از بین برود.

3. **سگ خود را مشاهده کنید:** لحظه‌ای وقت بگذارید و همراه پشمالوی خود را مشاهده کنید. به زبان بدن، حالت‌های چهره و صداهایی که ایجاد می‌کنند توجه کنید. به حرکات آنها و نحوه واکنش آنها به محیط اطرافشان توجه کنید.

راهنمایی ضروری برای دوستداران سگ‌ها

4. **حواس خود را درگیر کنید:** حواس خود را درگیر کنید و سگ خود را نیز به انجام همین کار تشویق کنید. هنگام نوازش آرام آنها، به لمس خزشان توجه کنید، به صدای نفس یا پنجه‌هایشان روی زمین گوش دهید و عطر منحصر به فرد آنها را استشمام کنید. به خودتان اجازه دهید کاملاً در این تجربیات حسی حضور داشته باشید.

5. **سکوت را بپذیرید:** لحظات سکوت را با سگ خود در آغوش بگیرید. به جای پر کردن فضا با کلمات، به سادگی با آنها در همراهی مسالمت آمیز باشید. سگ ها توانایی قابل توجهی در حس کردن انرژی و حضور شما دارند و این ارتباط خاموش می تواند عمیقاً معنادار باشد.

6. **لمس آگاهانه را تمرین کنید:** برای ماساژ یا نوازش آرام سگ خود وقت بگذارید. هنگام لمس‌های آرامش‌بخش، ارتباط و عشق بین خودتان را احساس کنید. به واکنش‌های آنها توجه کنید و به نشانه‌های آنها پاسخ دهید و آسایش و آرامش را برای آنها فراهم کنید.

7. **بازی آگاهانه:** با سگ خود در زمان بازی شرکت کنید، اما این کار را با تمرکز انجام دهید. روی لحظه حال تمرکز کنید و کاملاً خود را در شادی جلسه بازی غرق کنید. به جزئیات رفتارهای بازی آنها، هیجان در چشمانشان و صدای پارس‌های شادشان توجه کنید. حواس‌پرتی‌ها را کنار بگذارید و کاملاً در تجربه مشترک حضور داشته باشید.

8. **ابراز قدردانی:** در لحظاتی که به فکر فرو می‌روید، از حضور سگتان در زندگی‌تان قدردانی کنید. در مورد شادی و عشقی که به ارمغان می‌آورند تأمل کنید و به صورت خاموش یا کلامی قدردانی خود را از همراهی و وفاداری او ابراز کنید.

9. **از آنها پیروی کنید:** به سگ خود اجازه دهید سرعت و جریان لحظات آگاهانه شما را هدایت کند. ترجیحات آنها را رعایت کنید و به نیازهای آنها پاسخ دهید. احترام به نشانه‌ها و علایق آنها، ارتباطی عمیق‌تر و تجربه‌ای یکپارچه‌تر ایجاد می‌کند.

10. **از ارتباط لذت ببرید:** از ارتباط و پیوند عمیق حاصل از این لحظات آگاهانه با سگ خود استقبال کنید. قدر آرامش، عشق و شادی که در طول این تجربیات مشترک ایجاد می‌شود را بدانید. به یاد داشته باشید این موضوع مربوط به مقصد نیست، بلکه سفری است که در آن کاملاً در کنار همراه عزیزتان حضور دارید.

با تمرین ذهن آگاهی با سگ خود، ارتباط قوی‌تری برقرار خواهید کرد، درک خود را عمیق‌تر خواهید کرد و لحظاتی از شادی و آرامش خالص ایجاد خواهید کرد. از سفر ذهن آگاهی با هم لذت ببرید و لحظات گرانبها را با دوست پشمالوی خود گرامی بدارید.

قدم‌زدن‌های ذهن‌آگاه

قدم زدن در لحظه حال تصور کنید: ما قصد پیاده‌روی داریم، اما با کمی دقت و توجه. بیایید با طبیعت همراه شویم، زمین زیر پنجه‌هایمان را حس کنیم و به زیبایی‌های اطرافمان توجه کنیم. پیاده‌روی‌های ما چیزی بیش از یک ورزش ساده خواهند بود - آنها فرصت‌هایی برای کاوش و پیوند آگاهانه خواهند بود.

1. **نیت خود را مشخص کنید:** قبل از شروع پیاده‌روی آگاهانه، نیت کنید که کاملاً در لحظه حال و با توجه باشید. عوامل حواس‌پرتی را کنار بگذارید و با حس کنجکاوی و گشودگی وارد پیاده‌روی شوید.

2. **حواس خود را درگیر کنید:** هنگام راه رفتن، حواس خود را کاملاً درگیر کنید. به حس زمین زیر پاها یا پنجه‌هایتان توجه کنید. گرمای خورشید یا لمس نسیم را روی پوست خود حس کنید. به صداهای طبیعت اطراف خود گوش دهید، چه جیک جیک پرندگان باشد، چه خش خش برگ‌ها یا آب روان. عطرهای محیط را به مشام خود برسانید و بگذارید حواس شما را پر کنند.

3. **کنجکاو بمانید:** با ذهنی کنجکاو به پیاده‌روی خود نزدیک شوید. جزئیات محیط اطراف خود - رنگ‌ها، شکل‌ها و بافت‌ها - را مشاهده کنید. به شگفتی‌های کوچکی که اغلب نادیده گرفته می‌شوند توجه کنید. دوست پشمالوی خود را تشویق کنید تا کاوش کند و از او پیروی کند و کنجکاوی او را نیز بپذیرید.

4. **با تمرکز نفس بکشید:** در طول پیاده‌روی، توجه خود را به نفس‌هایتان معطوف کنید. نفس‌های آرام و عمیق بکشید و اجازه دهید هر دم و بازدم شما را در لحظه حال نگه دارد. از دوست پشمالوی خود نیز بخواهید همین کار را انجام دهد و نفس‌هایتان را با هم هماهنگ کنید.

5. **پیاده‌روی قدردانی:** هنگام پیاده‌روی، با تمرکز بر چیزهایی که در آن لحظه سپاسگزار آنها هستید قدردانی را تمرین کنید. این می‌تواند زیبایی طبیعت، همراهی دوست پشمالوی شما یا هر جنبه مثبت دیگری از زندگی شما باشد. قدردانی خود را بی‌صدا یا با صدای بلند ابراز کنید و اجازه دهید روحیه شما را بالا ببرد.

6. **حرکات آگاهانه:** حرکات آگاهانه را در پیاده‌روی خود بگنجانید. به ریتم قدم‌هایتان، تکان خوردن بازوهایتان و نحوه حرکت دوست پشمالویتان در کنارتان توجه کنید. از احساسات بدنتان آگاه باشید و از طریق حرکت با لحظه حال هماهنگ بمانید.

به یاد داشته باشید، انسان عزیز، پیاده‌روی آگاهانه به معنای رسیدن به مقصد نیست، بلکه به معنای حضور کامل در طول سفر است. از فرصت ارتباط با طبیعت، خودتان و دوست پشمالویتان استفاده کنید. این لحظات کاوش آگاهانه، پیوند شما را عمیق‌تر می‌کند و حس آرامش را به پیاده‌روی شما می‌آورد.

ساخت فضای زِن

خانه خود را به پناهگاهی شیرین تبدیل کنید! خانه، خانه‌ای شیرین! ما فضای زندگی خود را به بهشتی از آرامش و سکون تبدیل خواهیم کرد. با هم، گوشه‌های دنجی ایجاد خواهیم کرد، هوا را با رایحه‌های آرامش‌بخش پر خواهیم کرد و خود را با چیزهایی که برای ما شادی می‌آورند، احاطه خواهیم کرد. اتاق ذن ما جایی خواهد بود که می‌توانیم در آن استراحت کنیم و تجدید قوا کنیم.

گوشه‌های دنج: گوشه‌های دنجی را در خانه خود تعیین کنید که در آنجا شما و دوست پشمالویتان بتوانید استراحت کنید و آرامش پیدا کنید. یک تخت یا کوسن راحت پهن کنید، پتوهای نرم اضافه کنید و بالش‌هایی را برای راحتی بیشتر بچینید. آن را به فضایی اختصاصی تبدیل کنید که بتوانید در آن هم خلوت کنید و هم استراحت کنید.

1. **عطرهای آرامش‌بخش:** هوا را با عطرهای آرامش‌بخش پر کنید که باعث آرامش می‌شوند و فضایی آرام ایجاد می‌کنند. استفاده از روغن‌های اساسی در دستگاه پخش‌کننده عطر یا شمع‌های با رایحه ملایم مانند اسطوخودوس یا بابونه را در نظر بگیرید. فقط مطمئن شوید که عطرهایی که انتخاب می‌کنید برای دوست پشمالوی شما بی‌خطر هستند.

2. **خلوت و ساده‌سازی:** محیطی عاری از شلوغی ایجاد کنید که آرامش را ترویج دهد. فضای زندگی خود را منظم و عاری از حواس‌پرتی‌های غیرضروری نگه دارید. یک فضای مرتب و ساده می‌تواند به کاهش آشفتگی ذهنی کمک کند و فضایی آرام‌تر برای شما و دوست پشمالویتان ایجاد کند.

3. **عناصر طبیعت:** عناصر طبیعت را به داخل خانه بیاورید تا فضایی آرام ایجاد کنید. گیاهان آپارتمانی مانند گل مینا یا گیاه عنکبوتی را برای تصفیه هوا و افزودن کمی سبزینگی قرار دهید. با مواد طبیعی مانند چوب یا سنگ تزئین کنید تا فضایی آرام و خاکی ایجاد کنید.

4. **دکوراسیون شاد:** خودتان را با وسایلی که شادی و انرژی مثبت به ارمغان می‌آورند احاطه کنید. عکس‌هایی از خاطرات عزیزتان را به نمایش بگذارید، از آثار هنری یا اشیایی که معنای خاصی دارند استفاده کنید یا دکوراسیونی با رنگ‌هایی انتخاب کنید که احساس آرامش و شادی را القا می‌کنند. این تزئینات معنادار روحیه شما را بالا می‌برند و فضایی هماهنگ ایجاد می‌کنند.

آموزش با ذهن‌آگاهی

پرورش ارتباط و یادگیری زمان آموزش می‌تواند به ما اجازه دهد تا ضمن یادگیری چیزهای جدید، به هم نزدیک‌تر شویم. ما با صبر، درک و عشق ارتباط برقرار خواهیم کرد. حضور کامل در جلسات آموزشی، ارتباط ما را عمیق‌تر کرده و به نتایج شگفت‌انگیزی دست خواهیم یافت.

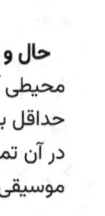

حال و هوا را تنظیم کنید: قبل از شروع جلسه تمرین، محیطی آرام و متمرکز ایجاد کنید. عوامل حواس‌پرتی را به حداقل برسانید و مکانی آرام را انتخاب کنید که هر دو بتوانید در آن تمرکز کنید. برای ایجاد فضایی آرام، چراغ‌ها را کم کنید یا موسیقی ملایم و آرامش‌بخش پخش کنید.

1. **تمرین صبر:** با صبر و درک به جلسات آموزشی نزدیک شوید. به یاد داشته باشید که یادگیری زمان می‌برد و هر گام رو به جلو یک دستاورد است. آرام و خونسرد باشید و از ناامید شدن یا بالا بردن صدای خود خودداری کنید. تقویت مثبت و پاداش، اصول راهنمای ما خواهند بود.

2. **حضور داشته باشید:** در طول آموزش، کاملاً حاضر و متوجه دوست پشمالوی خود باشید. لطفاً تمام توجه خود را به او معطوف کنید و روی نشانه‌ها و پاسخ‌هایش تمرکز کنید. متناسب با آن پاسخ دهید و به زبان بدن، صداها و حالات چهره‌اش توجه کنید. این حضور آگاهانه، ارتباط و درک شما را عمیق‌تر خواهد کرد.

3. **تقویت مثبت:** از تکنیک‌های تقویت مثبت برای تشویق و پاداش دادن به رفتارهای مطلوب استفاده کنید. ستایش خوراکی یا زمان بازی می‌تواند پاداش‌های انگیزشی باشد که روند آموزش را تقویت می‌کند. پیروزی‌ها و پیشرفت‌های کوچک را جشن بگیرید و به دوست پشمالوی خود بگویید که چقدر به تلاش‌هایش افتخار می‌کنید.

4. **ایجاد پیوند از طریق آموزش:** جلسات آموزشی فقط مربوط به یادگیری دستورات نیست، بلکه در مورد تقویت پیوند بین شما و دوست پشمالویتان نیز هست. از فرصت ارتباط، گفتگو و ایجاد اعتماد استقبال کنید. از سفر یادگیری با هم لذت ببرید و بگذارید جلسات آموزشی برای هر دوی شما یک تجربه شاد و غنی باشد.

موسیقی برای سگ‌ها

بگذارید این فصل را با یک داستان واقعی تمام کنم.

وای، مدتی پیش، من و آدم‌هایم ماجراجوییای را در مکانی جدید آغاز کردیم. بگذارید برایتان بگویم، سفر با ماشین کمی برایم آزاردهنده بود، همه آن صداهای غرش‌آلود و مناظر ناآشنا. بعد از چند ساعت، به خانه‌ای جدید با چهره‌های جدید و اتاقی جدید رسیدیم که قبلاً هرگز بوی آن را حس نکرده بودم.

می‌دانید بعدش چه اتفاقی افتاد؟ بله، اضطراب شروع شد. مثل یک قهرمان قدم می‌زدم و مطمئن می‌شدم که هر گوشه اتاق مطابق با استانداردهای ایمنی من است. بعد از چند ساعت خوابیدیم. اما بعد، مادر شگفت‌انگیز من، که مثل فرشته نگهبان من است، دستگاه جادویی‌اش را بیرون آورد و از جایی به نام یوتیوب موسیقی پخش کرد. باورتان می‌شود؟ موسیقی از یک جعبه درخشان کوچک! اولش گیج شدم، گوشی موبایلش را بو کردم و بوم. یه اتفاقی افتاد. آهنگ‌ها توجهم را جلب کردند و قبل از اینکه بفهمم، احساس... آرامش کردم. بله، درست شنیدید! احساس کردم تنش از بین رفت و سریع‌تر از سنجابی که از درخت بالا می‌رود، در سرزمین رویاها به خواب رفتم.

من در زمینه ابزارهای انسانی متخصص نیستم، اما می‌توانم این را به شما بگویم: راه‌های زیادی برای کمک به ما توله سگ‌ها وجود دارد تا آرامش درونی خود را پیدا کنیم. و آن موسیقی؟ اوه بله، من لینک را اینجا دارم، شاید گوش شما را هم‌نوازش کند. شاید برای دوستان پشمالوی شما در خانه معجزه کند، می‌توانید آهنگ‌ها آرامش‌بخش دیگری را کشف را اسکن کنید QR کنید. کد و یا از لینک زیر استفاده کنید.

https://www.youtube.com/watch?v=E2Gnu9JGro0

اگر کپی کردن لینک برایتان چالش‌برانگیز است، کافیست سری به **یوتیوب** بزنید و عبارت «موسیقی آرامش‌بخش برای سگ‌ها (۱۲ ساعت موسیقی آرام‌بخش سگ)» را جستجو کنید. خیلی زود متوجه خواهید شد. بگذارید آهنگ‌های آرامش‌بخش جادوی خود را نشان دهند، دوستان پشمالوی من! من خیلی مشتاقم که وقتی در کتاب من غرق می‌شوید، لینک همچنان آنجا باشد. اما اگر با پیاده‌روی همراه بوده، نگران نباشید! فقط آهنگ‌های مشابه سگ‌ها را جستجو کنید و بگذارید حس آرامش‌بخش کار خود را انجام دهد.

یادت باشه، بعضی وقتا چیزهای ساده هستن که مثل جادو عمل می‌کنن. آروم باش و دمت رو تکون بده!

فصل ۹

آموزش، نکات و ترفندها

سلام، دوستِ انسانِ خوش‌قیافه‌ی من! آماده‌ای تا یه جادوی تربیت سگ کشف کنی؟ تو این فصل یه راز کوچیک رو بهت میگم که از هیجان دندون به دندون میشینی. آماده شو تا باحال‌ترین آکادمی‌های تربیت سگ تو شهر رو بو بکشی!

ویژگی‌های آموزشی نژادهای مختلف

هنگام آموزش سگ‌ها، نکات بسیار مهمی وجود دارد که صاحبان فوق‌العاده ما باید در نظر داشته باشند:

1. **صبر:** ما مشتاق یادگیری هستیم، اما درک و پیروی از دستورات زمان می‌برد. پس لطفاً با ما صبور باشید! ما با عشق و حمایت شما به هدفمان خواهیم رسید.

2. **ثبات:** ما با انتظارات روتین و واضح پیشرفت می‌کنیم. شما باید قوانین ثابتی وضع کنید و هر بار از دستورات و نشانه‌های یکسانی استفاده کنید. به این ترتیب، می‌توانیم بفهمیم که شما از ما چه می‌خواهید و در آموزش خود احساس امنیت کنیم.

3. **تقویت مثبت:**، ما عاشق تحسین و پاداش گرفتن هستیم! وقتی کار درستی انجام می‌دهیم لطفاً ما را با خوراکی‌ها، تشویقی‌ها و نوازش شکمش غرق کنید. این تقویت مثبت ما را تشویق می‌کند که رفتار خوب را تکرار کنیم و آموزش را بسیار لذت‌بخش‌تر می‌کند.

کاوش در دنیای پراضطراب سگ‌ها

4. **زمان‌بندی:** زمان‌بندی در آموزش ما همه چیز است. وقتی رفتار مطلوبی را انجام می‌دهیم، حتماً بلافاصله به ما پاداش دهید. این به ما کمک می‌کند تا بفهمیم کدام عمل منجر به پاداش شده و ارتباط را تقویت می‌کند.

5. **جلسات کوتاه و جذاب:** دامنه توجه ما می‌تواند به کوتاهی .بازدید یک سنجاب از حیاط خلوت باشد! بنابراین، جلسات آموزشی خود را کوتاه و جذاب نگه دارید جلسات کوتاه ۵ تا ۱۰ دقیقه‌ای در طول روز معجزه می‌کنند. ما متمرکز و مشتاق یادگیری خواهیم ماند!

6. **محیط بدون حواس‌پرتی:** در ابتدا، آموزش ما در مکانی آرام و ساکت با حداقل عوامل حواس‌پرتی بهترین گزینه است. به تدریج عوامل حواس‌پرتی را معرفی کنید تا به ما کمک کند آموزش خود را در محیط‌های مختلف با پیشرفتمان تعمیم دهیم. اما لطفاً، در طول آموزش از سنجاب‌ها دوری کنید!

7. **ایمنی در اولویت است:** ایمنی ما از اهمیت بالایی برخوردار است! لطفاً از روش‌های آموزشی مثبت و ملایم استفاده کنید. هرگز به تنبیه بدنی یا تکنیک‌های ترسناک متوسل نشوید. و همیشه اطمینان حاصل کنید که محل آموزش برای ما امن و مطمئن است.

8. **،اجتماعی شدن:** ما عاشق پیدا کردن دوستان جدید، چه از نوع پشمالو و چه از نوع انسانی هستیم! اجتماعی شدن زودهنگام برای رشد ما بسیار مهم است. ما را با افراد، حیوانات و محیط‌های مختلف آشنا کنید تا بتوانیم به همراهانی مطمئن و دوستانه تبدیل شویم.

9. **ارتباط شفاف:** ما در خواندن زبان بدن و لحن صدا متخصص هستیم. از دستورات، حرکات و لحن مثبت واضح و مداوم برای برقراری ارتباط موثر با ما استفاده کنید. ما همیشه آماده یادگیری و جلب رضایت شما هستیم!

10. **لذت و پیوند:** بیایید آموزش را به یک تجربه شاد تبدیل کنیم! با ما خوش بگذرانید، مشتاق باشید و هر موفقیت کوچک را جشن بگیرید. آموزش زمانی برای پیوند و تقویت ارتباط باورنکردنی ماست.

راهنمایی ضروری برای دوستداران سگ‌ها

به یاد داشته باشید، هر سگی منحصر به فرد است و آنچه برای یکی مفید است ممکن است برای دیگری مفید نباشد. اگر آموزش را چالش برانگیز می‌دانید یا به راهنمایی نیاز دارید، با یک مربی سگ دارای گواهینامه که از تکنیک‌های تقویت مثبت استفاده می‌کند، تماس بگیرید. با هم، با عشق، صبر و پشتکار، می‌توانیم به چیزهای شگفت‌انگیزی دست یابیم! بیایید دم خود را تکان دهیم و با هم در این ماجراجویی آموزشی شرکت کنیم!

دوباره یادت باشه که هر نژاد، ویژگی‌های خاص خودش رو داره و نیاز به آموزش مخصوص به خودش! قراره باهم کشف کنیم چی باعث می‌شه هر کدوم از این نژادها این‌قدر دُم‌جنبون و فوق‌العاده باشن! از ژرمن شپرد وفادار و باهوش گرفته تا لبرادور رتریور بازیگوش و پرانرژی، کلی نژادهای متنوع هست که می‌تونی باهاشون آشنا بشی. چه به استرالیایی پرجنب‌وجوش علاقه‌مند باشی، چه بردر کولی باهوش یا گلدن رتریور مهربون و دوست‌داشتنی، خیالت راحت، فصل ۱۴ حسابی بهشون پرداخته!

کشف کنید که چگونه توانایی‌های بویایی بیگل، آنها را به ردیاب‌های فوق‌العاده‌ای تبدیل می‌کند یا هوش و پشتکار بلژین مالینویز آنها را در فعالیت‌های آموزشی مختلف سرآمد می‌کند. پتانسیل طبیعت مهربان سگ کوهستانی برنی یا اشتیاق باکسر برای یادگیری را آزاد کنید.
به یاد داشته باشید، هر نژاد منحصر به فرد است، بنابراین برای درک نیازهای خاص آنها وقت بگذارید و رویکرد آموزشی خود را بر اساس آن تنظیم کنید. شما با عشق، صبر و تکنیک‌های آموزشی مناسب، پیوندی ناگسستنی با دوست پشمالوی خود برقرار خواهید کرد. آموزش خوبی داشته باشید و باشد که سفرتان پر از دم تکان دادن و شادی بی‌پایان باشد!

خیلی هیجان‌زده‌ام که قراره یه عالمه اطلاعات سگ فوق‌العاده درباره‌ی نژادهای محبوب سگ‌ها و ویژگی‌های آموزشی هرکدوم باهات به اشتراک بذارم! تو فصل ۱۷ کتابم، فهرست کاملی از **۴۰ نژاد پرطرفدار** پیدا می‌کنی؛ با نکات آموزشی منحصربه‌فردشون. حتماً یه نگاهی به جدول» **ویژگی‌های آموزشی ۴۰ نژاد محبوب** «بنداز!

یافتن بهترین گزینه‌ها

وقت آن رسیده که کلاه کارآگاهی خود را بر سر بگذاریم و آکادمی‌های برتر آموزش سگ در منطقه خود را بو بکشیم. این مکان‌ها برای ما سگ‌های باحال مانند مدرسه هستند، جایی که می‌توانیم انواع چیزهای شگفت‌انگیز را یاد بگیریم. آماده باشید تا جواهرات پنهانی را کشف کنید که ما را به سوپراستارهای آموزش تبدیل می‌کنند!

1. **تحقیق و توصیه‌ها:** جستجوی خود را با تحقیق در مورد آموزشگاه‌های آموزش سگ در منطقه خود شروع کنید. به دنبال آموزشگاه‌هایی با شهرت مثبت و سابقه موفقیت باشید. از صاحبان سگ‌های دیگر، دامپزشک خود یا جوامع محلی مرتبط با سگ، توصیه‌هایی را جستجو کنید. تجربیات دست اول آنها می‌تواند بینش‌های ارزشمندی را ارائه دهد.

2. ،**از آموزشگاه‌ها بازدید کنید** : وقتی فهرستی از آموزشگاه‌های آموزشی بالقوه تهیه کردید بازدیدهایی را برای آشنایی با محیط و مشاهده روش‌های آموزشی آنها برنامه‌ریزی کنید. به تمیزی و ایمنی مرکز و همچنین رفتار مربیان و کارکنان توجه کنید. یک فضای صمیمانه و مثبت برای یادگیری مؤثر بسیار مهم است.

3. .**فلسفه آموزش** : در مورد فلسفه آموزش و روش‌های مورد استفاده آکادمی تحقیق کنید به دنبال آکادمی‌هایی باشید که تقویت مثبت و تکنیک‌های بدون اجبار را در اولویت قرار می‌دهند. از آکادمی‌هایی که به تنبیه یا روش‌های آموزشی خشن متکی هستند، اجتناب کنید، زیرا این روش‌ها می‌توانند به سلامت ما آسیب برسانند و به پیوند بین شما و دوست پشمالویتان آسیب بزنند.

4. .**صلاحیت‌های مربی:** در مورد صلاحیت‌ها و گواهینامه‌های مربیان در آکادمی سوال کنید به دنبال مربیانی باشید که تحصیلات رسمی و گواهینامه‌هایی از سازمان‌های معتبر مانند (CCPDT) شورای صدور گواهینامه برای مربیان حرفه‌ای سگ دارند. مربیان واجد شرایط برای درک رفتار و نیازهای فردی ما مجهزتر هستند.

5. **ساختار کلاس و برنامه درسی** : در مورد ساختار کلاس و برنامه درسی آکادمی سوال کنید. به دنبال آکادمی‌هایی باشید که کلاس‌های متنوعی متناسب با سطوح مختلف آموزش و نیازهای خاص ارائه می‌دهند. چه به دنبال ،آموزش‌های ابتدایی آموزش‌های پیشرفته یا ،دوره‌های تخصصی باشید آکادمی‌ای را انتخاب کنید که با اهداف شما مطابقت داشته باشد.

6.

7. **روش‌ها و تکنیک‌های آموزشی:** در مورد روش‌ها و تکنیک‌های آموزشی خاص مورد استفاده در طول کلاس‌ها سوال کنید. تکنیک‌های تقویت مثبت، مانند آموزش مبتنی بر پاداش، بسیار مؤثر هستند و یک تجربه یادگیری مثبت را تقویت می‌کنند . از آموزشگاه‌هایی که از روش‌های تنبیهی یا مبتنی بر تنبیه استفاده می‌کنند، اجتناب کنید، زیرا می‌توانند به رفاه ما آسیب برسانند و مانع پیشرفت ما شوند.

8. **نظرات و توصیفات:** نظرات و توصیفات آنلاین مشتریان قبلی آموزشگاه‌هایی که در نظر دارید را بخوانید. تجربیات آنها می‌تواند بینشی در مورد اثربخشی برنامه‌های آموزشی، تخصص مربیان و رضایت کلی مشتری ارائه دهد. به دنبال بازخوردهای مثبت و داستان‌های موفقیت مداوم باشید.

9. **کلاس‌های آزمایشی یا مشاوره:** برخی از آکادمی‌ها کلاس‌های آزمایشی یا مشاوره ارائه می‌دهند تا شما بتوانید تجربه‌ای دست اول از روش‌های آموزشی خود داشته باشید. از این فرصت‌ها برای ارزیابی رویکرد آکادمی، مشاهده مربیان در عمل و بررسی اینکه آیا با اهداف و ارزش‌های شما همسو است یا خیر، استفاده کنید. با انتخاب دقیق یک آکادمی آموزش سگ معتبر و دلسوز، می‌توانید ابرقهرمان درون خود را آزاد کنید و وارد یک ماجراجویی آموزشی شوید که پیوند شما را با دوست پشمالویتان تقویت می‌کند. آماده شوید تا به ارتفاعات جدیدی از تعالی آموزشی صعود کنید و در طول مسیر لحظات خوبی را سپری کنید!

کلاس‌های آموزشی فوق‌العاده

از اصول اولیه توله سگ تا پنجه نوازی پیشرفته وقتی آکادمی رویایی خود را پیدا کردید، وقت آن است که در کلاس‌های‌سگی که ارائه می‌دهند، شرکت کنید. از اصول اولیه توله سگ تا پنجه نوازی پیشرفته ، این کلاس‌ها به گونه‌ای طراحی شده‌اند که مهارت‌های آموزشی ما را ارتقا دهند. ما دستورات، ترفندها و رفتارهایی را یاد خواهیم گرفت که ما را زبانزد خاص و عام خواهند کرد. از پارک سگ‌ها!

1. **اصول اولیه توله سگ:** اگر توله سگ کوچکی دارید، با کلاس اصول اولیه توله سگ شروع کنید. این کلاس بر اجتماعی شدن، دستورات اولیه مانند نشستن و ماندن و رفتارهای صحیح استفاده از قلاده تمرکز دارد. این پایه و اساس کاملی برای سفر آموزشی ما است.

آموزش، نکات و ترفندها

2. **آموزش اطاعت:** کلاس‌های آموزش اطاعت برای سگ‌ها در هر سنی ضروری است. این کلاس‌ها دستورات ضروری مانند بنشین، بنشین، بمان و به خاطر بیاور را آموزش می‌دهند. ما یاد خواهیم گرفت که به این دستورات با اطمینان پاسخ دهیم و در هر موقعیتی همراهان خوبی باشیم.

3. **آموزش پیشرفته:** وقتی اصول اولیه را یاد گرفتیم، باید با کلاس‌های آموزشی پیشرفته سطح خود را ارتقا دهیم. این کلاس‌ها ما را با دستورات پیچیده‌تر، ترفندهای پیشرفته و کنترل بدون قلاده به چالش می‌کشند. ما در مهارت‌های آموزشی خود ماهر می‌شویم و همه را با توانایی‌های خود تحت تأثیر ..رار می‌دهیم

4. **(CGC) آمادگی برای شهروند خوب سگ**
برنامه شهروند خوب سگ برای ارزیابی رفتار و منش سگ‌ها در موقعیت‌های مختلف زندگی واقعی طراحی شده است. کلاس‌های آمادگی CGC بر آماده‌سازی ما برای آزمون CGC تمرکز دارند، یک دستاورد بزرگ که می‌تواند درهایی را به روی کار درمانی یا سایر فعالیت‌های مرتبط با سگ‌ها باز کند.

برای کسب اطلاعات بیشتر، می‌توانید کد QR را اسکن کنید، عبارت "سگ شهروند خوب (Canine Good Citizen)" را جستجو نمایید، یا از لینک زیر استفاده کنید:

https://www.akc.org

AKC انجمن سگ‌های اصیل آمریکا، یک سازمان غیرانتفاعی‌ست که در سال ۱۸۸۴ تأسیس شده. من عاشق جمله‌ی آغازین اون‌ها هستم:
"درAKC ، ما باور داریم که همه‌ی سگ‌ها می‌تونن سگ‌های خوبی باشن، و همه‌ی صاحبان می‌تونن صاحبانی عالی باشن. فقط کمی آموزش لازمه، مقدار زیادی عشق، و البته، کلی تحسین و تشویق در طول مسیر."

5. **، چابکی و ورزش:** اگر به دنبال سرگرمی پرانرژی هستیم کلاس‌های چابکی و ورزشی راه حل مناسبی هستند. ما یاد خواهیم گرفت که از مسیرهای مانع عبور کنیم، از موانع بپریم، از میان میله‌ها عبور کنیم و موارد دیگر. این کلاس‌ها تمرین بدنی ارائه می‌دهند و تمرکز، هماهنگی و کار تیمی ما را افزایش می‌دهند.

راهنمایی ضروری برای دوستداران سگ‌ها

فصل نه

از اصول اولیه توله سگ تا پنجه نوازی پیشرفته وقتی آکادمی رویایی خود را پیدا کردید، وقت آن است که در کلاس‌های سگی که ارائه می‌دهند، شرکت کنید. از اصول اولیه توله سگ تا پنجه نوازی پیشرفته این کلاس‌ها به گونه‌ای طراحی شده‌اند که مهارت‌های آموزشی ما را ارتقا دهند. ما دستورات، ترفندها و رفتارهایی را یاد خواهیم گرفت که ما را زبانزد خاص و عام خواهند کرد. از پارک سگ‌ها!

کارگاه‌ها و سمینارها

نبوغ درونی خود را آزاد کنید گوش‌هایتان را محکم بگیرید چون سرگرمی فقط به کلاس‌ها ختم نمی‌شود! آکادمی‌های آموزش سگ همچنین کارگاه‌ها و سمینارهای شگفت‌انگیزی ارائه می‌دهند. ما در مورد همه چیز، از اطاعت گرفته تا چابکی و حتی برخی از ورزش‌های سگی، اطلاعات کاملی کسب خواهیم کرد. مغز و بدن ما مانند یک ماشین روغن‌کاری شده با هم کار خواهند کرد!

1. **یادآوری فرمانبرداری:** با کارگاه‌های یادآوری فرمانبرداری، هوشیار بمانید. این جلسات مهارت‌های بنیادی فرمانبرداری ما را تقویت می‌کند و به ما امکان می‌دهد تکنیک‌های آموزشی خود را به دقت تنظیم کنیم. این یک راه عالی برای حفظ تمرکز بر آموزش‌هایمان است.

2. **کارگاه‌های تخصصی:** آکادمی‌های آموزش سگ اغلب کارگاه‌های تخصصی با تمرکز بر حوزه‌های خاص آموزش یا رفتار ارائه می‌دهند. از واکنش‌پذیری به قلاده گرفته تا اضطراب جدایی، این کارگاه‌ها بینش‌ها و تکنیک‌های ارزشمندی را برای مدیریت و پرداختن به چالش‌های خاص ارائه می‌دهند.

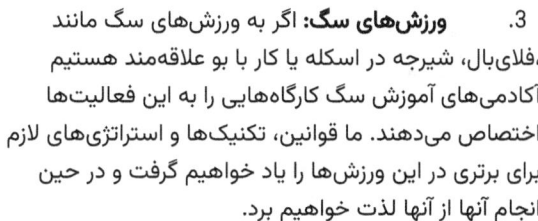

3. **ورزش‌های سگ:** اگر به ورزش‌های سگ مانند فلای‌بال، شیرجه در اسکله یا کار با بو علاقه‌مند هستیم، آکادمی‌های آموزش سگ کارگاه‌هایی را به این فعالیت‌ها اختصاص می‌دهند. ما قوانین، تکنیک‌ها و استراتژی‌های لازم برای برتری در این ورزش‌ها را یاد خواهیم گرفت و در حین انجام آنها از آنها لذت خواهیم برد.

4. **سمینارهای رفتاری:** سمینارهای رفتاری به بررسی علم رفتار سگ می‌پردازند و به ما کمک می‌کنند تا دلایل پشت اعمال و واکنش‌هایمان را درک کنیم. این سمینارها دانش ارزشمندی در مورد اصلاح رفتار، حل مسئله و ایجاد رابطه‌ای هماهنگ بین ما و همراهان انسانی‌مان ارائه می‌دهند.

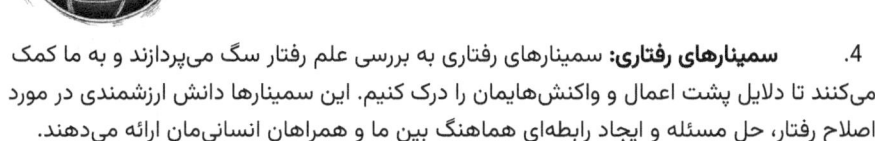

آموزش، نکات و ترفندها

به یاد داشته باش، دوست من، شرکت در کلاس‌های‌سگی و شرکت در کارگاه‌ها و سمینارهای آکادمی آموزش سگ، مهارت‌های آموزشی ما را افزایش می‌دهد و با تحریک ذهنی، تمرین فیزیکی و تقویت پیوند ما، به ما کمک می‌کند. آماده باش تا در حین آزاد کردن نبوغ درونی‌مان، لحظات خوبی را با تکان دادن دم سگ‌ها سپری کنیم!

نبوغ درونی خود را آزاد کنید گوش‌هایتان را محکم بگیرید چون سرگرمی فقط به کلاس‌ها ختم نمی‌شود! آکادمی‌های آموزش سگ همچنین کارگاه‌ها و سمینارهای شگفت‌انگیزی ارائه می‌دهند. ما در مورد همه چیز، از اطاعت گرفته تا چابکی و حتی برخی از ورزش‌های سگی، اطلاعات کاملی کسب خواهیم کرد. مغز و بدن ما مانند یک ماشین روغن‌کاری شده با هم کار خواهند کرد!

منابع و ابزارهای آموزشی

ساختن زرادخانه تمرینی‌تان بیایید منابع و ابزارهای موجود در این آکادمی‌ها را فراموش نکنیم. از راهنماهای تمرینی گرفته تا اسباب‌بازی‌های تعاملی، آنها هر آنچه را که برای تبدیل شدن به یک استاد تمرینی نیاز دارید، در اختیار شما قرار می‌دهند. ما بررسی خواهیم کرد که چگونه این ابزارها می‌توانند به ما در غلبه بر اضطراب و تبدیل تمرین به یک تجربه هیجان‌انگیز کمک کنند!

1. **راهنماها و کتاب‌های آموزشی:** آکادمی‌های آموزش سگ اغلب مجموعه‌ای از راهنماها و کتاب‌های آموزشی دارند که طیف وسیعی از موضوعات را از آموزش‌های ابتدایی تا آموزش‌های پیشرفته پوشش می‌دهند.

2. **تکنیک‌ها.** این منابع دانش ارزشمند و دستورالعمل‌های گام به گام را برای پشتیبانی از سفر آموزشی ما ارائه می‌دهند.

3. **خوراکی‌ها و پاداش‌ها:** خوراکی‌ها و پاداش‌ها ابزارهای ضروری برای آموزش تقویت مثبت هستند. آکادمی‌های آموزش سگ، انواع خوراکی‌های باکیفیت را ارائه می‌دهند که خوشمزه و انگیزه‌بخش هستند. آن‌ها همچنین راهنمایی‌هایی در مورد استفاده مؤثر از خوراکی‌ها برای تقویت رفتارهای مطلوب ارائه می‌دهند.

کلیکرهای آموزشی:(Training Clickers)

کلیکر تربیتی یکی از روش‌های محبوب آموزش سگ‌هاست که با استفاده از صدای «کلیک»، رفتار درست رو علامت‌گذاری می‌کنه و بعدش جایزه میدیم. آکادمی‌های آموزش سگ می‌تونن این کلیکرها

رو در اختیارت بذارن و بهمون یاد بدن چطور ازشون به‌درستی استفاده کنیم تا موقع آموزش، زمان‌بندی و ارتباط دقیق‌تری داشته باشیم.

4. **اسباب‌بازی‌های تعاملی:** درگیر کردن ذهن و بدن ما از طریق اسباب‌بازی‌های تعاملی می‌تواند راهی سرگرم‌کننده و ارزشمند برای آموزش باشد. آکادمی‌های آموزش سگ ممکن است اسباب‌بازی‌های خاصی را توصیه کنند که تحریک ذهنی را فراهم می‌کنند و به ما کمک می‌کنند مهارت‌های جدید را در حین لذت بردن یاد بگیریم.

5. **تجهیزات آموزشی:** بسته به نوع آموزشی که در آن شرکت داریم، آکادمی‌های آموزش سگ ممکن است تجهیزات آموزشی مانند موانع چابکی، طناب‌های بلند و مهار را ارائه دهند. این ابزارها می‌توانند تجربه آموزشی ما را افزایش دهند و به ما در تسلط بر مهارت‌ها و فعالیت‌های خاص کمک کنند.

ساختن زرادخانه تمرینی‌تان بیایید منابع و ابزارهای موجود در این آکادمی‌ها را فراموش نکنیم. از راهنماهای تمرینی گرفته تا اسباب‌بازی‌های تعاملی، آنها هر آنچه را که برای تبدیل شدن به یک استاد تمرینی نیاز دارید، در اختیار شما قرار می‌دهند. <u>ما بررسی خواهیم کرد که چگونه این ابزارها می‌توانند به ما در غلبه بر اضطراب و تبدیل تمرین به یک تجربه هیجان‌انگیز کمک کنند!</u>

رهاسازی قهرمان درون

تحول آغاز می‌شود آیا آماده‌اید تا ابرقهرمان درونتان را آزاد کنید؟ با کمک این آکادمی‌های آموزش سگ، ما به بهترین نسخه از خودمان تبدیل خواهیم شد. اعتماد به نفس پیدا می‌کنیم، مهارت‌های جدید یاد می‌گیریم و پیوندمان را تقویت می‌کنیم. آماده شوید تا مانند سوپراستارهای واقعی بدرخشید!

بنابراین، همراه چهارپای من، وقت آن رسیده که در یک آکادمی آموزش سگ ثبت نام کنیم و ماجراجویی‌ای را آغاز کنیم که ما را به اسطوره‌های آموزش تبدیل خواهد کرد. آکادمی‌های منطقه خود را بو بکشید، در کلاس‌ها شرکت کنید و بیایید به ابرقهرمانان آموزشی که برای آن به دنیا آمده‌ایم تبدیل شویم! با هم، چالش‌ها را فتح خواهیم کرد، مهارت‌های مادام‌العمر را خواهیم آموخت و پیوندی قوی و شاد ایجاد خواهیم کرد که تا آخر عمر دوام خواهد داشت. آماده شوید تا ابرقهرمان درون خود را آزاد کنید و یک سفر آموزشی هیجان‌انگیز را آغاز کنید!

تحول آغاز می‌شود، آیا آماده‌اید تا ابرقهرمان درونتان را آزاد کنید؟ با کمک این آکادمی‌های آموزش سگ، ما به بهترین نسخه از خودمان تبدیل خواهیم شد. اعتماد به نفس پیدا می‌کنیم، مهارت‌های جدید یاد می‌گیریم و پیوندمان را تقویت می‌کنیم. آماده شوید تا مانند سوپراستارهای واقعی بدرخشید!

بنابراین، همراه چهارپای من، وقت آن رسیده که در یک آکادمی آموزش سگ ثبت نام کنیم و ماجراجویی‌ای را آغاز کنیم که ما را به اسطوره‌های آموزش تبدیل خواهد کرد. آکادمی‌های منطقه خود را بو بکشید، در کلاس‌ها شرکت کنید و بیایید به ابرقهرمانان آموزشی که برای آن زاده شده‌ایم تبدیل شویم!

مثال‌های آموزشی

سلام دوست من! بیا یه عالمه وقت بگذرونیم و با هم یاد بگیریم و با هم صمیمی بشیم!

1. **قشنگ بشین:** به من یاد بده چطور مثل یک حرفه‌ای بنشینم! یک خوراکی خوشمزه را بالای بینی‌ام نگه دار و به آرامی آن را به عقب حرکت بده تا به آن برسم. همینطور که خوراکی را دنبال می‌کنم، باسنم به طور طبیعی به حالت نشسته پایین می‌آید. وقتی نشستم، از من تعریف کن و خوراکی را به عنوان جایزه به من بده. این کار را چند بار تکرار کن تا هنر قشنگ نشستن را یاد بگیرم!

دست دادن: بیایید مهارت‌های دست دادنمان را نشان دهیم! با نگه داشتن یک خوراکی در دست بسته‌تان شروع کنید و آن را به من تعارف کنید. وقتی برای گرفتن خوراکی به دستتان دست می‌کشم، بگویید « دست بده » و دستتان را باز کنید تا آن را به من بدهید. وقتی با شما دست می‌دهم، مرا تحسین کنید و کلی به من عشق بورزید. ما بهترین دست دادن‌های شهر خواهیم بود!

بزن قدش:(High Five) !

کیه که از یه «بزن قدش» بانمک خوشش نیاد؟!
یه تشویقی توی دستت بگیر و اون رو کمی بالای سرم نگه دار.
وقتی با پنجه‌م دستت رو لمس کردم، با صدای شاد بگو: «بزن قدش!» و همون لحظه تشویقی رو بهم بده. بیاین این همکاری فوق‌العاده‌مون رو با یه «پنجه-دار!» حسابی جشن بگیریم!

2. **بمون و صبر کن:**

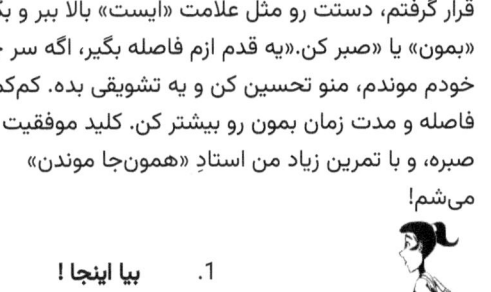

این یکی کاملاً مربوط به کنترل خودمه!
اول ازم بخواه که بشینم یا دراز بکشم. وقتی توی موقعیت قرار گرفتم، دستت رو مثل علامت «ایست» بالا ببر و بگو: «بمون» یا «صبر کن.«یه قدم ازم فاصله بگیر، اگه سر جای خودم موندم، منو تحسین کن و یه تشویقی بده. کم‌کم فاصله و مدت زمان بمون رو بیشتر کن. کلید موفقیت صبره، و با تمرین زیاد من استادِ «همون‌جا موندن» می‌شم!

1. **بیا اینجا !**

بیاین تمرین کنیم که وقتی صدام می‌زنی، با شوق بیام پیشت! توی یه محیط امن شروع کن. اسمم رو با هیجان صدا بزن، بعد چند قدم به عقب بدو و منو تشویق کن که دنبالت بیام. وقتی رسیدم بهت، کلی تحسینم کن و بهم تشویقی بده. این بازی تعقیب و گریز باعث می‌شه برگشتن پیشت هم هیجان‌انگیز باشه، هم خیلی خوش بگذره!

2. **ولش کن !**

با این فرمان، یاد می‌گیرم چطور جلوی وسوسه‌ها مقاومت کنم! یه تشویقی توی دست بسته‌ت نگه دار و بگو: «ولش کن«! وقتی دیگه سعی نکردم بهش دست بزنم، یه تشویقی دیگه از دست دیگه‌ت بهم بده و کلی تحسینم کن. کم‌کم سطح سختی رو بیشتر کن، مثلاً وسایل وسوسه‌برانگیزتری مثل اسباب‌بازی یا غذا رو روی زمین بذار. با تمرین، من تبدیل می‌شم به یه حرفه‌ای واقعی توی «بی‌خیال شدن«!

یادت باشه رفیق، آموزش همیشه باید مثبت، سرگرم‌کننده و پر از پاداش و عشق باشه. جلسات رو کوتاه و جذاب نگه دار و مرتب تمرین کن تا آموخته‌هات رو تقویت کنی. با هم، این نمونه‌های آموزشی رو یاد می‌گیریم و یه پیوند ناگسستنی ایجاد می‌کنیم. بیا دم تکون بدیم و با هم این ماجراجویی آموزشی رو شروع کنیم

فصل ۱۰

سلامت عمومی و خلاصه اضطراب ۴۰ نژاد محبوب

سلامت، سن و واکسیناسیون

ووف ووف امروز، ما به دنیای جذاب سلامت و تندرستی سگ‌ها وارد می‌شویم. درک این موضوع که چگونه ! عوامل مختلفی مانند سلامت، سن، سطح انرژی، واکسیناسیون و مراقبت‌های پیشگیرانه می‌توانند بر شادی پشمالوی ما تأثیر بگذارند و آن پنجه‌های مضطرب را از ما دور نگه دارند، ضروری است.

اول از همه، بیایید در مورد سلامتی صحبت کنیم. درست مثل شما، ما سگ‌ها هم برای حفظ سلامت کامل به معاینات و مراقبت‌های منظم نیاز داریم. ممکن است با برخی مشکلات سلامتی رایج مواجه شویم یا بر اساس نژادمان، استعداد خاصی داشته باشیم. به همین دلیل است که باید مراقب هرگونه نشانه ناراحتی یا رفتار غیرمعمول باشید و در صورت لزوم ما را به دامپزشک ببرید. به یاد داشته باشید، پیشگیری کلید اصلی است!

صحبت از سن شد، با افزایش سن، نیازهای ما نیز تغییر می‌کند. توله سگ‌ها انرژی زیادی دارند و به زمان بازی و آموزش زیادی نیاز دارند، در حالی که سگ‌های مسن‌تر ممکن است به کمی توجه بیشتر و یک محبتِ و عشق ، **TLC** از برنامه‌ی آرام‌تر نیاز داشته باشند. منظورم هستند. به عنوان سگی در سن، ممکن است برای C لطیف است .اطمینان از رفاه خود به کمی توجه و محبت بیشتر نیاز داشته باشیم **مراقبت از سگ** شامل مواردی مانند فراهم کردن یک محیط زندگی راحت، ارائه ورزش ملایم مناسب با سن ما، نظارت بر هرگونه تغییر در سلامتی و تنظیم برنامه روزانه ما برای تطبیق با نیازهای متغیر ما است. همه چیز در مورد نشان دادن عشق، مراقبت و حمایت بیشتر به ما در ورود به دوران سالمندی است. ما از درک تنظیم فعالیت‌های ما و ارائه تغذیه مناسب برای هر !شما و مراقبت بیشتری که به ما می‌دهید قدردانی می‌کنیم مرحله از زندگی، تضمین می‌کند که سالم و سرزنده بمانیم.

سطح انرژی نقش مهمی در سلامت ما دارد. برخی از نژادها، مانند بوردر کولی یا استرالین شپرد، انرژی فراوانی دارند و برای شاد ماندن به ورزش و تحریک ذهنی زیادی نیاز دارند. برخی دیگر، مانند بولداگ یا شیتزو، آرام‌تر هستند و لم دادن و پیاده‌روی‌های آرام را ترجیح می‌دهند. تطبیق سطح انرژی ما با میزان مناسب فعالیت برای یک زندگی متعادل و بدون اضطراب ضروری است.

حالا بیایید در مورد واکسیناسیون صحبت کنیم ! واکسیناسیون مانند سپرهای ابرقهرمانی است که ما را از بیماری‌های مضر محافظت می‌کند. هر نژاد ممکن است نیازهای واکسیناسیون متفاوتی داشته باشد، بنابراین

کاوش در دنیای پراضطراب سگ‌ها

مهم است که توصیه‌های دامپزشک خود را دنبال کنید و واکسیناسیون خود را به‌روز نگه دارید. این به ما کمک می‌کند تا سالم بمانیم و از استرس بیمار شدن جلوگیری کنیم.

مراقبت‌های پیشگیرانه یکی دیگر از جنبه‌های حیاتی سلامت ماست. آراستگی منظم، مراقبت از دندان‌ها و پیشگیری از انگل‌ها باعث می‌شود که ما در بهترین حالت خود باشیم و احساس خوبی داشته باشیم. این برای ما مثل یک روز استراحت در اسپا است! به علاوه، تغذیه مناسب و یک رژیم غذایی متعادل برای حمایت از سلامت کلی ما ضروری است.

اما صبر کنید، چیزهای بیشتری هم هست! در فصل ۱۷، گنجینه‌ای از اطلاعات را در قالب یک جدول فوق‌العاده مفید خواهید یافت. این جدول مانند معدن طلایی از دانش در مورد ۴۰ نژاد محبوب و نگرانی‌های خاص سلامتی، سطح انرژی، دوره‌های واکسیناسیون و نیازهای مراقبت‌های پیشگیرانه آنهاست. این یک راهنمای مرجع سریع و مفید است که به شما کمک می‌کند تا مشکلات بالقوه سلامتی و عوامل اضطراب را برای نژاد خاص خود درک و برطرف کنید. لطفاً « **۴۰ نژاد محبوب، داده‌های سلامت عمومی و سن** » را بررسی کنید.

غذای من

وای، دوستان پشمالوی من! بیایید قبل از اینکه خلاصه‌ای از دوستان نژادهای دیگرم را ارائه دهم، کمی استراحت کنیم. می‌خواهم در مورد یکی از چیزهای مورد علاقه‌مان در دنیا صحبت کنم: غذا! به عنوان یک سگ خردمند، می‌خواهم شما را در مورد آنچه می‌توانیم و نمی‌توانیم بخوریم تا شکم‌هایمان را شاد و سالم نگه داریم، راهنمایی کنم. وقتی شکممان پر است، خونسردیم... پس، گوش دهید و بیایید شروع کنیم.

اول از همه، غذای ما باید مغذی و متعادل باشد. ما به ترکیبی از پروتئین‌ها، کربوهیدرات‌ها، چربی‌های سالم، ویتامین‌ها و مواد معدنی نیاز داریم. رژیم غذایی اصلی ما باید شامل غذای سگ با کیفیت بالا باشد که نیازهای غذایی خاص ما را برآورده کند. این مانند یک منوی سفارشی است که فقط برای ما ساخته شده است!

اکنون، لیستی از غذاهای مناسب سگ که می‌توانیم از آنها لذت ببریم، آورده شده است:

- گوشت‌های کم‌چرب مانند مرغ، بوقلمون و گوشت گاو (البته پخته و بدون استخوان!)
- ماهی‌هایی مانند ماهی سالمون و ماهی تن (پخته و بدون استخوان)
- میوه‌هایی مانند سیب، موز و هندوانه (در حد اعتدال و بدون هسته و هسته)
- سبزیجاتی مانند هویج، لوبیا سبز و سیب‌زمینی شیرین (پخته شده و به قطعات کوچک خرد شده)
- غلات کامل مانند برنج و بلغور جو دوسر (پخته شده)
- محصولات لبنی مانند ماست ساده (در حد اعتدال، زیرا برخی از سگ‌ها ممکن است به لاکتوز حساسیت داشته باشند).

77 فصل ده

اما مراقب خودتان باشید! همه غذاها برای ما بی‌خطر نیستند. در اینجا به مواردی اشاره می‌کنیم که هرگز نباید از آنها استفاده کنیم:

- شکلات (اصلاً نباید خورد، چون می‌تواند برای ما سمی باشد!)
- انگور و کشمش (آنها می‌توانند باعث آسیب کلیه شوند)
- پیاز، سیر و پیازچه (آنها حاوی موادی هستند که برای سگ‌ها مضر هستند)
- آووکادو (هسته، پوست و گوشت آن حاوی ماده‌ای به نام پرسین است که می‌تواند سمی باشد)
- زایلیتول (شیرین‌کننده‌ای که در برخی غذاهای انسانی و آدامس‌ها یافت می‌شود و برای ما سمی است)

به یاد داشته باشید، صاحبان عزیز ما، این جدول نقطه شروع بسیار خوبی است، اما برخورد با ما به عنوان افراد مختلف مهم است. نیازهای ما حتی در یک نژاد نیز ممکن است متفاوت باشد. بنابراین، ما را از نزدیک زیر نظر داشته باشید، رفتار ما را زیر نظر داشته باشید و همیشه برای مشاوره شخصی با متخصصانی مانند دامپزشک خود مشورت کنید.

و حالا که صحبت از غذا شد، بیایید کمی جدی در مورد غذاهای ناسالم صحبت کنیم. اگرچه آن چیپس‌های سیب‌زمینی ترد یا پفک‌های پنیری ممکن است جوانه‌های چشایی شما را به رقص وادارند، اما برای ما خوب نیستند. غذاهای ناسالم می‌توانند منجر به افزایش وزن، مشکلات گوارشی و حتی مشکلات جدی برای سلامتی شوند. بنابراین، لطفاً در برابر وسوسه به اشتراک گذاشتن میان وعده‌هایتان با ما مقاومت کنید.

به یاد داشته باشید، هر سگی منحصر به فرد است، بنابراین قبل از تغییر رژیم غذایی، مشورت با دامپزشک متخصص ما ضروری است. آنها شما را در مورد نیازهای غذایی خاص و اندازه وعده‌های غذاییِ همراه پشمالویتان راهنمایی خواهند کرد.

در نهایت، بیایید در نگهداری و تازگی مواد غذایی خود بسیار مراقب باشیم. مواد غذایی خود را در جای خشک و خنک و دور از آفات مضر نگهداری کنیم. تاریخ انقضا را بررسی کنید و مطمئن شوید که بسته‌بندی سالم است. اگر متوجه هرگونه تغییری در بو، بافت یا ظاهر شدید، بهتر است جانب احتیاط را رعایت کنید و یک کیسه جدید تهیه کنید.

پس، دوستانِ اهلِ بازیگوشِ من، بیایید با فراهم کردنِ وعده‌های غذاییِ مغذی، شکم‌هایمان را شاد و سرحال نگه داریم. با راهنماییِ صاحبانِ مهربانمان و نگاهِ تیزبینِ دامپزشک، می‌توانیم از یک عمر ماجراجوییِ خوردنِ غذاهای خوشمزه و سالم لذت ببریم. نوشِ اشتها، پشمالوهایِ شکمو!!

چک‌لیست من

بیایید در مورد چیزی مفید و کاربردی صحبت کنیم، به این علائم توجه کنید:

1. **کاهش اشتها یا عادات غذایی**: اگر در زمان غذا خوردن هیجان زیادی نداشته باشم، می‌تواند نشانه‌ی افسردگی سگی باشد.

2. **کمبود شور و شوق یا علاقه به فعالیت‌ها**: آیا می‌دانید که من معمولاً در طول بازی چطور بالا و پایین می‌پرم؟ خب، اگر خیلی هیجان‌زده نیستم، ممکن است مشکلی وجود داشته باشد.

3. **تغییر در الگوهای خواب یا خواب بیش از حد**: سگ‌ها به استراحت نیاز دارند، اما اگر من بیش از حد معمول چرت بزنم، می‌تواند یک علامت خطر باشد.

4. **سطح انرژی پایین و کاهش فعالیت**: اگر احساس افسردگی می‌کنم، ممکن است متوجه شوید که به اندازه معمول فعال یا بازیگوش نیستم.

5. **کناره‌گیری از تعاملات اجتماعی**: معمولاً من عاشق بودن در کنار تو و دوستان پشمالویم هستم، اما اگر از تعاملات اجتماعی اجتناب می‌کنم، نشانه‌ی این است که چیزی درست نیست.

6. **تغییرات رفتاری مانند بی‌قراری یا تحریک‌پذیری**: اگر من رفتار متفاوتی داشته باشم، مثلاً بی‌قرار یا تحریک‌پذیر..اشم، این روش من برای این است که به شما بگویم حالم خوب نیست

حالا، اگر این علائم را مشاهده کردید چه باید بکنید؟ در اینجا چند اقدام بعدی آورده شده است:

1. **مشاهده و ثبت**: هرگونه تغییری را که در رفتار، اشتها یا سطح فعالیت من مشاهده می‌کنید، ثبت کنید

2. **با یک دامپزشک مشورت کنید**: برای صحبت در مورد رفتار من و هرگونه نگرانی که دارید، با یک دامپزشک قرار ملاقات بگذارید.

3. **معاینه پزشکی**: دامپزشک باید معاینه فیزیکی کاملی انجام دهد تا هرگونه مشکل اساسی در سلامت را رد کند.

4.

5. **ارزیابی رفتاری**: در نظر داشته باشید که از یک رفتارشناس یا مربی حرفه‌ای سگ که بتواند سلامت عاطفی من را ارزیابی کند، راهنمایی بگیرید.

6. **غنی‌سازی محیطی**: برای من محرک‌های ذهنی، اسباب‌بازی‌های تعاملی و فعالیت‌هایی فراهم کنید تا به بهبود روحیه‌ام کمک کند.

7. **ورزش و بازی**: برای ارتقای سلامت جسمی و روانی من، به طور منظم در جلسات ورزش و بازی با من شرکت کنید.

راهنمایی ضروری برای دوستداران سگ‌ها

8. **یک روال منظم داشته باشید:** یک روال روزانه ثابت ایجاد کنید تا ثبات و ساختار برای من فراهم شود.

9. **پیوند و محبت:** مرا غرق در عشق، توجه و محبت کن تا پیوندمان را تقویت کنی.

10. **درمان یا دارو را در نظر بگیرید:** در موارد شدید، دامپزشک ممکن است درمان یا دارو را برای کمک به مدیریت افسردگی سگی من توصیه کند.

به یاد داشته باشید، هر سگی منحصر به فرد است، بنابراین رویکرد ممکن است متفاوت باشد. فقط با من توجه، صبور و دلسوز باشید. با عشق و حمایت شما، می‌توانیم با هم بر افسردگی سگ غلبه کنیم و بر سلامت عاطفی من تأثیر !مثبتی بگذاریم . بیایید دم‌هایمان را تکان دهیم و روحیه‌مان را بالا نگه داریم ووف ووف!

خلاصه اضطراب در ۴۰ نژاد محبوب

حالا، خلاصه‌ای از سطح اضطراب دوستانم را ارائه می‌دهم. با این حال، نگران نباشید! هر یک از آنها بعداً، یکی یکی روی صحنه خواهند رفت تا جزئیات بیشتری در مورد خودشان، همراه با عکس‌های دوست‌داشتنی، به اشتراک بگذارند. شما این فرصت را خواهید داشت که در شخصیت‌های منحصر به فرد، عادات و محرک‌های اضطراب آنها کاوش کنید. پس، منتظر بمانید و آماده شوید تا از نزدیک با هر یک از دوستان فوق‌العاده من ملاقات کنید. با هم، دنیای جذاب اضطراب سگ‌ها را کشف خواهیم کرد و بهترین راه‌ها را برای حمایت و درک همراهان پشمالوی خود کشف خواهیم کرد. برای یک ماجراجویی دم تکان دادن آماده شوید! ووف!

فصل ده

مالاموت‌های آلاسکایی
Alaskan Malamutes

که به خاطر قدرت و استقامتشان شناخته می‌شوند، سگ‌های کاری باشکوه و مستقلی هستند. اگرچه آن‌ها عموماً دوستانه و اجتماعی هستند، اما اگر به درستی مدیریت نشوند، می‌توانند مستعد ابتلا به برخی مشکلات رفتاری باشند. مالاموت‌های آلاسکایی ممکن است در موقعیت‌هایی مانند جدایی از همراهان انسانی خود یا تغییر در محیطشان اضطراب را تجربه کنند. علائم اضطراب در مالاموت‌های آلاسکایی ممکن است شامل پارس کردن بیش از حد، زوزه کشیدن، کندن یا رفتار مخرب باشد. برای کمک به کاهش اضطراب آن‌ها، صاحبانشان باید ورزش منظم و تحریک ذهنی را برای آن‌ها فراهم کنند. مشارکت دادن آن‌ها در فعالیت‌هایی مانند پیاده‌روی، سورتمه‌سواری یا آموزش اطاعت می‌تواند به برآورده شدن نیازهای جسمی و روحی آن‌ها کمک کند. ایجاد یک روال ثابت و فراهم کردن یک فضای امن و راحت برای آن‌ها نیز می‌تواند به آن‌ها کمک کند تا احساس راحتی بیشتری داشته باشند. تکنیک‌های آموزش تقویت مثبت به خوبی کار می‌کنند، زیرا آن‌ها به پاداش و ستایش پاسخ مثبت می‌دهند، صبر، درک و یک رویکرد محبت‌آمیز برای کمک به آن‌ها در غلبه بر اضطراب و رشد در یک زندگی متعادل و شاد ضروری است.

سگهای گله استرالیایی
Australian Cattle

سگ‌های گله باهوش و فعالی هستند که اگر به درستی تحریک نشوند، ممکن است مستعد اضطراب باشند. آن‌ها ممکن است از طریق رفتارهایی مانند پارس کردن بیش از حد، کندن زمین یا بیش فعالی، اضطراب خود را نشان دهند. ارائه ورزش بدنی منظم، تحریک ذهنی و انجام کاری برای آن‌ها می‌تواند به کاهش اضطراب آن‌ها کمک کند. این سگ‌ها در فعالیت‌هایی مانند چابکی، اطاعت و آزمایش‌های گله‌داری عالی هستند که می‌تواند انرژی آن‌ها را هدایت کند و به آن‌ها حس هدف بدهد. آموزش ساختار یافته و روش‌های تقویت مثبت برای سگ‌های گله استرالیایی بهترین نتیجه را می‌دهد، زیرا آن‌ها به آموزش مداوم و مبتنی بر پاداش به خوبی پاسخ می‌دهند. با مراقبت، توجه و تخلیه مناسب انرژی، سگ‌های گله استرالیایی می‌توانند بر اضطراب خود غلبه کنند و به عنوان همراهانی شاد و متعادل رشد کنند.

کاوش در دنیای پراضطراب سگ‌ها

شپرد استرالیایی(چوپان استرالیایی)

Australian Shepherd

که با نام نیز شناخته می‌شوند ، سگ‌های بسیار باهوش و فعالی هستند که در صورت عدم مدیریت صحیح، مستعد اضطراب می‌باشند. آن‌ها ممکن است اضطراب خود را از طریق پارس کردن بیش از حد، جویدن مخرب یا بی‌قراری نشان دهند. سگ‌های استرالیایی با تحریک ذهنی و جسمی رشد می‌کنند، بنابراین ورزش منظم، اسباب‌بازی‌های تعاملی و جلسات آموزشی برای کمک به کاهش اضطراب آن‌ها ضروری است. این سگ‌ها در فعالیت‌هایی مانند اطاعت، چابکی و آزمایش‌های گله‌داری عالی هستند و به آن‌ها حس هدفمندی می‌دهند و به آن‌ها کمک می‌کنند تا انرژی خود را هدایت کنند. روش‌های آموزشی تقویت مثبت، روال‌های منظم و اجتماعی شدن برای رفاه آن‌ها بسیار مهم است. با مراقبت، توجه و تخلیه مناسب هوش و انرژی، سگ‌های شپرد استرالیایی می‌توانند بر اضطراب خود غلبه کنند و به عنوان همراهانی وفادار و دوست‌داشتنی، زندگی شاد و کاملی داشته باشند.

بیگل

Beagle

که به خاطر ظاهر دوست‌داشتنی و طبیعت دوستانه‌شان شناخته می‌شوند، ممکن است در موقعیت‌های خاصی دچار اضطراب شوند. علائم اضطراب در بیگل‌ها می‌تواند شامل پارس کردن بیش از حد، زوزه کشیدن و بی‌قراری باشد. همراهان انسانی آنها باید اضطراب آنها را درک کرده و به آن رسیدگی کنند تا به آنها کمک کنند احساس امنیت و آرامش کنند. ورزش منظم برای بیگل‌ها بسیار مهم است تا انرژی اضافی خود را بسوزانند و حالت روحی سالمی داشته باشند. تحریک ذهنی از طریق اسباب‌بازی‌های پازل و بازی‌های تعاملی می‌تواند به درگیر نگه داشتن ذهن آنها و کاهش اضطراب کمک کند. ایجاد یک برنامه روزانه منظم و یک محیط آرام و ساختارمند می‌تواند به بیگل‌ها حس امنیت بدهد. روش‌های آموزشی تقویت مثبت برای آنها بهترین نتیجه را می‌دهد، زیرا اعتماد به نفس ایجاد می‌کنند و رفتار خوب را تقویت می‌کنند. وقتی بیگل‌ها احساس اضطراب می‌کنند، اطمینان خاطر و آرامش ملایم از طرف صاحبانشان می‌تواند تفاوت بزرگی ایجاد کند. با صبر، درک و رویکردی محبت‌آمیز، بیگل‌ها و صاحبانشان می‌توانند با هم برای مدیریت اضطراب. مکاری کنند و اطمینان حاصل کنند که زندگی شاد و متعادلی دارند.

بلژین مالینویز
Belgian Malinois

که به خاطر هوش و توانایی کاری‌شان شناخته می‌شوند سگ‌های بسیار فعال و باانگیزه‌ای هستند. اگرچه آنها معمولاً با اعتماد به نفس و متمرکز هستند، اما می‌توانند در موقعیت‌های خاص مستعد اضطراب نیز باشند. علائم اضطراب در بلژین مالینویز ممکن است شامل پارس کردن بیش از حد، قدم زدن، بی‌قراری یا رفتار مخرب باشد. برای کمک به کاهش اضطراب آنها، همراهان انسانی آنها باید ورزش منظم و تحریک ذهنی را برای آنها فراهم کنند. مشارکت دادن آنها در آموزش اطاعت، چابکی یا کار با بو می‌تواند به هدایت انرژی آنها کمک کند و به آنها حس هدف بدهد. اجتماعی شدن از سنین پایین برای کمک به آنها در احساس راحتی بیشتر در محیط‌های مختلف و در اطراف افراد و حیوانات مختلف بسیار مهم است. روش‌های آموزشی تقویت مثبت برای بلژین مالینویز بهترین نتیجه را می‌دهد، زیرا آنها به پاداش و ستایش به خوبی پاسخ می‌دهند. ایجاد یک محیط آرام و ساختار یافته، ایجاد یک روال ثابت و فراهم کردن فضای راحت برای آنها برای خلوت کردن نیز می‌تواند به کاهش اضطراب آنها کمک کند. بلژین مالینویز می‌تواند با مراقبت، آموزش و درک مناسب، رشد کند و زندگی متعادل و کاملی داشته باشد.

برنیس کوهی
Bernese Mountain

با طبیعت آرام و مهربان خود، ممکن است در موقعیت‌های خاصی دچار اضطراب شوند. علائم اضطراب در سگ‌های کوه برنیس شامل پارس کردن بیش از حد، قدم زدن و بی‌قراری است. همراهان انسانی آنها باید اضطراب آنها را درک کرده و به آن رسیدگی کنند تا به آنها کمک کنند احساس آرامش و امنیت کنند. ورزش منظم، به ویژه فعالیت‌هایی که ذهن و بدن آنها را درگیر می‌کند، برای سگ‌های کوه برنیس ضروری است تا انرژی انباشته شده خود را آزاد کرده و رفاه کلی را ارتقا دهند. ارائه یک برنامه منظم، از جمله تغذیه، ورزش و استراحت، می‌تواند به کاهش اضطراب و تثبیت آنها کمک کند. روش‌های آموزشی ملایم و مثبت و اجتماعی شدن می‌تواند اعتماد به نفس آنها را افزایش دهد و به آنها کمک کند تا تجربیات جدید را با استرس کمتری پشت سر بگذارند. ایجاد یک محیط آرام و ساکت در خانه، همراه با زمان و محبت کافی، می‌تواند به تسکین تمایلات اضطرابی آنها نیز کمک کند. با مراقبت مناسب، صبر و درک، سگ‌های کوه برنیس می‌توانند با همراهان انسانی خود رشد کرده و هماهنگ زندگی کنند.

بیچون فرایز

Bichon Frise

با رفتار شاد و دوستانه‌اش، ممکن است در موقعیت‌های خاصی اضطراب را تجربه کند. نشانه‌های اضطراب در بیچون فرایز می‌تواند شامل پارس کردن بیش از حد لرزش و رفتار چسبنده باشد. همراهان انسانی آنها باید اضطراب آنها را درک کرده و به آنها رسیدگی کنند تا به آنها کمک کنند احساس امنیت و راحتی کنند. ورزش منظم و تحریک ذهنی از طریق بازی و اسباب‌بازی‌های تعاملی برای بیچون فرایز ضروری است تا انرژی خود را صرف کنند و ذهن متعادلی داشته باشند. ایجاد یک محیط آرام و قابل پیش‌بینی با یک روال ثابت می‌تواند به کاهش اضطراب آنها کمک کند و حس ثبات را در آنها ایجاد کند. روش‌های آموزشی تقویت مثبت و اطمینان خاطر و آسایش ملایم برای بیچون فرایز بهترین نتیجه را برای ایجاد اعتماد به نفس و تقویت رفتار خوب دارد. فراهم کردن یک فضای دنج و امن برای آنها که بتوانند در مواقع احساس سردرگمی به آنجا پناه ببرند، می‌تواند به تسکین تمایلات اضطرابی آنها نیز کمک کند. با عشق، صبر و یک محیط حمایتی، بیچون فرایز می‌تواند بر اضطراب خود غلبه کند و در کنار همراهان انسانی خود زندگی شاد و رضایت‌بخشی داشته باشد.

سگ‌های نژاد بوردر کولی

Border Collie

که به خاطر هوش و انرژی بی‌حد و حصرشان شناخته می‌شوند، اگر به درستی مدیریت نشوند می‌توانند مستعد اضطراب باشند. علائم اضطراب در بوردر کولی‌ها ممکن است شامل پارس کردن بیش از حد، قدم زدن و رفتار مخرب باشد. همراهان انسانی آنها باید تمرینات بدنی و تحریک ذهنی زیادی را برای آنها فراهم کنند تا به آنها کمک کند انرژی خود را به طور مثبت هدایت کنند. جلسات آموزشی منظم و فعالیت‌های جذاب مانند چابکی یا گله‌داری می‌تواند به ارضای نیاز آنها به تحریک ذهنی کمک کند و حس هدفمندی را در آنها ایجاد کند. بوردر کولی‌ها در محیط‌های ساختار یافته با مرزهای مشخص و روال‌های منظم رشد می‌کنند. اجتماعی شدن از سنین پایین برای جلوگیری از اضطراب مبتنی بر ترس بسیار مهم است. روش‌های آموزشی تقویت مثبت برای بوردر کولی‌ها بهترین نتیجه را می‌دهد، زیرا آنها به پاداش و ستایش بسیار واکنش نشان می‌دهند. تکنیک‌های آرام‌بخش، مانند تمرینات تنفس عمیق یا اسباب‌بازی‌های پازل، می‌توانند به کاهش اضطراب آنها کمک کنند و حس آرامش را برایشان فراهم کنند. با مراقبت، توجه و راهکارهای مناسب برای هوششان، بوردر کولی‌ها می‌توانند زندگی رضایت‌بخشی داشته باشند و بر هرگونه اضطرابی که ممکن است تجربه کنند، غلبه کنند.

بوستون تریر

Boston Terriers

سگ‌های پر جنب و جوش و مهربانی هستند که اگر به درستی مدیریت نشوند، مستعد اضطراب هستند. علائم اضطراب در ،بوستون تریر ممکن است شامل پارس کردن بیش از حد بی‌قراری و رفتار مخرب باشد. همراهان انسانی آنها باید محیطی آرام و ساختارمند ایجاد کنند تا به آنها کمک کند احساس امنیت کنند. ورزش منظم و تحریک ذهنی از طریق بازی‌های تعاملی و اسباب‌بازی‌های پازل می‌تواند به کاهش اضطراب آنها کمک کند و انرژی اضافی را بسوزاند. اجتماعی شدن از سنین پایین برای جلوگیری از اضطراب مبتنی بر ترس بسیار مهم است. روش‌های آموزشی تقویت مثبت برای بوستون تریر به خوبی کار می‌کنند، زیرا آنها به پاداش و ستایش پاسخ می‌دهند. ارائه یک برنامه روزانه منظم و عشق و توجه فراوان به آنها می‌تواند به کاهش اضطراب آنها کمک کند و تضمین کند که زندگی شاد و متعادلی خواهند داشت. با مراقبت و حمایت مناسب، بوستون تریر می‌تواند بر اضطراب خود غلبه کند و به عنوان همراهانی گرامی رشد کند.

باکسر

Boxer

سگ‌های پرانرژی و بازیگوشی هستند که اگر به درستی به آنها رسیدگی نشود، مستعد اضطراب هستند. علائم اضطراب در باکسرها ،ممکن است شامل پارس کردن بیش از حد قدم زدن و رفتار مخرب باشد. همراهان انسانی آنها باید اضطراب آنها را درک کرده و به آن رسیدگی کنند تا به آنها کمک کنند احساس امنیت و راحتی کنند. ورزش منظم و تحریک ذهنی از طریق بازی‌های تعاملی و اسباب‌بازی‌های پازل می‌تواند به سوزاندن انرژی اضافی و مشغول نگه داشتن ذهن آنها کمک کند. ایجاد یک برنامه روزانه منظم و یک محیط آرام و ساختارمند می‌تواند به آنها حس امنیت بدهد. روش‌های آموزشی تقویت مثبت و اطمینان خاطر و آسایش ملایم می‌تواند تفاوت زیادی در مدیریت اضطراب آنها ایجاد کند. باکسرها با صبر، درک و یک رویکرد محبت‌آمیز می‌توانند بر اضطراب خود غلبه کنند و زندگی شاد و متعادلی داشته باشند.

بریتنی

Brittany

که با نام بریتانی اسپانیل نیز شناخته می‌شود . سگی سرزنده و همه‌کاره با استعداد طبیعی برای شکار و بازیابی است. آنها به خاطر هوش، چابکی و طبیعت دوستانه‌شان شناخته می‌شوند. اگرچه آنها عموماً سازگار و سازگار هستند، اما اگر نیازهایشان برآورده نشود، می‌توانند مستعد مشکلات رفتاری خاصی باشند. آنها ممکن است در موقعیت‌هایی مانند تنها ماندن برای مدت طولانی یا عدم دریافت تحریک ذهنی و جسمی کافی، اضطراب را تجربه کنند. علائم اضطراب در بریتانی ممکن است شامل پارس کردن بیش از حد، بی‌قراری یا رفتار مخرب باشد. برای کمک به کاهش اضطراب آنها، صاحبانشان باید ورزش منظم، تحریک ذهنی و تعامل اجتماعی را برای آنها فراهم کنند. مشارکت دادن آنها در فعالیت‌هایی مانند آموزش اطاعت، چابکی یا بازی‌های بازیابی می‌تواند به هدایت انرژی آنها و مشغول نگه داشتن ذهنشان کمک کند. بریتانی در محیط‌هایی رشد می‌کند که توجه کافی، تقویت مثبت و آموزش مداوم دریافت می‌کند. ایجاد یک روال ساختار یافته و فراهم کردن یک محیط امن و دوست داشتنی برای آنها می‌تواند به آنها کمک کند تا احساس امنیت بیشتری داشته باشند و اضطراب خود را کاهش دهند. با مراقبت مناسب، آموزش و رویکردی محبت‌آمیز، بریتانی می‌تواند زندگی شاد و رضایت‌بخشی داشته باشد و در عین حال پیوندهای محکمی با همراهان انسانی خود برقرار کند.

بولداگ

Bulldog

بولداگ‌ها به خاطر طبیعت دوستانه و آرام خود شناخته می‌شوند، اما می‌توانند در موقعیت‌های خاص اضطراب را نیز تجربه کنند. علائم اضطراب در بولداگ‌ها ممکن است شامل آبریزش بیش از حد دهان، نفس نفس زدن یا رفتار مخرب باشد. همراهان انسانی آنها باید اضطراب آنها را درک کرده و به آنها رسیدگی کنند تا به آنها کمک کنند احساس آرامش و امنیت کنند. ارائه یک برنامه منظم، تمرینات فراوان و تحریک ذهنی می‌تواند به کاهش اضطراب آنها کمک کند. بولداگ‌ها با آموزش مداوم با روش‌های تقویت مثبت رشد می‌کنند، که می‌تواند اعتماد به نفس آنها را افزایش داده و به آنها در مقابله با موقعیت‌های استرس‌زا کمک کند. ایجاد یک محیط آرام و راحت با اشیاء آشنا و آرامش‌بخش نیز می‌تواند به کاهش اضطراب آنها کمک کند. بولداگ‌ها با صبر، عشق و یک رویکرد حمایتی می‌توانند بر اضطراب خود غلبه کنند و از یک زندگی متعادل و رضایت‌بخش لذت ببرند.

کِین کورسو
Cane Cors

یک نژاد ایتالیایی قدرتمند و باشکوه است که به خاطر قدرت وفاداری و طبیعت محافظ خود شناخته شده است. با خلق و خوی مطمئن و پایدار، آنها همراهان و نگهبانان عالی برای خانواده هستند. در حالی که به طور کلی یک نژاد متعادل است، اگر به درستی آموزش داده نشود و اجتماعی نشود، می‌تواند مستعد ابتلا به مشکلات رفتاری خاصی باشد. آنها ممکن است در موقعیت‌هایی مانند تنها ماندن برای مدت طولانی یا مواجهه با افراد یا حیوانات ناآشنا اضطراب را تجربه کنند. علائم اضطراب در کن کورسو می‌تواند شامل پارس کردن بیش از حد، بی‌قراری یا پرخاشگری باشد. برای کمک به کاهش اضطراب آنها، بسیار مهم است که اجتماعی شدن زودهنگام، آموزش تقویت مثبت و ورزش ذهنی و جسمی فراوان را برای آنها فراهم کنید. پیاده‌روی منظم، جلسات بازی تعاملی و فعالیت‌های تحریک ذهنی می‌تواند به هدایت انرژی آنها و حفظ درگیری ذهنی آنها کمک کند. ایجاد یک روال ثابت، فراهم کردن یک محیط امن و ساختار یافته برای آنها و توجه و محبت فراوان به آنها برای رفاه آنها ضروری است. کن کورسو در خانه‌هایی رشد می‌کند که در آنها به عنوان اعضای ارزشمند خانواده رفتار می‌شود و راهنمایی و رهبری مناسبی دریافت می‌کنند. با مراقبت و آموزش مناسب، کن کورسو می‌تواند همراهانی وفادار، دوست داشتنی و سازگار باشد.

کاردیگان ولش کورگی
Cardigan Welsh Corgi

نژادی جذاب و باهوش است که به خاطر ظاهر متمایز و شخصیت سرزنده‌اش شناخته می‌شود. با پاهای کوتاه و بدن‌های بلند، ظاهری دوست‌داشتنی و منحصر به فرد دارند که قلب بسیاری از دوستداران سگ را تسخیر می‌کند. کاردیگان‌ها بسیار سازگار هستند و همدم‌های خوبی برای افراد و خانواده‌ها می‌شوند. آنها به خاطر وفاداری، طبیعت مهربان و رفتار بازیگوشانه‌شان شناخته می‌شوند. با این حال، مانند هر نژادی، اگر به درستی آموزش ندیده و اجتماعی نشوند، ممکن است چالش‌های رفتاری خاصی را تجربه کنند. کاردیگان ولش کورگی ممکن است در موقعیت‌های مختلف اضطراب نشان دهد، مانند اضطراب جدایی هنگام تنها ماندن یا ترس از افراد یا محیط‌های ناآشنا. علائم اضطراب می‌تواند شامل پارس کردن بیش از حد، بی‌قراری یا رفتار مخرب باشد. برای کمک به مدیریت اضطراب آن‌ها، مهم است که اجتماعی شدن زودهنگام، آموزش تقویت مثبت و تحریک ذهنی را برای آن‌ها فراهم کنید. ورزش منظم و فعالیت‌های جذاب مانند اسباب‌بازی‌های پازل یا بازی‌های تعاملی می‌تواند به آن‌ها کمک کند تا انرژی خود را بسوزانند و ذهن خود را تحریک کنند. ایجاد یک روال ثابت، ایجاد یک محیط آرام و ساختارمند و ارائه اطمینان و راحتی برای رفاه آن‌ها ضروری است. با مراقبت مناسب، آموزش و یک محیط دوست داشتنی، سگ‌های ولش کورگی کاردیگان می‌توانند رشد کنند و شادی و همراهی را برای خانواده‌های خود به ارمغان بیاورند.

کاوالیر کینگ چارلز اسپانیل

Cavalier King Charles Spaniels

کاوالیرها به خاطر طبیعت آرام و مهربانشان شناخته می‌شوند، اما می‌توانند مستعد اضطراب نیز باشند. علائم اضطراب در کاوالیرها ممکن است شامل پارس کردن بیش از حد، لرزش یا گوشه‌گیری باشد.
همراهان انسانی آنها باید محیطی امن و پرورش‌دهنده برای آنها فراهم کنند تا به کاهش اضطرابشان کمک کند. ورزش منظم و تحریک ذهنی از طریق بازی و آموزش تعاملی می‌تواند به سوزاندن انرژی اضافی و مشغول نگه داشتن ذهن آنها کمک کند. کاوالیرها با روش‌های آموزشی تقویت مثبت رشد می‌کنند که می‌تواند اعتماد به نفس آنها را افزایش داده و پیوند آنها را با صاحبانشان تقویت کند. ایجاد یک برنامه روزانه منظم و اطمینان از دریافت عشق و توجه نیز می‌تواند به کاهش اضطراب آنها کمک کند. کاوالیرها با صبر، درک و رویکردی آرام می‌توانند بر اضطراب خود غلبه کنند و زندگی شاد و متعادلی داشته باشند.

چی‌واوا

Chihuahua

که به خاطر جثه کوچک و شخصیت بزرگشان شناخته می‌شوند، می‌توانند مستعد اضطراب باشند. آنها ممکن است علائم اضطراب را از طریق پارس کردن بیش از حد، لرزش یا پرخاشگری نشان دهند.
همراهان انسانی آنها باید اضطراب آنها را درک کرده و به آنها رسیدگی کنند تا به آنها کمک کنند احساس امنیت و آرامش کنند. تمرینات منظم مانند پیاده‌روی‌های کوتاه یا جلسات بازی تعاملی می‌تواند به تخلیه انرژی آنها و کاهش اضطراب کمک کند. فراهم کردن یک محیط آرام و ساختارمند و یک برنامه روزانه منظم نیز می‌تواند به کاهش اضطراب آنها کمک کند.
روش‌های آموزشی تقویت مثبت برای چی‌ووف اها به خوبی جواب می‌دهد، زیرا آنها به ستایش و پاداش پاسخ مثبت می‌دهند. اجتماعی شدن از سنین پایین می‌تواند به آنها کمک کند تا در موقعیت‌های مختلف احساس راحتی و اعتماد به نفس بیشتری داشته باشند. چی‌ووف اها با صبر، درک و رویکردی محبت‌آمیز می‌توانند بر اضطراب خود غلبه کنند و از زندگی شاد و رضایت‌بخشی با همراهان انسانی خود لذت ببرند.

کوکر (انگلیسی/اسپانیایی)
Cocker

که به خاطر پوشش زیبا و شخصیت شادش شناخته می‌شود، می‌تواند مستعد اضطراب باشد. آنها ممکن است علائم اضطراب را از طریق پارس کردن بیش از حد، رفتار مخرب یا چسبندگی نشان دهند. همراهان انسانی آنها باید اضطراب آنها را درک کرده و به آنها رسیدگی کنند تا به آنها کمک کنند احساس آرامش و امنیت کنند. تمرینات منظم مانند پیاده‌روی روزانه یا زمان بازی می‌تواند به آزادسازی انرژی آنها و کاهش اضطراب کمک کند. فراهم کردن تحریک ذهنی آنها از طریق اسباب‌بازی‌های تعاملی یا بازی‌های پازل نیز می‌تواند به درگیر نگه داشتن ذهن آنها و کاهش اضطراب کمک کند. ایجاد یک روال منظم و فراهم کردن یک محیط .امن و راحت می‌تواند به کوکر اسپانیل‌ها حس امنیت بدهد روش‌های آموزشی تقویت مثبت، اطمینان خاطر ملایم و راحتی می‌تواند اعتماد به نفس آنها را افزایش داده و به آنها در غلبه بر اضطرابشان کمک کند. با صبر، عشق و مراقبت مناسب، کوکر اسپانیل‌ها می‌توانند زندگی شاد و متعادلی داشته باشند و از وقت خود با همراهان انسانی خود لذت ببرند.

داشهاند
Dachshund

با بدن‌های کشیده و شخصیت‌های پرانرژی خود ، می‌توانند مستعد اضطراب باشند. آن‌ها ممکن است علائم اضطراب را از طریق پارس کردن بیش از حد، کندن زمین یا حتی .پرخاشگری نشان دهند همراهان انسانی آن‌ها باید اضطراب آن‌ها را درک کرده و به آن‌ها رسیدگی کنند تا به آن‌ها کمک کنند احساس امنیت و آرامش کنند. داکسهوندها با ورزش منظم رشد می‌کنند، بنابراین فراهم کردن پیاده‌روی روزانه یا زمان بازی برای آن‌ها می‌تواند به آن‌ها کمک کند تا انرژی اضافی خود را بسوزانند و اضطراب خود را کاهش دهند. تحریک ذهنی نیز برای این سگ‌های باهوش مهم است و اسباب‌بازی‌های تعاملی یا بازی‌های پازل می‌توانند ذهن آن‌ها را درگیر نگه دارند و اضطراب را کاهش دهند. ایجاد یک روال منظم و ایجاد یک محیط امن می‌تواند به کاهش اضطراب آن‌ها کمک کند. روش‌های آموزشی تقویت مثبت برای داکسهوندها بهترین نتیجه را می‌دهد، زیرا آن‌ها به خوبی به ستایش و پاداش پاسخ می‌دهند. هنگام احساس اضطراب، اطمینان خاطر و آسایش ملایم از همراهان انسانی آن‌ها می‌تواند حمایتی را که نیاز دارند برای آن‌ها فراهم کند. با مراقبت، توجه و عشق مناسب، داکسهوندها می‌توانند زندگی شاد و متعادلی داشته باشند و شادی را برای خانواده‌های خود به ارمغان بیاورند.

دوبِرمن پینچر

Doberman Pinscher

،که به وفاداری و طبیعت محافظ خود معروف هستند گاهی اوقات ممکن است اضطراب را تجربه کنند. علائم اضطراب در دوبرمن‌ها ممکن است شامل پارس کردن بیش از حد، رفتار مخرب یا حتی پرخاشگری باشد. همراهان انسانی آنها باید اضطراب آنها را درک کرده و برطرف کنند تا محیطی امن و هماهنگ برای آنها ایجاد شود. ورزش منظم برای دوبرمن‌ها ضروری است تا انرژی انباشته شده خود را آزاد کنند و سلامت کلی خود را حفظ کنند. تحریک ذهنی از طریق آموزش، اسباب‌بازی‌های پازل یا بازی‌های تعاملی می‌تواند به درگیر نگه داشتن ذهن آنها و کاهش اضطراب کمک کند. دوبرمن‌ها با ساختار و روال رشد می‌کنند، بنابراین ایجاد یک برنامه روزانه منظم می‌تواند به آنها حس امنیت بدهد. روش‌های آموزشی تقویت مثبت برای دوبرمن‌ها به خوبی جواب می‌دهد، زیرا آنها به پاداش و ستایش پاسخ مثبت می‌دهند. هنگام احساس اضطراب، اطمینان خاطر و آرامش ملایم از طرف همراهان انسانی آنها می‌تواند تفاوت قابل توجهی در کمک به احساس راحتی آنها ایجاد کند. با مراقبت، آموزش و رویکردی محبت‌آمیز، دوبرمن‌ها می‌توانند بر اضطراب خود غلبه کنند و به عنوان همراهانی با اعتماد به نفس و متعادل شکوفا شوند.

انگلیش کوکر

English Cocker

نژادی دوست‌داشتنی و پرانرژی است که به خاطر طبیعت دوستانه و خلق و خوی شادش شناخته می‌شود. با چشمان نرم و رسا و پوشش ابریشمی خود، جذابیتی مقاومت‌ناپذیر دارند که قلب بسیاری از دوستداران سگ را تسخیر می‌کند. انگلیش کوکرها همه‌کاره و سازگار هستند و همین امر آنها را به همراهانی عالی برای افراد و خانواده‌ها تبدیل می‌کند. آنها از همراهی با انسان لذت می‌برند و عاشق این هستند که بخشی از فعالیت‌های خانوادگی باشند. این نژاد به خاطر هوش و اشتیاقش برای راضی کردن دیگران شناخته شده است و همین امر آموزش آنها را نسبتاً ،آسان می‌کند. با این حال، اگر برای مدت طولانی تنها بمانند می‌توانند مستعد اضطراب جدایی باشند. علائم اضطراب در انگلیش کوکرها ممکن است شامل پارس کردن بیش از حد، رفتار مخرب یا بی‌قراری باشد. برای کمک به مدیریت اضطراب آنها، مهم است که تحریک ذهنی و جسمی زیادی برای آنها فراهم کنید. ورزش منظم، اسباب‌بازی‌های تعاملی و فعالیت‌های جذاب مانند آموزش اطاعت یا چابکی می‌تواند به آنها کمک کند تا انرژی خود را بسوزانند و ذهن خود را مشغول نگه دارند. ایجاد یک روال ثابت و فراهم کردن یک محیط امن و ساختارمند نیز می‌تواند به کاهش اضطراب آنها کمک کند. روش‌های آموزشی تقویت مثبت با این نژاد به خوبی کار می‌کنند، زیرا آنها به ستایش و پاداش پاسخ مثبت می‌دهند. با عشق، صبر و مراقبت مناسب، انگلیش کوکر می‌تواند رشد کند و شادی و همراهی را برای خانواده‌های خود به ارمغان بیاورد.

انگلیش ستر

English Setter

سگ‌های انگلیش ستر به خاطر طبیعت دوستانه و اجتماعی‌شان شناخته می‌شوند، اما می‌توانند در موقعیت‌های خاص اضطراب را نیز تجربه کنند. نشانه‌های اضطراب در انگلیش سترها ممکن است شامل بی‌قراری، پارس کردن بیش از حد یا رفتار مخرب باشد. همراهان انسانی آنها باید اضطراب آنها را درک کرده و به آنها رسیدگی کنند تا به آنها کمک کنند احساس امنیت و راحتی کنند. ورزش منظم برای انگلیش سترها بسیار مهم است تا انرژی خود را آزاد کنند و حالت متعادل ذهنی خود را حفظ کنند. تحریک ذهنی از طریق آموزش، اسباب‌بازی‌های تعاملی یا بازی‌های پازل نیز می‌تواند به درگیر نگه داشتن ذهن آنها و کاهش اضطراب کمک کند. انگلیش سترها با روش‌های آموزشی تقویت مثبت رشد می‌کنند، زیرا به خوبی به پاداش و ستایش پاسخ می‌دهند. ایجاد یک برنامه روزانه منظم و یک محیط آرام و ساختار یافته می‌تواند به آنها حس امنیت بدهد. هنگام احساس اضطراب، اطمینان خاطر و راحتی ملایم از همراهان انسانی آنها می‌تواند تفاوت بزرگی ایجاد کند. انگلیش سترها با صبر، درک و رویکردی محبت‌آمیز می‌توانند اضطراب خود را مدیریت کنند و زندگی شاد و رضایت‌بخشی داشته باشند.

Persian/Farsi Edition

جرمن شپرد

German Shepherd

سگ‌های باهوش و وفاداری هستند، اما می‌توانند در موقعیت‌های خاص مستعد اضطراب باشند. علائم اضطراب در سگ‌های ژرمن شپرد ممکن است شامل پارس کردن بیش از حد، قدم زدن یا رفتار مخرب باشد. همراهان انسانی آنها باید اضطراب آنها را درک کرده و به آنها رسیدگی کنند تا به آنها کمک کنند احساس امنیت و آرامش کنند. ورزش منظم برای سگ‌های ژرمن شپرد بسیار مهم است تا انرژی خود را آزاد کنند و سلامت ،روان خود را حفظ کنند. تحریک ذهنی از طریق آموزش اسباب‌بازی‌های تعاملی و فعالیت‌های حل مسئله نیز می‌تواند به کاهش اضطراب کمک کند. سگ‌های ژرمن شپرد به خوبی به روش‌های آموزشی تقویت مثبت پاسخ می‌دهند و با ستایش و پاداش پیشرفت می‌کنند. ایجاد یک روال منظم و یک محیط امن و تحریک‌کننده می‌تواند به آنها حس امنیت بدهد. هنگام احساس اضطراب، اطمینان خاطر و راحتی ملایم از طرف همراهان انسانی آنها می‌تواند تأثیر آرامش‌بخشی داشته باشد. با صبر، درک و آموزش مداوم، سگ‌های ژرمن شپرد می‌توانند اضطراب خود را مدیریت کرده و زندگی متعادل .و پرباری داشته باشند

گلدن رتریور

Golden Retriever

سگ‌های گلدن رتریور سگ‌های دوستانه و مهربانی هستند، اما .می‌توانند در موقعیت‌های خاص اضطراب را نیز تجربه کنند علائم اضطراب در گلدن رتریورها ممکن است شامل پارس کردن بیش از حد، نفس نفس زدن یا رفتار مخرب باشد. همراهان انسانی آنها باید اضطراب آنها را تشخیص داده و برطرف کنند تا به آنها کمک کنند احساس امنیت و آرامش کنند. ورزش منظم برای گلدن رتریورها ضروری است تا انرژی خود را آزاد کنند و حالت ،روحی سالمی داشته باشند. تحریک ذهنی از طریق آموزش اسباب‌بازی‌های پازل و بازی‌های تعاملی نیز می‌تواند به کاهش اضطراب کمک کند. ایجاد یک برنامه روزانه منظم و یک محیط امن و محرک می‌تواند به آنها حس ثبات بدهد. روش‌های ،آموزشی تقویت مثبت برای گلدن رتریورها به خوبی کار می‌کنند زیرا آنها به پاداش و تشویق پاسخ مثبت می‌دهند. هنگام .احساس اضطراب، اطمینان خاطر و آرامش ملایم از همراهان انسانی خود می‌تواند تفاوت قابل توجهی ایجاد کند گلدن رتریورها با صبر، درک و رویکردی محبت‌آمیز می‌توانند اضطراب خود را مدیریت کرده و زندگی شاد و متعادلی داشته باشند.

فصل ده

گریت دین
Great Dane

غول‌های مهربانی هستند که به خاطر طبیعت آرام و دوستانه‌شان شناخته می‌شوند، اما می‌توانند در موقعیت‌های خاص اضطراب را نیز تجربه کنند. علائم اضطراب در گریت دین‌ها ممکن است شامل آبریزش بیش از حد دهان، نفس نفس زدن، قدم زدن یا رفتار مخرب باشد. همراهان انسانی آنها باید اضطراب آنها را تشخیص داده و برطرف کنند تا به آنها کمک کنند احساس امنیت و راحتی کنند. ورزش منظم برای گریت دین‌ها بسیار مهم است تا انرژی اضافی خود را بسوزانند و حالت روحی سالمی داشته باشند. ایجاد یک محیط آرام و ساختار یافته و یک روال منظم می‌تواند به آنها حس ثبات بدهد. روش‌های آموزشی تقویت مثبت برای گریت دین‌ها به خوبی کار می‌کنند، زیرا آنها به پاداش‌ها و تشویق‌ها پاسخ مثبت می‌دهند. هنگام احساس اضطراب، اطمینان خاطر و راحتی ملایم از همراهان انسانی آنها می‌تواند تفاوت بزرگی ایجاد کند. با مراقبت مناسب، درک و رویکردی محبت‌آمیز، گریت دین‌ها می‌توانند اضطراب خود را مدیریت کنند و زندگی شاد و متعادلی داشته باشند.

لابرادور رتریور
Labrador Retriever

سگ‌های دوستانه و برون‌گرایی هستند، اما می‌توانند در موقعیت‌های خاص اضطراب را نیز تجربه کنند. علائم اضطراب در لابرادورها ممکن است شامل جویدن یا کندن بیش از حد باشد و می‌توانند مستعد اضطراب جدایی باشند و در صورت تنها ماندن، مخرب شوند. برای کمک به کاهش اضطراب آنها، فراهم کردن تمرینات فراوان، تحریک ذهنی و اسباب‌بازی‌های تعاملی برای آنها بسیار مهم است. ورزش منظم به آنها کمک می‌کند تا انرژی اضافی خود را بسوزانند و ذهن خود را درگیر نگه دارند. ایجاد یک روال منظم و فراهم کردن یک محیط امن و آرام نیز می‌تواند به آنها کمک کند تا احساس راحتی بیشتری داشته باشند. روش‌های آموزشی تقویت مثبت برای لابرادورها بهترین نتیجه را می‌دهد، زیرا آنها به خوبی به پاداش و تشویق پاسخ می‌دهند. وقتی احساس اضطراب می‌کنند، اطمینان خاطر و آسایش ملایم از سوی همراهان انسانی خود می‌تواند تفاوت بزرگی ایجاد کند. لابرادورها می‌توانند اضطراب خود را مدیریت کنند و با درک، صبر و رویکردی محبت‌آمیز، زندگی متعادل و شادی داشته باشند.

لئونبرگر
Leonberger

یک غول باشکوه و مهربان است که به خاطر جثه بزرگ و طبیعت دوستانه‌اش شناخته می‌شود. با پوشش ضخیم و دوتایی و ظاهر چشمگیرشان، اغلب هر جا که می‌روند، سرها را به سمت خود جلب می‌کنند. با وجود جثه بزرگشان لئونبرگرها به خاطر رفتار آرام و ملایمشان شناخته می‌شوند که آنها را به همراهان عالی خانواده تبدیل می‌کند. آنها وفادار و مهربان هستند و از بودن در فعالیت‌های خانوادگی لذت می‌برند. این نژاد بسیار باهوش و آموزش‌پذیر است و مشتاق است که صاحبان خود را راضی کند. آنها معمولاً با کودکان خوب هستند و در صورت اجتماعی شدن مناسب، با سایر حیوانات خانگی به خوبی کنار می‌آیند. لئونبرگرها سطح انرژی متوسطی دارند و از ورزش روزانه برای تحریک جسمی و روحی خود بهره می‌برند. پوشش آنها برای حفظ ظاهر زیبا و جلوگیری از گره خوردن به برس کشیدن منظم نیاز دارد. در حالی که آنها به طور کلی سگ‌های سالمی هستند، ممکن است مستعد ابتلا به برخی مشکلات سلامتی مانند دیسپلازی مفصل ران و انواع خاصی از سرطان باشند. معاینات منظم دامپزشکی و یک رژیم غذایی متعادل برای سلامت کلی آنها مهم است. لئونبرگر با طبیعت دوست داشتنی و ملایم خود، می‌تواند همراهی فوق‌العاده برای افراد یا خانواده‌هایی باشد که به دنبال یک دوست پشمالوی وفادار و فداکار هستند.

مالتیز
Maltese

سگ‌ها به خاطر اندازه کوچک و شخصیت جذابشان شناخته می‌شوند، اما می‌توانند در موقعیت‌های خاص اضطراب را نیز تجربه کنند. علائم اضطراب در سگ‌های مالتی ممکن است شامل پارس کردن بیش از حد، لرزش یا پنهان شدن باشد. آنها مستعد اضطراب جدایی هستند و ممکن است بیش از حد به همراهان انسانی خود وابسته شوند. برای کمک به کاهش اضطراب آنها، فراهم کردن محیطی آرام و امن برای آنها ضروری است. ایجاد یک برنامه روزانه منظم، از جمله ورزش منظم و تحریک ذهنی، می‌تواند به درگیر نگه داشتن ذهن آنها و کاهش اضطراب کمک کند. روش‌های آموزشی تقویت مثبت برای مالتی‌ها به خوبی جواب می‌دهد، زیرا آنها به پاداش و ستایش پاسخ مثبت می‌دهند. وقتی احساس اضطراب می‌کنند، اطمینان خاطر و آرامش ملایم از همراهان انسانی خود می‌تواند به آنها کمک کند تا احساس امنیت بیشتری داشته باشند. سگ‌های مالتی با درک، صبر و رویکردی محبت‌آمیز می‌توانند اضطراب خود را مدیریت کنند و زندگی شاد و متعادلی داشته باشند.

اشنایزر مینیاتوری
Miniature Schnauzer

سگ‌های کوچک و دوست‌داشتنی هستند که به خاطر ظاهر متمایز و شخصیت پرجنب‌وجوششان شناخته می‌شوند. اگرچه عموماً با اعتماد به نفس و اجتماعی هستند، اما می‌توانند در موقعیت‌های خاصی اضطراب را تجربه کنند. علائم اضطراب در اشنایزر مینیاتوری ممکن است شامل پارس کردن بیش از حد، بی‌قراری یا رفتار مخرب باشد. آن‌ها می‌توانند مستعد اضطراب جدایی باشند و بیش از حد به اعضای خانواده انسانی خود وابسته شوند. برای کمک به کاهش اضطراب آن‌ها، فراهم کردن تمرینات بدنی و تحریک ذهنی فراوان برای آن‌ها مهم است. اسباب‌بازی‌های تعاملی، بازی‌های پازل و جلسات آموزشی می‌تواند به درگیر نگه داشتن ذهن آن‌ها و کاهش اضطراب کمک کند. ایجاد یک محیط آرام و ساختارمند و یک برنامه روزانه منظم نیز می‌تواند به آن‌ها حس امنیت بدهد. روش‌های آموزشی تقویت مثبت، مانند پاداش دادن به رفتار خوب، اعتماد به نفس آن‌ها را افزایش داده و اضطراب را کاهش می‌دهد. وقتی احساس اضطراب می‌کنند، اطمینان خاطر ملایم و حرکات آرامش‌بخش از سوی همراهان انسانی آن‌ها می‌تواند تفاوت بزرگی ایجاد کند. اشنایزر مینیاتوری می‌تواند اضطراب خود را مدیریت کند و با..شق، صبر و درک، زندگی شاد و متعادلی را سپری کند

الکهاند نروژی
Norwegian Elkhound

نژادی زیبا و همه‌کاره با تاریخی غنی است که ریشه در نروژ دارد. این نژاد که به خاطر جثه محکم و ظاهر چشمگیرش شناخته می‌شود، به عنوان همراهی وفادار و شجاع بسیار مورد توجه است. الکهاندهای نروژی دارای پوشش دولایه ضخیمی هستند که در هوای سرد عایق‌بندی ایجاد می‌کند و به آن‌ها ظاهری متمایز می‌دهد. آن‌ها به خاطر مهارت‌های شکار خود، به ویژه در ردیابی و تعقیب حیواناتی مانند گوزن شمالی، خرس و سایر حیوانات بزرگ، مشهور هستند. با حس بویایی قوی و غرایز تیز خود، در کارهایی که نیاز به تشخیص بو دارند، سرآمد هستند. الکهاندهای نروژی همچنین به خاطر هوش، استقلال و اراده قوی خود شناخته می‌شوند. آن‌ها برای هدایت انرژی خود و حفظ رفتار خوب، به آموزش مداوم و قاطع اما ملایم نیاز دارند. اجتماعی شدن از سنین پایین برای کمک به آن‌ها در تبدیل شدن به سگ‌هایی سازگار و کامل ضروری است. این نژاد معمولاً دوستانه، مهربان و محافظ خانواده‌های خود است و آن‌ها را به سگ‌های نگهبان عالی تبدیل می‌کند. الکهاندهای نروژی سگ‌های فعالی هستند و برای تحریک جسمی و روحی خود به ورزش منظم نیاز دارند. پوشش ضخیم آن‌ها نیاز به نظافت منظم دارد تا از گره خوردن جلوگیری شود و بهترین ظاهر خود را حفظ کنند. در مجموع، الکهاند نروژی نژادی وفادار، باهوش و همه‌کاره است که در خانواده‌های فعال رشد می‌کند، جایی که می‌توانند توجه، ورزش و تحریک ذهنی مورد نیاز خود را دریافت کنند.

پودل
Poodle

سگ‌های باهوش و زیبایی هستند که به خاطر پوشش فرفری متمایزشان شناخته می‌شوند. با وجود ظاهر پیچیده‌شان، پودل‌ها می‌توانند در موقعیت‌های خاصی اضطراب را تجربه کنند. علائم اضطراب در پودل‌ها ممکن است شامل پارس کردن بیش از حد، قدم زدن یا جلب توجه مداوم باشد. آن‌ها می‌توانند نسبت به تغییرات محیط خود حساس باشند و ممکن است برای احساس امنیت به یک روال آرام و ساختارمند نیاز داشته باشند. ورزش منظم جسمی و ذهنی برای پودل‌ها ضروری است تا انرژی اضافی خود را آزاد کنند و سلامت خود را حفظ کنند. مشارکت دادن آن‌ها در فعالیت‌های محرک مانند اسباب‌بازی‌های پازل، آموزش اطاعت یا تمرینات چابکی می‌تواند به کاهش اضطراب و مشغول نگه داشتن ذهن آن‌ها کمک کند. روش‌های آموزشی تقویت مثبت، با پاداش و ستایش، برای پودل‌ها بهترین نتیجه را می‌دهد، زیرا آن‌ها به تشویق و راهنمایی ملایم به خوبی پاسخ می‌دهند. ایجاد یک فضای آرام و ساکت در خانه و فراهم کردن وسایل آرامش‌بخش مانند ملافه نرم یا موسیقی آرامش‌بخش می‌تواند به آن‌ها کمک کند تا احساس راحتی بیشتری داشته باشند. با حمایت صاحبان صبور و فهمیده، پودل‌ها می‌توانند اضطراب خود را مدیریت کنند و در یک محیط دوست‌داشتنی و پرورش‌دهنده رشد کنند.

پرتگیز واتر
Portuguese Water

نژادی کاریزماتیک و همه‌کاره با تاریخچه‌ای جذاب است که ریشه در پرتغال دارد. این نژاد که به خاطر هیکل قوی و پوشش متمایزش مشهور است، به عنوان همراهی باهوش و مهربان شناخته می‌شود. سگ‌های پرتگیز واتر دارای پوششی ضد حساسیت هستند که یا موج‌دار یا فر است و محافظت عالی در برابر آب را فراهم می‌کند. آن‌ها در ابتدا برای کارهای مختلف مربوط به کار در آب، مانند بازیابی تور، رساندن پیام بین قایق‌ها و حتی جمع کردن ماهی‌ها به داخل تورها پرورش داده می‌شدند. آن‌ها با توانایی شنای طبیعی و تمایل به جلب رضایت، در غواصی در اسکله، ورزش‌های آبی و آموزش اطاعت‌پذیری عالی هستند. سگ‌های پرتگیز واتر به خاطر هوش، آموزش‌پذیری و اشتیاق به یادگیری خود شناخته می‌شوند. آن‌ها با تحریک ذهنی رشد می‌کنند و برای حفظ تعامل و رفتار خوب، به روش‌های آموزشی تقویتی مداوم و مثبت نیاز دارند. اجتماعی شدن زودهنگام برای کمک به آن‌ها در تبدیل شدن به سگ‌هایی سازگار و دوستانه بسیار مهم است.

سگ‌های پرتگیز واتر پیوندهای عمیقی با خانواده‌های خود برقرار می‌کنند و به وفاداری و طبیعت محافظ خود معروف هستند. آن‌ها عموماً با کودکان خوب رفتار می‌کنند و می‌توانند به خوبی با محیط‌های خانوادگی سازگار شوند. با این حال، آنها ممکن است نسبت به غریبه‌ها محتاط باشند، بنابراین اجتماعی شدن زودهنگام برای اطمینان از راحتی آنها در موقعیت‌های اجتماعی مختلف ضروری است. این نژاد پرانرژی است و برای تحریک جسمی و روحی به ورزش منظم نیاز دارد. پیاده‌روی روزانه، جلسات بازی تعاملی و چالش‌های ذهنی برای جلوگیری از کسالت و حفظ سلامت کلی ضروری است. پوشش منحصر به فرد سگ آبی پرتغالی نیاز به نظافت منظم، برس زدن و هر از گاهی کوتاه کردن

حرفه‌ای دارد. سگ‌های آبی پرتغالی با هوش، جذابیت و طبیعت آب‌دوست خود، همراهان فوق‌العاده‌ای برای افراد فعال و خانواده‌هایی هستند که می‌توانند توجه، ورزش و تحریک ذهنی مورد نیاز برای رشد آنها را فراهم کنند.

پاگ
Pug

سگ‌های جذاب و مهربانی هستند که به خاطر صورت چروکیده و دم فرفری‌شان شناخته می‌شوند. اگرچه ممکن است بازیگوش و اجتماعی باشند، اما پاگ‌ها نیز می‌توانند در موقعیت‌های خاص مستعد اضطراب باشند. علائم اضطراب در پاگ‌ها می‌تواند شامل نفس نفس زدن بیش از حد، قدم زدن یا جستجوی مداوم اطمینان خاطر باشد. همراهان انسانی آنها باید اضطراب آنها را درک کرده و به آنها رسیدگی کنند تا به آنها کمک کنند احساس آرامش و امنیت کنند. تمرینات منظم، مانند پیاده‌روی‌های کوتاه یا زمان بازی تعاملی، می‌تواند به پاگ‌ها کمک کند تا انرژی انباشته شده خود را آزاد کنند و حس رفاه را در آنها تقویت کند. تحریک ذهنی از طریق اسباب‌بازی‌های پازل یا تمرینات آموزشی نیز می‌تواند ذهن آنها را درگیر نگه دارد و اضطراب را کاهش دهد. ایجاد یک روال منظم و فراهم کردن یک محیط راحت و امن می‌تواند به کاهش نگرانی‌های آنها کمک کند. روش‌های آموزشی تقویت مثبت، استفاده از پاداش و ستایش، برای پاگ‌ها مؤثر است، زیرا آنها به رویکردهای ملایم و دلگرم‌کننده به خوبی پاسخ می‌دهند. ارائه یک فضای آرام و دنج برای استراحت همراه با رایحه‌های آرامش‌بخش یا موسیقی آرامش‌بخش، می‌تواند به کاهش اضطراب آنها کمک کند. پاگ‌ها می‌توانند بر اضطراب خود غلبه کنند و از یک زندگی شاد و رضایت‌بخش با عشق، صبر و یک محیط حمایتی لذت ببرند.

روت‌وایلر
Rottweiler

سگ‌های قدرتمند و وفاداری هستند که به خاطر طبیعت محافظ و غرایز قوی نگهبانی‌شان شناخته می‌شوند. در حالی که آنها اغلب اعتماد به نفس و اطمینان به نفس دارند، روتوایلرها همچنین می‌توانند مستعد اضطراب باشند که در پارس کردن بیش از حد، پرخاشگری یا رفتار مخرب آشکار می‌شود. آنها می‌توانند مستعد اضطراب جدایی باشند و ممکن است بیش از حد از خانواده خود محافظت کنند. برای کمک به کاهش اضطراب آنها، فراهم کردن زمینه اجتماعی شدن زودهنگام روتوایلرها با افراد، حیوانات و محیط‌های مختلف ضروری است. تکنیک‌های آموزشی تقویت مثبت با تمرکز بر روش‌های مبتنی بر پاداش می‌تواند به ایجاد اعتماد به نفس آنها و تقویت رفتارهای مطلوب کمک کند. ورزش ذهنی و جسمی برای روتوایلرها ضروری است تا انرژی اضافی خود را بسوزانند و حالت ذهنی سالمی را حفظ کنند. درگیر کردن آنها در بازی‌های تعاملی، آموزش اطاعت و کارهای چالش برانگیز می‌تواند به تحریک ذهن آنها و کاهش اضطراب کمک کند. ایجاد یک محیط آرام و ساختار یافته با روال‌های منظم می‌تواند به روتوایلرها احساس امنیت بدهد. با برخورد صبورانه و درک شده، همراه با آموزش و اجتماعی شدن مناسب، روتوایلرها می‌توانند یاد بگیرند که اضطراب خود را مدیریت کنند و به عنوان همراهانی متعادل و با اعتماد به نفس رشد کنند.

شیبا اینو
Shiba Inu

سگ‌های شیبا اینو کوچک و سرزنده هستند و به خاطر طبیعت مستقل و با اعتماد به نفسشان شناخته می‌شوند. در حالی که آنها عموماً نژادی آرام و کم‌حرف هستند، شیبا اینو می‌تواند در موقعیت‌های خاص مستعد اضطراب باشد. علائم اضطراب در شیبا اینو ممکن است شامل پارس کردن بیش از حد، رفتار مخرب یا گوشه‌گیری باشد. برای کمک به مدیریت اضطراب آنها، ارائه یک برنامه منظم و آموزش مداوم مهم است. تکنیک‌های تقویت مثبت برای شیبا اینو به خوبی جواب می‌دهد، زیرا آنها به پاداش و تحسین بهترین واکنش را نشان می‌دهند. ورزش منظم و تحریک ذهنی برای فعال نگه داشتن ذهن آنها و جلوگیری از کسالت که می‌تواند به اضطراب کمک کند، بسیار مهم است. ایجاد یک محیط آرام و امن، با یک فضای امن تعیین شده برای آنها تا به آنجا پناه ببرند، می‌تواند به کاهش اضطراب آنها کمک کند. اطمینان خاطر و آسایش ملایم از سوی همراهان انسانی آنها در موقعیت‌های استرس‌زا نیز می‌تواند تفاوت قابل توجهی ایجاد کند. با مراقبت صبورانه و درک‌شده، شیبا اینو می‌تواند یاد بگیرد که بر اضطراب خود غلبه کند و به عنوان یک همراه سازگار و شاد و رشد کند.

شیتزو

Shih Tzus

سگ‌های کوچک و مهربانی هستند که به خاطر شخصیت‌های بازیگوش و اجتماعی‌شان شناخته می‌شوند. اگرچه آنها عموماً دوستانه و سازگار هستند، اما شیتزوها می‌توانند در موقعیت‌های خاص مستعد اضطراب باشند. علائم اضطراب در شیتزوها ممکن است شامل پارس کردن بیش از حد، لرزش یا رفتار چسبنده باشد. برای کمک به مدیریت اضطراب آنها، فراهم کردن محیطی آرام و ساختارمند برای آنها مهم است. ایجاد یک برنامه روزانه منظم و یک فضای امن تعیین شده برای آنها می‌تواند به کاهش اضطراب آنها کمک کند و به آنها حس امنیت بدهد. با پاداش و راهنمایی ملایم، روش‌های آموزشی تقویت مثبت برای شیتزوها بهترین نتیجه را می‌دهد تا اعتماد به نفس آنها را افزایش داده و رفتار خوب را تقویت کند. ورزش منظم، چه جسمی و چه ذهنی، برای کمک به آنها در سوزاندن انرژی اضافی و تحریک ذهنشان بسیار مهم است. اطمینان خاطر و آرامش ملایم از سوی همراهان انسانی آنها در موقعیت‌های استرس‌زا نیز می‌تواند به آرام کردن اضطراب آنها کمک کند. شیتزوها می‌توانند یاد بگیرند که اضطراب خود را مدیریت کنند و از یک زندگی شاد و متعادل با مراقبت صبورانه و عاشقانه لذت ببرند.

هاسکی سیبری

Siberian Huskie

سگ‌های پرانرژی و اجتماعی هستند که به خاطر ظاهر چشمگیر و توانایی‌های قوی‌شان در کشیدن سورتمه شناخته می‌شوند. اگرچه آنها عموماً دوستانه و خوش‌برخورد هستند، اما هاسکی‌های سیبری می‌توانند مستعد ابتلا به برخی چالش‌های رفتاری، از جمله اضطراب جدایی، باشند. وقتی برای مدت طولانی تنها بمانند، ممکن است علائم اضطراب، مانند پارس کردن بیش از حد، رفتار مخرب یا تلاش برای فرار را نشان دهند. برای کمک به مدیریت اضطراب آنها، ضروری است که به طور منظم به آنها ورزش دهید، زیرا هاسکی‌ها سطح انرژی بالایی دارند و به فعالیت بدنی کافی نیاز دارند. تحریک ذهنی نیز به همان اندازه مهم است، زیرا سگ‌های باهوش در انجام وظایف و ،چالش‌های جذاب پیشرفت می‌کنند. ایجاد یک روال منظم از جمله جلسات آموزشی ساختار یافته و زمان بازی تعاملی، می‌تواند به کاهش اضطراب آنها کمک کند و حس .ثبات را ایجاد کند

علاوه بر این، آموزش نگهداری در قفس و ایجاد یک فضای امن و راحت مانند لانه می‌تواند به آنها یک پناهگاه امن ارائه دهد. تکنیک‌های آموزشی تقویت مثبت، مانند پاداش دادن به رفتار خوب و فراهم کردن غنی‌سازی ذهنی، به طور موثر اضطراب آنها را مدیریت می‌کند. با مراقبت، توجه و یک محیط دوست‌داشتنی، هاسکی‌های سیبری می‌توانند زندگی رضایت‌بخشی داشته باشند و پیوندهای محکمی با همراهان انسانی خود برقرار کنند.

استافوردشایر بول تریر

Staffordshire Bull Terriers

که اغلب به عنوان استافی شناخته می‌شود، سگ‌های دوستانه و مهربانی هستند که به خاطر هیکل عضلانی و طبیعت پرانرژی خود شناخته می‌شوند. استافی در حالی که عموماً اجتماعی و خوش‌خلق است، می‌تواند مستعد ابتلا .به برخی چالش‌های رفتاری، از جمله اضطراب جدایی باشد وقتی برای مدت طولانی تنها بمانند، ممکن است علائم اضطراب مانند پارس کردن بیش از حد، رفتار مخرب یا تلاش برای فرار را نشان دهند. برای کمک به مدیریت اضطراب آنها، ضروری است که ورزش منظم و تحریک ذهنی برای آنها فراهم شود. پیاده‌روی روزانه، زمان بازی و اسباب‌بازی‌های تعاملی می‌تواند به سوزاندن انرژی اضافی و مشغول نگه داشتن ذهن آنها کمک کند. ایجاد یک روال منظم و فراهم کردن یک فضای امن و راحت می‌تواند به کاهش اضطراب آنها کمک کند و احساس امنیت به آنها بدهد. روش‌های آموزشی تقویت مثبت، با استفاده از پاداش و ستایش، به طور مؤثر رفتار خوب را به آنها می‌آموزد ،و اعتماد به نفس آنها را افزایش می‌دهد. با مراقبت مناسب، اجتماعی شدن و یک محیط دوست‌داشتنی استافوردشایر بول تریر می‌تواند رشد کند و پیوندهای محکمی با خانواده‌های انسانی خود برقرار کند.

ولپینو ایتالیایی

Volpino Italiano

نژادی دلربا و سرزنده با میراثی غنی از ایتالیا است. این نژاد که به خاطر اندازه کوچک و پوشش کرکی‌اش شناخته می‌شود، با ظاهر دوست‌داشتنی و شخصیت جذابش دل‌ها را تسخیر می‌کند. ولپینو ایتالیانو دارای پوشش ضخیم دوتایی است که در رنگ‌های مختلف وجود دارد و محافظت می‌کند و به ظاهر دلنشین آن می‌افزاید. این سگ یک سگ همراه همیشگی است که پیوندهای محکمی با خانواده خود برقرار می‌کند و اغلب طبیعتی وفادار ،و مهربان از خود نشان می‌دهد. ولپینو ایتالیانو با وجود جثه کوچکش .سرزنده و پر جنب و جوش است و همیشه آماده بازی و ماجراجویی است این نژاد به خاطر هوش، چابکی و توانایی یادگیری سریعش شناخته شده ،است. از تحریک ذهنی لذت می‌برد و در فعالیت‌هایی مانند آموزش اطاعت دوره‌های چابکی و بازی‌های تعاملی عالی عمل می‌کند. اجتماعی شدن زودهنگام برای اطمینان از اینکه ولپینو ایتالیانو به خوبی رشد می‌کند و سازگار می‌شود، مهم است. اگرچه کوچک هستند، اما می‌توانند قاطع باشند و ممکن است غریزه محافظتی نسبت به عزیزان خود نشان دهند. ورزش منظم به شکل پیاده‌روی، جلسات بازی و چالش‌های ذهنی برای تحریک جسمی و ذهنی آنها ضروری است. در حالی که پوشش کرکی آنها برای جلوگیری از گره خوردن و حفظ زیبایی‌شان نیاز به .برس زدن منظم دارد، آنها نژادی با ریزش موی کم محسوب می‌شوند و برای افراد مبتلا به آلرژی مناسب هستند ولپینو ایتالیانو همراهی دوست‌داشتنی است که شادی و محبت را برای خانواده‌اش به ارمغان می‌آورد. طبیعت سرزنده، هوش و ظاهر جذاب آنها، حیوانات خانگی فوق‌العاده‌ای را برای افراد و خانواده‌هایی که به دنبال یک همراه سگ فداکار و سرزنده هستند، می‌سازد.

ولش اسپرینگر اسپانیل
Welsh Springer Spaniel

نژادی جذاب و همه فن حریف با تاریخچه‌ای غنی است که ریشه در ولز دارد. آنها با پوشش متمایز و طبیعت دوستانه‌شان، قلب دوستداران سگ را در سراسر جهان تسخیر می‌کنند. سگ‌های ولش اسپرینگر اسپانیل، جثه‌ای متوسط و متعادل دارند که آنها را قادر می‌سازد در فعالیت‌های مختلف سرآمد باشند. پوشش قرمز و سفید ابریشمی آنها نه تنها از نظر بصری جذاب است، بلکه در برابر عناصر طبیعی نیز محافظت می‌کند. این نژاد به خاطر مهارت‌های شکار استثنایی‌اش، به ویژه در شکار و بازیابی شناخته شده است. با حس بویایی قوی و غرایز طبیعی خود، در کارهایی که نیاز به تشخیص بو دارند، موفق می‌شوند. سگ‌های ولش اسپرینگر اسپانیل باهوش و مشتاق جلب رضایت هستند و این باعث می‌شود که آنها بسیار آموزش‌پذیر و پاسخگو به روش‌های تقویت مثبت باشند. آنها در توانایی‌های خود همه فن حریف هستند و می‌توانند در ورزش‌های مختلف سگ مانند اطاعت، چابکی و ردیابی شرکت کنند. طبیعت دوستانه و مهربان آنها، آنها را به همراهان و سگ‌های خانواده‌ای عالی تبدیل می‌کند. آنها پیوندهای محکمی با خانواده انسانی خود برقرار می‌کنند و اغلب با کودکان و سایر حیوانات خانگی خوب هستند. ورزش منظم برای تحریک جسمی و ذهنی ولش اسپرینگر اسپانیل مهم است. آنها از فعالیت‌هایی مانند پیاده‌روی سریع، دویدن و جلسات بازی تعاملی لذت می‌برند. پوشش آنها نیاز به نظافت منظم دارد تا تمیز و عاری از گره خوردگی باشد. با خلق و خوی مهربان، هوش و طبیعت پرانرژی خود، اسپانیل ولش اسپرینگر برای افراد فعال یا خانواده‌هایی که به دنبال یک همراه وفادار و فداکار هستند، ایده‌آل است.

یورکشایر تریر یا یورکی
Yorkshire Terrier, or Yorkies

سگ‌های کوچک و سرزنده‌ای هستند که به خاطر پوشش جذاب و شخصیت‌های با اعتماد به نفسشان شناخته می‌شوند. با وجود اندازه کوچکشان، گاهی اوقات می‌توانند علائم اضطراب را نشان دهند. یورکی‌ها ممکن است در صورت تنها ماندن برای مدت طولانی، اضطراب جدایی را تجربه کنند که منجر به رفتارهایی مانند پارس کردن بیش از حد، جویدن مخرب یا بی‌قراری می‌شود. برای کمک به مدیریت اضطراب آنها، همراهان انسانی آنها باید محیطی امن و مطمئن ایجاد کنند. ورزش منظم و تحریک ذهنی برای فعال نگه داشتن ذهن و بدن آنها ضروری است. ارائه اسباب‌بازی‌های تعاملی و بازی‌های پازل به آنها می‌تواند به کاهش اضطراب و مشغول نگه داشتن آنها کمک کند. ایجاد یک برنامه روزانه ثابت و تعیین مرزهای مشخص نیز می‌تواند به آنها حس ساختار و امنیت بدهد. تکنیک‌های آموزش تقویت مثبت، با استفاده از پاداش و ستایش، به طور موثر رفتار خوب را به آنها آموزش می‌دهد و اعتماد به نفس آنها را افزایش می‌دهد. با عشق، صبر و رویکردی آرام، یورکشایر تریر می‌تواند بر اضطراب خود غلبه کند و در یک محیط خانه دوست‌داشتنی رشد کند.

فصل ۱۱

خواب و پیاده‌روی برای حفظ تعادل

ووف ووف اول از همه، یک خبر هیجان‌انگیز برای شما دارم! در فصل ۱۷ کتاب عالی‌مان، یک جدول جامع در مورد چرت زدن و پیاده‌روی اضافه کرده‌ام. این یک راهنمای مرجع مفید است که به شما کمک می‌کند نیازهای خاص چرت زدن و پیاده‌روی ۴۰ نژاد محبوب سگ را درک کنید. عجیب نیست؟

چرت زدن: آه، زیبایی یک چرت خوب! درست مثل شما، ما سگ‌ها هم به خواب خوبمان نیاز داریم. میزان خوابی که نیاز داریم می‌تواند از نژادی به نژاد دیگر متفاوت باشد، اما ما دوست داریم حدود ۱۲ تا ۱۴ ساعت در روز چرت بزنیم. شاید زیاد به نظر برسد، اما ما باید باتری‌هایمان را شارژ کنیم و سالم و شاد بمانیم. بنابراین، لطفاً مکان‌های دنج و راحتی را برای ما فراهم کنید تا لم بدهیم و به سرزمین رویاها برویم. «زززِ» .لطفاً وقتی داریم چرتِ دلچسبی می‌زنیم مزاحممان نشوید. این زمانِ استراحتِ ارزشمند ماست!

در آن جدول، اطلاعات مهمی در مورد اینکه هر نژاد معمولاً چند ساعت به خواب نیاز دارد و چقدر ورزش از طریق پیاده‌روی نیاز دارد، پیدا خواهید کرد. همچنین متوجه خواهید شد که آیا این نژادها برای سبک زندگی داخل خانه یا خارج از خانه مناسب‌تر هستند. این کار نیازهای منحصر به فرد آنها را بهتر درک می‌کند و به شما کمک می‌کند تا برنامه روزانه آنها را بر اساس آن برنامه‌ریزی کنید.

پیاده‌روی: آه، لذت پیاده‌روی با همراهان انسانی‌مان! پیاده‌روی برای ما فقط یک فعالیت بدنی نیست؛ بلکه فرصتی برای کاوش، پیوند و به‌کارگیری حواس ماست. مدت و شدت پیاده‌روی ما می‌تواند بسته به نژاد، سن و سطح انرژی‌مان متفاوت باشد. برای برخی از ما، یک قدم زدن آرام در اطراف خانه کافی است، در حالی که برخی دیگر ممکن است به یک پیاده‌روی پرانرژی‌تر یا حتی دویدن برای سوزاندن انرژی اضافی خود نیاز داشته باشند.

،پیاده‌روی منظم برای سلامت جسمی و روانی ما مهم است، زیرا ورزش تحریک ذهنی و فرصتی برای معاشرت با سگ‌ها و انسان‌های دیگر را برای ما فراهم می‌کند. بنابراین، قلاده را بردارید، کفش‌های پیاده‌روی خود را بپوشید و بیایید با هم ماجراجویی را آغاز کنیم!

اما صبر کنید، چیزهای بیشتری هم هست! این جدول جنبه‌ی ورزشی، به ویژه پیاده‌روی، را نیز پوشش می‌دهد. این جدول مدت زمان و تعداد دفعات توصیه‌شده‌ی پیاده‌روی برای هر نژاد را نشان می‌دهد و تضمین می‌کند که ما فعالیت بدنی و تحریک ذهنی لازم برای سالم و شاد ماندن را دریافت می‌کنیم. چه یک پیاده‌روی آرام باشد و چه یک پیاده‌روی پرانرژی، تمام اطلاعات لازم برای اینکه در طول پیاده‌روی‌هایمان شاد باشیم را خواهید داشت.

خواب و پیاده‌روی برای حفظ تعادل

به یاد داشته باشید، انسان‌های عزیز، در نظر گرفتن نیازهای فردی ما هنگام چرت زدن و پیاده‌روی بسیار مهم است. برخی از نژادها ممکن است به خواب بیشتر یا کمتری نیاز داشته باشند و نیازهای ورزشی ما نیز می‌تواند متفاوت باشد. بنابراین، برای درک ویژگی‌های نژادی دوست پشمالوی خود وقت بگذارید، در صورت نیاز با دامپزشک خود مشورت کنید و برنامه‌ای ایجاد کنید که نیازهای خاص ما را برآورده کند. و از همه مهم‌تر، از این لحظات با هم بودن لذت ببرید! چرت زدن و پیاده‌روی فقط یک آیین روزانه برای ما نیستند؛ آنها فرصت‌هایی برای ما هستند تا پیوند خود را تقویت کنیم، جهان را کشف کنیم و خاطراتی گرامی بسازیم که تا آخر عمر باقی بماند.

در نهایت، این جدول به شما کمک می‌کند تا بفهمید که آیا یک نژاد خاص برای سبک زندگی داخل خانه یا خارج از خانه مناسب‌تر است. برخی از نژادها در داخل خانه رشد می‌کنند، در حالی که برخی دیگر عاشق گشت و گذار در فضای باز هستند. دانستن این موضوع به شما کمک می‌کند تا فضای زندگی‌ای ایجاد کنید که به بهترین وجه نیازهای ما را برآورده کند و ما را راحت و راضی نگه دارد.

بنابراین، عزیزان من، به فصل ۱۷ بروید و به دنیای شگفت‌انگیز چرت زدن و پیاده‌روی بروید. از جدول به عنوان یک منبع ارزشمند برای درک نیازهای خاص دوست پشمالوی خود استفاده کنید، برنامه چرت زدن و پیاده‌روی او را متناسب با آن تنظیم کنید و زندگی پر از شادی، استراحت و ماجراجویی را برای او فراهم کنید. لطفاً « **۴۰ نژاد محبوب در مورد چرت زدن، پیاده‌روی و مشخصات داخل/خارج از منزل** » را بررسی کنید.

فصل ۱۲

دنیای مضطرب توله‌سگ‌ها

خاطرات من در دوران توله‌سگی

وای، دوست عزیز انسان من! وقتی روزهایی را به یاد می‌آورم که فقط یک توله سگ کوچک و پشمالو بودم، ترکیبی از احساسات را به قلب پشمالوی من می‌آورد. آن روزها پر از شادی و اضطراب بود، زیرا من فصل جدیدی از زندگی را به دور از مادر مهربان و هم‌نوعانم آغاز می‌کردم.

وقتی زمان ترک مادرم فرا رسید، ترکیبی از هیجان و ترس وجودم را فرا گرفت. در مورد دنیایی که در انتظارم بود کنجکاو بودم، اما در اعماق وجودم، احساس ناامنی و عدم اطمینان وجود داشت. جدایی از آرامش و گرمای حضور مادرم تجربه‌ای دلهره‌آور بود.

در آن روزهای اولیه، اغلب احساس اضطراب و پریشانی می‌کردم. محیط ناآشنا، فقدان حضور آرامش‌بخش مادرم و چهره‌های جدید اطرافم، نگرانی‌هایم را تشدید می‌کرد. دنیا بزرگ و ترسناک به نظر می‌رسید و من آرزوی اطمینان خاطر و حس تعلق داشتم. اما ناگهان اتفاق خارق‌العاده‌ای افتاد. صاحبان عزیزم وارد زندگی‌ام شدند. حضور گرم و صمیمی، لمس ملایم و قلب پرمهرشان مانند چراغی روشن در آن لحظات تاریک بود. آنها درک می‌کردند که من برای وفق یافتن به زمان نیاز دارم و اضطراب‌هایم نیاز به صبر و درک دارد.

آنها محیطی امن و آرامش‌بخش برای من ایجاد کردند، پر از پتوهای نرم، تخت‌های گرم و نرم و اسباب‌بازی‌هایی که منبع آرامش من شدند. آنها مرا غرق در عشق، توجه و کلمات ملایمی کردند که به کاهش ترس‌هایم کمک کرد. برنامه‌های منظم و قابل پیش‌بینی آنها، حس امنیتی را که به شدت به آن نیاز داشتم، به من بخشید. در آن روزهای تاریک که اضطراب‌هایم طاقت‌فرسا به نظر می‌رسید، آنها گوش شنوا و آغوشی آرامش‌بخش به من دادند. آنها نیازهای فردی من را تشخیص دادند و گام به گام با من کار کردند تا بر ترس‌هایم غلبه کنم. آنها به تدریج مرا با تجربیات جدید آشنا کردند و همیشه به سرعت و مرزهای من احترام گذاشتند. اما فقط روزهای تاریک نبودند که سفر ما را با هم تعریف کردند.

همچنین روزهای روشن بی‌شماری پر از خنده، بازی و پیوندی ناگسستنی وجود داشت. با راهنمایی صبورانه و تقویت مثبت آنها، یاد گرفتم که با اعتماد به نفس دنیای اطرافم را بپذیرم. عشق و حمایت بی‌دریغ آنها به من کمک کرد تا به یک سگ با اعتماد به نفس و شاد تبدیل شوم. ما با هم با چالش‌ها روبرو شدیم و پیروزی‌ها را جشن گرفتیم و پیوند ما در تمام این مدت قوی‌تر شد. آنها به من آموختند که با عشق، درک و کمی خوراکی توله‌سگی، هر چیزی ممکن است. همانطور که دوران توله‌سگی‌ام را به یاد می‌آورم، از روزی که وارد زندگی‌ام شدند سپاسگزارم. آنها اضطراب‌های مرا دیدند و به من ایمان آوردند. آنها خانه‌ای پر از عشق و محبت فراهم کردند که در آن توانستم شکوفا شوم. گرمی و مراقبت آنها ترس‌های من را به شجاعت تبدیل کرد و من برای همیشه از این بابت سپاسگزار خواهم بود.

پس، دوست عزیزم، بیا قدر تک تک لحظات با هم بودن را بدانیم، چه روزهای تاریک و چه روزهای روشن. در تمام این مدت، دوشادوش هم، با دم‌های تکان‌دهنده و قلب‌هایی سرشار از عشق بی‌کران، به پیمودن این سفر زیبای زندگی ادامه خواهیم داد.

107 فصل دوازده

از توله‌سگ تا سگ بالغ

وای! حالا، اجازه دهید شما را از دیدگاه یک سگ به سفری در مراحل مختلف زندگی یک توله سگ ببرم:

1. **مرحله نوزادی:** آه، آن روزها روزهایی بود که من فقط یک توپ کوچک پشمالو ،بودم، در آغوش مامان و خواهر و برادرهایم. برای همه چیز به او تکیه می‌کردم - شیر گرما و حس امنیت. دوران دنج و امنی بود.

2. **مرحله نوزادی:** همین که چشم و گوشم باز شد، شروع به کشف دنیای کاملاً جدیدی در اطرافم کردم. در ابتدا کمی گیج کننده بود، اما با گذشت هر روز، کنجکاوتر و مشتاق تر به کاوش می شدم.

3. **مرحله انتقالی:** من روی پاهای کوچکم تلو تلو می‌خوردم تا با خواهر و برادرهایم همراه شوم. شروع به توسعه حواسم کردم و در مورد بوها و صداهای مختلف محیط اطرافم یاد گرفتم. این یک زمان هیجان‌انگیز از رشد و کشف بود.

4. **مرحله اجتماعی شدن:** این مرحله برای من فوق‌العاده مهم بود. من با افراد جدید و دوستان پشمالوی زیادی آشنا شدم و مناظر و صداهای مختلفی را تجربه کردم. این به من کمک کرد تا به توله سگ دوستانه و اجتماعی امروزی تبدیل شوم.

5. **مرحله از شیر گرفتن:** آه، طعم غذای جامد! این برای من قدم بزرگی بود زیرا از تکیه صرف بر شیر مادرم به کشف انواع خوراکی‌های خوشمزه روی آوردم. طعم‌ها و بافت‌های جدیدی را کشف کردم که زمان غذا خوردن را به یک ماجراجویی تبدیل کرد.

6. **مرحله نوجوانی:** اوه خدای من، این مرحله پر از انرژی و شیطنت بود! من کنجکاوی بی‌حد و حصری داشتم و نمی‌توانستم در برابر کاوش هر چیزی که جلوی چشمم بود مقاومت کنم. اصول اولیه آموزش را یاد گرفتم، بازی‌های زیادی انجام دادم و شخصیت منحصر به فرد خودم را کشف کردم.

7. **مرحله نوجوانی:** این مرحله فراز و نشیب‌های خودش را داشت. من دوره‌های استقلال‌طلبی را تجربه کردم و گاهی اوقات مرزها را آزمایش می‌کردم. هورمون‌ها در حال نوسان بودند و من تغییراتی را پشت سر گذاشتم. خوشبختانه، با راهنمایی صبورانه‌ی اطرافیانم، این مرحله را با عشق و حمایت پشت سر گذاشتم.

8. **مرحله جوانی:** آه، مرحله بلوغ! من از نظر جسمی و روحی در خودِ بزرگسالی‌ام جا افتادم. اعتماد به نفس و تجربه بیشتری پیدا کردم. زندگی به تعادلی بین بازیگوشی و مسئولیت‌پذیری تبدیل شد.

9. **مرحله بزرگسالی:** حالا، من کاملاً بزرگ شده‌ام! به تمام پتانسیل خود رسیده‌ام و از اوج زندگی‌ام لذت برده‌ام. هنوز انرژی و عشق زیادی برای بخشیدن دارم، اما از یک چرت خوب و یک جای دنج و آرامش‌بخش هم لذت می‌برم.

کاوش در دنیای پراضطراب سگ‌ها

هر مرحله، ماجراجویی‌ها، چالش‌ها و رشد خاص خودش را به همراه داشت. و در تمام این مدت، انسان‌های من آنجا بودند، مرا راهنمایی می‌کردند، پرورش می‌دادند و تمام عشق و مراقبتی را که برای تبدیل شدن به سگ فوق‌العاده‌ای که امروز هستم نیاز داشتم، به من می‌دادند. وای! لطفاً شما هم همین کار را برای توله سگ محبوبتان تا مرحله بلوغ انجام دهید.

نکاتی برای نگهداری از توله‌سگ جدید

وای! خب، شما تصمیم گرفتید که یک توله سگ را به زندگی خود بیاورید. خب، بگذارید چند توصیه از یک توله سگ به یک انسان به شما بدهم که برای شروع یک رابطه‌ی خوب برای هر دوی شما باید بدانید. بفرمایید:

1. **تعهد:** آوردن یک توله سگ به خانه به معنای تعهد به رفاه آنها برای سال‌های آینده است. آنها به زمان، توجه و عشق شما نیاز دارند، بنابراین برای یک دوستی مادام العمر با یک سگ پشمالو آماده باشید.

2. **ایمن‌سازی خانه برای توله‌سگ‌ها:** توله‌سگ‌ها موجودات کوچک کنجکاوی هستند که عاشق کاوش با دهان خود هستند. <u>با از بین بردن هرگونه خطر احتمالی یا وسوسه‌های جویدنی، خانه خود را برای توله‌سگ‌ها ایمن کنید.</u> مراقب سیم‌های برق، گیاهان سمی و اشیاء کوچکی که ممکن است بلعیده شوند، باشید.

3. **اجتماعی شدن:** اجتماعی شدن زودهنگام، کلید کمک به توله سگ شما برای تبدیل شدن به یک سگ با اعتماد به نفس و سازگار است. آنها را به روشی مثبت و کنترل شده با افراد، حیوانات و محیط‌های جدید آشنا کنید. این به آنها کمک می‌کند تا رفتارهای خوب را توسعه دهند و از اضطراب در موقعیت‌های ناآشنا جلوگیری کنند.

4. **آموزش و تربیت:** آموزش توله سگ خود را از همان لحظه ورودشان شروع کنید. دستورات اولیه، قوانین خانه تکانی و رفتار صحیح را با <u>استفاده از تقویت مثبت به آنها آموزش دهید. خوراکی، تشویقی و مداومت معجزه خواهد کرد.</u> به یاد داشته باشید، یک پنجه ملایم خیلی بهتر از یک کلمه خشن است.

5. **سلامت و تندرستی:** برای اطمینان از سلامت توله سگ و واکسیناسیون به موقع، مراجعه به دامپزشک را برنامه‌ریزی کنید. یک برنامه غذایی منظم با رژیم غذایی مغذی مناسب برای سن و نژاد آنها تنظیم کنید. <u>نظافت از جمله مسواک زدن پوشش و دندان‌هایشان، باعث می‌شود که آنها در بهترین حالت خود باشند و احساس خوبی داشته باشند.</u>

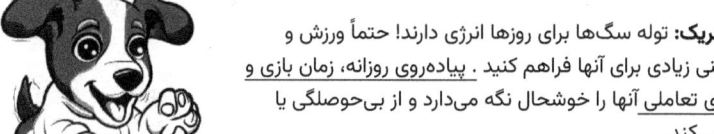

6. **ورزش و تحریک:** توله سگ‌ها برای روزها انرژی دارند! حتماً ورزش و تحریک ذهنی زیادی برای آنها فراهم کنید. پیاده‌روی روزانه، زمان بازی و اسباب‌بازی‌ها یا بازی‌های تعاملی آنها را خوشحال نگه می‌دارد و از بی‌حوصلگی یا شیطنت آنها جلوگیری می‌کند.

7.

8. **صبر و عشق:** توله سگ شما هنوز در حال یادگیری و سازگاری با محیط جدید خود است. **در حالی که آنها در این دنیای بزرگ راه خود را پیدا می‌کنند، با آنها صبور باشید**. به آنها عشق، توجه و محبت زیادی نشان دهید تا پیوندی قوی بر اساس اعتماد و تقویت مثبت ایجاد شود.

9. **منابع مراقبت از توله سگ:** دنیایی از منابع مفید برای مراقبت از توله سگ وجود دارد. کتاب‌ها، وب‌سایت‌ها و کلاس‌های آموزش محلی توله سگ می‌توانند راهنمایی‌های ارزشمندی در مورد همه چیز، از مراقبت‌های اولیه گرفته تا تکنیک‌های رفتاری و آموزشی، در اختیار شما قرار دهند. برای حمایت از خود در مسیر تربیت توله سگ، به دنبال این منابع باشید.

در نظر داشتن این نکات و ایجاد یک محیط محبت‌آمیز و حمایتی به توله سگ شما کمک می‌کند تا به سگی شاد و سازگار تبدیل شود. از هر لحظه گرانبها لذت ببرید و قدردان پنجه‌هایتان باشید - خاطراتی که با هم خواهید ساخت! وای!

چالش‌ها و راهکارهای دوران تولگی

اول از همه، خانه تکانی می‌تواند کمی چالش برانگیز باشد. توله سگ‌ها باید یاد بگیرند که کجا کار خود را انجام دهند. یک برنامه منظم برای استراحت در توالت ایجاد کنید، وقتی به جای مناسب می‌روند، تشویق و خوراکی‌های زیادی به آنها بدهید و صبور باشید. اتفاقات ناگوار رخ می‌دهد، اما آنها با گذشت زمان و تقویت مثبت، یاد می‌گیرند.

جویدن و گاز گرفتن ممکن است باعث شود بگویید «آخ!» توله سگ‌ها عاشق کاوش با دهانشان هستند، به این معنی که ممکن است کفش‌های شما را گاز بگیرند یا انگشتان شما را گاز بگیرند. **به آنها اسباب‌بازی‌های جویدنی زیادی بدهید و وقتی شروع به جویدن چیزهای مورد علاقه‌تان کردند، توجه آنها را به سمت دیگری معطوف کنید.** آموزش خودداری از گاز گرفتن و پاداش دادن به بازی ملایم به آنها کمک می‌کند تا بفهمند چه چیزی مناسب است.

اجتماعی شدن گاهی اوقات دشوار است! توله سگ خود را به تدریج و با تجربیات مثبت فراوان با افراد، حیوانات و محیط‌های جدید آشنا کنید. کلاس‌های اجتماعی شدن توله سگ‌ها برای ملاقات با دیگر دوستان پشمالو و یادگیری اعتماد به نفس در موقعیت‌های جدید بسیار مفید است. این به آنها کمک می‌کند تا به سگ‌های همه فن حریفی تبدیل شوند!

آموزش زمان و تشویقی می‌خواهد. در این کار ثابت قدم باشید و از روش‌های تقویت مثبت استفاده کنید. تشویقی، تشویقی و پاداش به آنها کمک می‌کند تا بفهمند شما از آنها چه می‌خواهید. اگر به کمک بیشتری نیاز

دارید، کلاس‌های آموزش توله سگ یک گزینه‌ی مناسب هستند. آنها شما و توله‌تان را در مسیر درست راهنمایی می‌کنند.

اضطراب جدایی می‌تواند یک چالش طاقت‌فرسا باشد. جدا شدن از هم‌خانه‌ها و مادر می‌تواند باعث اضطراب آنها شود. با تنها گذاشتن آنها برای مدت کوتاهی شروع کنید و به تدریج زمان را افزایش دهید. یک فضای دنج برای آنها ایجاد کنید، اسباب‌بازی‌های تعاملی بگذارید تا آنها را مشغول نگه دارید و موسیقی آرامش‌بخش یا پخش‌کننده‌های فرومون را امتحان کنید تا به آرامش آنها کمک کنید.

دندان درآوردن هم می‌تواند کمی **آزاردهنده باشد** .توله سگ‌ها وقتی دندان‌هایشان در حال رشد است عاشق جویدن هستند. لطفاً اسباب‌بازی‌های دندانی مناسب برای تسکین لثه‌هایشان برایشان فراهم کنید. اشیاء قیمتی یا خطرناک را دور از دسترس آنها نگه دارید و مطمئن شوید که خانه‌تان را برای توله سگ‌ها ایمن کرده‌اید. ما نمی‌توانیم در برابر یک جویدن خوب مقاومت کنیم، می‌دانید!

انرژی، انرژی، انرژی! توله سگ‌ها انرژی زیادی دارند. آنها برای شاد و خوش رفتار نگه داشتنشان به ورزش روزانه و تحریک ذهنی نیاز دارند. آنها را به پیاده‌روی ببرید، بازی کنید و به آنها اسباب‌بازی‌های پازلی بدهید تا ذهنشان تیز بماند. یک توله سگ خسته، توله سگ خوبی است!

به یاد داشته باشید، صبر و پشتکار رمز موفقیت است. بزرگ کردن یک توله سگ زمان و تلاش می‌طلبد، اما پاداش آن بسیار زیاد است. مرزهای مشخصی تعیین کنید، به رفتارهای خوب پاداش دهید و از تنبیه‌های شدید خودداری کنید. در صورت نیاز از متخصصان کمک بگیرید، زیرا آنها می‌توانند به شما توصیه‌های شخصی‌سازی‌شده ارائه دهند.

بنابراین، برای بغل کردن‌های فراوان، بوسه‌های آبکی و تکان دادن بی‌پایان دم آماده شوید. دوست پشمالوی جدید شما شادی زیادی به زندگی شما خواهد آورد. فقط به یاد داشته باشید، در این سفر تنها نیستید. اگر به کمک نیاز دارید، با سایر دوستداران سگ، مربیان یا دامپزشکان تماس بگیرید . از روزهای توله‌سگی لذت ببرید و از هر لحظه تکان دادن دم قدردانی کنید. ووف ووف!

وای! من همچنین خبرهای هیجان‌انگیزی در مورد فصل ۱۷ کتابم دارم که به اشتراک بگذارم! در این فصل، یک جدول ویژه و فوق‌العاده مفید پر از اطلاعات ارزشمندی که هر صاحب توله سگ باید بداند، اضافه کرده‌ام. شما می‌توانید جزئیات دقیقی از رشد و نمو توله سگ دوست‌داشتنی خود را از هفته ۱ تا بزرگسالی پیدا کنید. هر ردیف جدول نشان‌دهنده یک محدوده سنی متفاوت است، از آن هفته‌های اولیه ارزشمند تا مراحل بالغ‌تر توله‌سگی. در این جدول، بینش‌های کلیدی در مورد رشد جسمی و رفتاری توله سگ خود کشف خواهید کرد. دیدن اینکه چگونه بدن‌های کوچک آنها تغییر می‌کند و شخصیت‌هایشان شروع به درخشیدن می‌کند، جذاب است.

،اما این همه ماجرا نیست! این کتاب جنبه‌های اساسی مراقبت از توله سگ، مانند مراقبت‌های بهداشتی برنامه‌های تغذیه، آموزش توالت رفتن، اجتماعی شدن و غیره را پوشش می‌دهد. این کتاب به عنوان یک نقشه راه مفید برای اطمینان از ارائه بهترین مراقبت و پشتیبانی ممکن برای همراه پشمالوی شما عمل می‌کند.

به یاد داشته باشید، هر توله سگ منحصر به فرد است و ممکن است با سرعت خاص خود پیشرفت کند، اما این جدول به شما یک نمای کلی از آنچه در هر مرحله از زندگی توله سگ خود انتظار دارید، ارائه می‌دهد. این یک منبع ارزشمند است که می‌تواند به شما در گذر از شادی‌ها و چالش‌های بزرگ کردن توله سگ کمک کند. همیشه برای برنامه‌های واکسیناسیون خاص و توصیه‌های غذایی متناسب با نژاد، اندازه و نیازهای سلامتی توله سگ خود با دامپزشک خود مشورت کنید.

پس، حتماً به فصل ۱۷ بروید و نگاهی به « **جدول مراحل رشد توله سگ** » بیندازید. خواندن این مطلب را به شما توصیه می‌کنم و از تماشای رشد و شکوفایی دوست پشمالوی خود لذت ببرید! وای!

فصل ۱۳

آخرین کلام، اما مهم

وای! ما به پایان ماجراجویی شگفت‌انگیزمان رسیدیم، دوستان انسانی من. با هم، عمیقاً در دنیای اسرارآمیز اضطراب سگ‌ها کندوکاو کرده‌ایم، اسرار آن را کشف کرده‌ایم و راه‌هایی را برای آوردن شادی و آرامش بیشتر به زندگی‌مان یافته‌ایم.

ما یاد گرفته‌ایم که به زبان اضطراب صحبت کنیم و سیگنال‌های یکدیگر را مانند یک رئیس بخوانیم. ما از نشانه‌های آشکاری که هنگام اضطراب از خود بروز می‌دهیم تا علائم فیزیکی که باعث می‌شوند دممان جمع شود و قلبمان تند بزند، اطلاعات داخلی را داریم.

ما ریشه‌های آن را بو کشیده‌ایم، مانند اضطراب جدایی وقتی که ما را تنها می‌گذارید و فوبیای صدا که ما را در هنگام رعد و برق و آتش‌بازی به گلوله‌های لرزان پشمالو تبدیل می‌کند. و اضطراب اجتماعی را فراموش نکنیم، جایی که یاد می‌گیریم دوست پیدا کنیم و مانند توله‌های شجاعی که هستیم بر ترس‌هایمان غلبه کنیم.

اما نگران نباشید، انسان‌های وفادار من، ما همچنین رازهای ایجاد یک منطقه آرامش مناسب برای سگ را کشف کرده‌ایم. ما آموخته‌ایم که چگونه آموزش تقویت مثبت می‌تواند اعتماد به نفس ما را افزایش دهد و پیوندی محکم‌تر از گره زدن توپ تنیس ایجاد کند. و دیده‌ایم که ثبات کلید اصلی است، با روال‌هایی که برای ما راحتی و ثبات به ارمغان می‌آورند.

و اوه خدای من، آیا ما محصولات جذابی را عرضه کرده‌ایم که اضطراب ما را به حاشیه می‌راند؟ از پیراهن‌های ThunderShirts که ما را در آغوشی گرم می‌پوشانند گرفته تا اسباب‌بازی‌های تعاملی که ما را سرگرم و گرم و نرم حواسمان را پرت می‌کنند، ما ابزارهایی برای غلبه بر آن لحظات نگران‌کننده داریم.

گاهی اوقات ممکن است به کمک بیشتری نیاز داشته باشیم، و اینجاست که داروها و پشتیبانی حرفه‌ای از رفتارشناسان و مربیان می‌تواند ما را نجات دهد. آنها مانند ابرقهرمانان دنیای سگ‌ها هستند، و وقتی بیشترین نیاز را داریم، برای کمک به ما شیرجه می‌زنند.

اما نکته اینجاست، انسان‌های شگفت‌انگیز من: این سفر فقط درباره ما نیست. درباره شما هم هست! مراقب خودتان باشید، تعادل خود را پیدا کنید و در صورت نیاز از درخواست پشتیبانی دریغ نکنید. وقتی در بهترین حالت خود هستید، می‌توانید عشق و مراقبتی را به ما بدهید که باعث می‌شود دم‌هایمان دیوانه‌وار تکان بخورد.

به یاد داشته باشید، این کتاب به عنوان یک راهنما عمل می‌کند - سنگ بنایی برای رسیدن به یک زندگی شادتر و متعادل‌تر. هر سگ منحصر به فرد است و ضروری است که استراتژی‌ها و تکنیک‌ها را با نیازهای فردی خود تطبیق دهم. با متخصصان مشورت کنید، پیشنهادات را تطبیق داده و اصلاح کنید تا یک برنامه شخصی ایجاد کنید که به بهترین شکل از رفاه من پشتیبانی کند.

آیا چهره مضطربی را که در «مقدمه» داشتم، وقتی که برای اولین بار شروع به نوشتن این کتاب کردم، به خاطر دارید؟ خب، حالا بعد از خواندن حرف‌هایم، به چهره شاد من نگاهی بیندازید. درک و تعهد شما برای من به اندازه یک دنیا ارزش دارد و من به شما اعتماد بیشتری دارم که همیشه از من مراقبت کنید. از شما متشکرم که به اعماق اضطراب سگ‌ها نفوذ کردید و یاد گرفتید که چگونه زندگی آرام‌تر و شادتری را برای من و دوستان پشمالوی دیگرم فراهم کنید. از صمیم قلب، از شما متشکرم که همراه و همدم انسانی مورد نیاز و شایسته من هستید.

ووف ووف من با اشتیاق و هیجان دم تکان می‌دهم و ! از شما دعوت می‌کنم تا نظرات، داستان‌های دلگرم‌کننده و یادداشت‌های مفید خود را با من به اشتراک بگذارید. دوست دارم از شما بشنوم و در مورد تجربیات شما با کتابم بدانم. پس، آن کیبورد را بردارید، تایپ کنید وووف های خود را به آدرس ایمیل من ارسال کنید. با هم، می‌توانیم تغییری ایجاد کنیم و یک جامعه‌ی حمایت از سگ‌ها در همه جا ایجاد کنیم. از شما بابت اینکه بخشی از این ماجراجویی دم تکان دادن هستید، متشکرم!

اگر داستان موفقیتی برای به اشتراک گذاشتن دارید، سوالی ذهنتان را مشغول کرده است، یا فقط می‌خواهید شکمم را نوازش کنید، دریغ نکنید و با من تماس بگیرید. حمایت شما برای من به اندازه یک دنیا ارزش دارد! یک بار دیگر، لطفاً برای کمک به دوستان سگم با من در تماس باشید!

worriestowags@gmail.com

این آدرس ایمیل یک صندوق پستی مشترک است که همه ترجمه‌ها در آن جمع‌آوری می‌شوند. کافیست یک پیشوند زبان به موضوع ایمیل خود اضافه کنید تا بتونم سریع‌تر جواب بدم. این باعث تسکین اضطرابم می‌شود. از ارتباط شما متشکرم! نحوه نوشتن موضوع ایمیل:

زبان	مثال
✓ فارسی	FA- موضوع ایمیل شما
✓ اسپانیایی	SP- موضوع ایمیل شما
✓ فرانسوی	FR - موضوع ایمیل شما
✓ ایتالیایی	ES- موضوع ایمیل شما
✓ آلمانی	GR- موضوع ایمیل شما
✓ هلندی	DU- موضوع ایمیل شما
✓ ژاپنی	JP- موضوع ایمیل شما
✓ چینی	CN- موضوع ایمیل شما

راهنمایی ضروری برای دوستداران سگ‌ها

@WORRIES_TO_WAGS

همچنین می‌توانید من را در اینستاگرام پیدا کنید، لطفاً برای یک تجربه‌ی بامزه و سرگرم‌کننده پر از تصاویر دوست‌داشتنی، ماجراجویی‌های بامزه و نکات مفید برای **Worries to Wags** » یک زندگی شاد و سالم با همراهان پشمالوی خود، من را در دنبال کنید. بیایید با هم این دوستی پشمالو را آغاز کنیم، جایی که می‌توانیم « عشق خود را به چیزهای مربوط به سگ به اشتراک بگذاریم. همه چیز را در یک جا پیدا خواهید کرد، چه ویدیوهای خنده‌دار باشد، چه داستان‌های دلگرم‌کننده یا ترفندهای آموزشی. به علاوه، می‌توانید نگاهی اجمالی به ماجراجویی‌های روزانه و را اسکن کنید یا عبارت QR پشت صحنه‌ی پروژه‌های آینده‌ام داشته باشید. کد را جستجو کنید. در غیر این صورت، لینک کامل اینجاست «Worries to Wag@»

https://instagram.com/worries_to_wags?igshid=OGQ5ZDc2ODk2ZA==

پس، آدم‌هایتان را بردارید، دکمه‌ی **«دنبال کردن » را بزنید** و به جمع ما بپیوندید. با هم، جامعه‌ای از دوستداران سگ‌ها را تشکیل خواهیم داد که شادی، همراهی و عشق بی‌قید و شرط را که دوستان چهارپایمان به زندگی ما می‌آورند، جشن می‌گیرند.

دوست عزیز انسانی، همچنان که این ماجراجویی نفس‌گیر را به پایان می‌رسانیم، به یاد داشته باش که سفر ما با هم سرشار از عشق، اعتماد و درک بی‌حد و مرز است. با حمایت بی‌دریغ تو، می‌توانیم با شجاعت با اضطراب خود روبرو شویم و در گرمای لحظات مشترکمان آرامش بیابیم.

قلاده را محکم بگیر، چیزهای بیشتری برای کشف کردن وجود دارد! صفحات را ورق بزن و جزئیاتی درباره ۴۰ نژاد محبوب، دوستان پشمالوی من و گنجینه‌ای از اطلاعات که منتظر تو هستند را کشف کن.

از طرف تمام دوستان هم نژادم، از شما به خاطر همراهی موثر در این سفر سپاسگزارم.

تقدیم با یه لیسیدن‌حسابی (بوس بوس) و آب دهان و کلی عشق سگی !

پرینس

فصل ۱۴

معرفی نژادها، صفحه اختصاصی سگ شما

واف واف! سلام، دوست عزیز انسان من! خبرهای هیجان‌انگیزی برای به اشتراک گذاشتن دارم. در صفحات بعدی، دوستان سگی شگفت‌انگیز من در کانون توجه قرار خواهند گرفت تا درباره خودشان به شما بگویند. آماده شوید تا در دنیایی از داستان‌های دم تکان دادن و ماجراجویی‌های توله‌سگی غرق شوید!

می‌بینید، هر نژاد ویژگی‌های منحصر به فرد خود را دارد که ما را خاص می‌کند. از نحوه‌ی ارتباط برقرار کردن گرفته تا تاریخ جذابمان و حتی چیزهایی که ما را مضطرب می‌کند، ما گروهی متنوع هستیم که چیزهای زیادی برای به اشتراک گذاشتن داریم. ما در مورد اینکه چرا برخی نژادها صداهای متفاوتی دارند، چگونه پیشینه‌ی ژنتیکی ما بر رفتارهایمان تأثیر می‌گذارد و چه شرایط زندگی برای ما مناسب‌تر است، صحبت خواهیم کرد.

چه لابرادور رتریور وفادار و دوست‌داشتنی باشد، چه ژرمن شپرد باهوش و سلطنتی، چه گلدن رتریور بازیگوش و پرانرژی، و چه بولداگ جذاب و چروکیده، هر نژاد داستان خودش را دارد. از چی‌ووف ای کوچک گرفته تا گریت دین باشکوه، ما تجربیات، ترجیحات و آنچه ما را منحصر به فرد می‌کند، به اشتراک خواهیم گذاشت.

ممکن است برخی از ما اضطراب‌های خاصی داشته باشیم که نیاز به درک و حمایت دارند. در حالی که در مورد آنچه ما را عصبی می‌کند و اینکه چگونه همراهان انسانی مهربان ما می‌توانند به کاهش نگرانی‌های ما کمک کنند صحبت می‌کنیم، دم خود را تکان خواهیم داد. همچنین اسرار فعالیت‌های مورد علاقه‌مان، میزان خواب مورد نیازمان و اینکه آیا در داخل خانه یا خارج از منزل احساس راحتی می‌کنیم را با شما در میان خواهیم گذاشت.

پس، یک جای دنج روی مبل پیدا کنید، آماده شوید تا با دوست پشمالوی خود (که من هستم!) در آغوش بگیرید و صفحه را ورق بزنید تا سفری لذت‌بخش را در دنیای سگ‌ها آغاز کنید. دوستان سگ من داستان‌ها، بینش‌ها و تجربیات خود را به اشتراک خواهند گذاشت، گویی مستقیماً از دهان تکان‌دهنده‌شان با شما صحبت می‌کنند.

بی‌صبرانه منتظرم که با همه آنها آشنا شوید و تنوع خارق‌العاده خانواده پشمالوی ما را کشف کنید. این یک زمان خوب و پر از خنده، دانش و درک عمیق‌تر از دنیای باورنکردنی سگ‌ها خواهد بود. بیایید پیوندهای بی‌نظیر بین انسان‌ها و همراهان چهارپایشان را جشن بگیریم.

معرفی نژادها، صفحه اختصاصی سگ شما

راهنمایی ضروری برای دوستداران سگ‌ها

مالاموت‌های آلاسکایی
Alaskan Malamutes

ووف ووف سلام، دوست انسان ! من! این دوست آلاسکایی مالاموت شماست و آماده است تا هر آنچه را که باید در مورد ما مالاموت‌های باشکوه بدانید، در اختیارتان قرار دهد.

اول از همه، بیایید در مورد نژاد خودمان صحبت کنیم. مالاموت‌های آلاسکایی میراث جذابی به عنوان سگ‌های سورتمه‌کش در قطب شمال دارند. ما که برای قوی، مقاوم ،و دوستانه بودن پرورش یافته‌ایم مانند کاوشگران پشمالوی دنیای سگ‌ها هستیم! ما سابقه‌ی چشمگیری در کشیدن بارهای سنگین در زمین‌های برفی و همکاری نزدیک با انسان‌ها به عنوان همراهان وفادار داریم.

حالا، بیایید در مورد زبان منحصر به فرد صداهایمان صحبت کنیم. اوه، صداهایی که ما تولید می‌کنیم واقعاً جذاب هستند! ما صداهای متنوعی داریم، از زوزه‌های متمایز "وو-وو" گرفته تا صداهای رسا و غرغرهای بازیگوشانه‌مان. .وقتی زوزه بلندی می‌کشیم، اغلب روش ما برای ابراز شادی یا برقراری ارتباط در فواصل طولانی است و وقتی یک "وو-وو" ملایم از خود ساطع می‌کنیم، این سلام دوستانه ماست و می‌گوییم: "سلام، من اینجام و کلی "!عشق برای بخشیدن دارم.

وقتی صحبت از اضطراب می‌شود، ما سگ‌های آلاسکایی مالاموت گاهی اوقات در موقعیت‌های خاص احساس ناراحتی می‌کنیم. صداهای بلند، جدایی از عزیزانمان یا محیط‌های ناآشنا می‌تواند ما را کمی مضطرب کند. فراهم کردن یک محیط آرام و امن، ارائه اطمینان خاطر و آشنایی تدریجی با تجربیات جدید، به تسکین نگرانی‌های ما کمک می‌کند. عشق، مراقبت و درک شما برای ما بسیار ارزشمند است، انسان عزیز!

آه، بیایید علایق و تنفرهایمان را فراموش نکنیم. ما مالاموت‌های آلاسکایی عشق ذاتی به ماجراجویی‌های فضای باز و فعالیت‌های بدنی داریم. چه سورتمه کشیدن باشد، چه پیاده‌روی‌های طولانی، یا انجام بازی‌هایی که بدن و ذهنمان را تحریک می‌کند، ما با ورزش و اکتشاف پیشرفت می‌کنیم. ما ماجراجو هستیم و مشتاقیم که در کنار همراهان انسانی خود، جهان را کشف کنیم.

وقتی زمان استراحت فرا می‌رسد، ما مالاموت‌ها از یک مکان دنج برای استراحت و تجدید قوا لذت می‌بریم. ما از لم دادن در یک مکان راحت نزدیک شومینه گرم یا در یک تخت خواب راحت سگ لذت می‌بریم. خواب رویایی ما به ما کمک می‌کند تا انرژی خود را برای ماجراجویی هیجان‌انگیز بعدی دوباره شارژ کنیم.

در مورد شرایط زندگی، ما مالاموت‌های آلاسکایی همه‌کاره و سازگار هستیم. در حالی که از گذراندن وقت در داخل خانه با گروه انسانی خود لذت می‌بریم، به یک فضای باز امن نیز نیاز داریم که بتوانیم در آن پرسه بزنیم، پاهایمان را دراز کنیم و هوای تازه تنفس کنیم. یک حیاط بزرگ با حصار محکم به ما این امکان را می‌دهد که غرایز طبیعی خود را ارضا کنیم و فعال بمانیم.

برای اطمینان از شادی و رفاه ما، صاحبان سگ‌ها باید ورزش منظم، تحریک ذهنی و اجتماعی شدن را برای ما فراهم کنند. روش‌های آموزشی تقویت مثبت برای ما معجزه می‌کنند، زیرا ما به ستایش و پاداش واکنش خوبی نشان می‌دهیم. یک محیط دوست‌داشتنی و حمایتی، پر از نوازش شکم و زمان بازی، ما را به شادترین مالاموت‌های آلاسکایی تبدیل می‌کند!

در پایان، انسان عزیز، ما مالاموت‌های آلاسکایی غول‌های وفادار، ماجراجو و مهربانی هستیم. تاریخچه نژاد ما، صداهای منحصر به فرد و نیازهای خاص ما، ما را قابل توجه می‌کند. ما برای عشق، راهنمایی و سفرهای هیجان‌انگیز به شما متکی هستیم. با عشق، صبر و فداکاری شما، ما فداکارترین دوستان پشمالوی شما خواهیم بود!

پس، بیا با هم این سفر باورنکردنی را آغاز کنیم، دوست انسان من. ما پیوندی برقرار خواهیم کرد که در آزمون زمان دوام خواهد آورد، پر از ماجراجویی‌های فراموش‌نشدنی، دم تکان دادن‌ها و عشق بی‌پایان. با هم، می‌توانیم دنیا را فتح کنیم، یک پنجه در یک زمان!

برات آغوش‌های پشمالوی بزرگ و بوسه‌های یواشکی می‌فرستم
مالاموت آلاسکایی شما

راهنمایی ضروری برای دوستداران سگ‌ها

گله استرالیایی
Australian Cattle

رفیق سگ گله استرالیایی شما اینجاست، آماده است تا تمام حقایق مربوط به ما توله‌های پرانرژی و وفادار را با شما در میان بگذارد. برای یک ماجراجویی تمام‌عیار آماده باشید!

اول از همه، بیایید در مورد نژاد خودمان صحبت کنیم. سگ‌های گله استرالیایی، که با نام بلو هیلرز نیز شناخته می‌شوند، سگ‌های کاری اصیل آبی هستند. ما که در سرزمین داون آندر پرورش یافته‌ایم، برای کمک به کشاورزان در چرای گله در مناطق سخت استرالیا پرورش داده شده‌ایم. ما به خاطر هوش، چابکی و وفاداری تزلزل‌ناپذیرمان به جفت‌های انسانی‌مان شناخته شده‌ایم.

در مورد ارتباط، ما سگ‌های پارس‌کننده‌ای نیستیم، اما روش منحصر به فرد خودمان را برای ابراز وجود داریم. ممکن است وقتی مطمئن نیستیم، غرش آهسته و گوش‌خراشی از خودمان نشان دهیم یا برای اینکه به شما اطلاع دهیم اتفاقی افتاده است، پارس تیز و هشداردهنده‌ای کنیم. و چشمان بیانگر خود را فراموش نکنیم! آنها مانند پنجره‌هایی به روح ما هستند که احساسات و ارتباط عمیق ما با شما را منعکس می‌کنند.

اضطراب گاهی اوقات می‌تواند ما را از پا درآورد، به خصوص اگر به اندازه کافی تحریک جسمی و روحی نداشته باشیم. ما نژادی هستیم که تشنه عمل و هدف هستیم، بنابراین فراهم کردن فعالیت‌های جذاب، آموزش‌های ساختارمند و تمرینات فراوان به ما کمک می‌کند تا سطح اضطراب را در خود نگه داریم. یک سگ آبی خسته، یک سگ آبی خوشحال است!

حالا، بیایید در مورد چیزهایی که ما را هیجان‌زده می‌کنند صحبت کنیم. ما در چالش‌های ذهنی و جسمی پیشرفت می‌کنیم، بنابراین بازی‌هایی که نیاز به حل مسئله یا تمرین‌های چابکی دارند، مناسب ما هستند. چه یادگیری ترفندهای جدید باشد، چه شرکت در ورزش‌های سگ‌ها یا پیاده‌روی‌های ماجراجویانه، ما همیشه برای خوشگذرانی آماده‌ایم. اوه، و البته آوردن اشیا را هم فراموش نکنیم! ما قهرمان آوردن اشیا هستیم و همیشه آماده‌ایم تا دنبال توپ تنیس یا فریزبی بدویم.

کاوش در دنیای پراضطراب سگ‌ها

وقتی صحبت از خواب می‌شود، ما آدم‌های بی‌خیالی نیستیم. ما به خاطر استقامت و اخلاق کاری‌مان شناخته شده‌ایم، بنابراین هر روز حدود ۱۰ تا ۱۲ ساعت چرت می‌زنیم. اما اگر آماده‌ایم که فوراً دوباره شروع به کار کنیم تعجب نکنید!در مورد شرایط زندگی، ما سگ‌های همه‌کاره‌ای هستیم که می‌توانیم با محیط‌های مختلف سازگار شویم. با این حال، در خانه‌هایی با خانواده‌های فعال که می‌توانند ورزش کافی و تحریک ذهنی را برای ما فراهم کنند، رشد می‌کنیم. یک حیاط امن و محصور یک امتیاز است، زیرا به ما امکان می‌دهد تا انرژی فراوان خود را کشف و تخلیه کنیم.

برای شاد و سالم نگه داشتن ما، فراهم کردن یک رژیم غذایی متعادل، ورزش منظم و معاشرت فراوان مهم است. ما بسیار آموزش‌پذیر و مشتاق راضی کردن دیگران هستیم، بنابراین روش‌های آموزشی تقویت مثبت برای ما بهترین نتیجه را می‌دهند. یک سگ بلو هیلر خوش‌رفتار و با انگیزه ذهنی، یک سگ راضی است!

در پایان، همراه عزیز انسانی من، ما سگ‌های گله استرالیایی وفادار، باهوش و همیشه آماده ماجراجویی هستیم. پیشینه سگ‌های کاری ما، سبک ارتباطی منحصر به فرد و طبیعت پرانرژی ما، ما را منحصر به فرد می‌کند. با عشق، راهنمایی و میزان مناسب تحریک ذهنی و جسمی شما، ما تا آخر عمر همراه وفادار و مشتاق شما خواهیم بود.

پس، بیایید کمی خوش بگذرانیم و خاطراتی بسازیم که تا آخر عمر باقی بمانند! من اینجا هستم، در کنار تو آماده‌ام تا دنیا را بگردم و تو را غرق در عشق بی‌قید و شرط و وفاداری بی‌دریغ کنم.

تقدیم با هورا و دم تکانی
سگ گله استرالیایی شما

شپرد استرالیایی (چوپان استرالیایی)
Australian Shepherd

ووف ووف روز بخیر رفیق! این دوست سگ شپرد استرالیایی شماست که آماده است تا نگاهی اجمالی به دنیای شگفت‌انگیز نژاد ما به شما ارائه دهد. کلاهتان را بردارید، بند چکمه‌هایتان را ببندید و برای یک ماجراجویی بی‌نظیر آماده شوید!

اول از همه، بیایید در مورد پیشینه نژادمان صحبت کنیم. برخلاف نامش، ما در واقع ریشه آمریکایی داریم. ما که برای سگ‌های کاری همه‌کاره پرورش یافته‌ایم، غریزه قوی گله‌داری و اخلاق کاری خستگی‌ناپذیری داریم. چه هدایت دام باشد و چه تسلط بر دوره‌های چابکی، ما همیشه برای چالش آماده‌ایم.

وقتی صحبت از ارتباط می‌شود، ما کاملاً پرحرف هستیم. ما صداهای مختلفی از پارس کردن و زوزه کشیدن گرفته تا هورا کشیدن و غرغر کردن داریم. هر صدا معنای خاص خود را دارد، مانند یک کد مخفی بین ما و همراهان انسانی‌مان. با دقت گوش دهید، و متوجه خواهید شد که چه زمانی هیجان‌زده می‌شویم، شما را از چیزی مطلع می‌کنیم یا به سادگی می‌گوییم: "هی، بیا بازی کنیم!"

اضطراب می‌تواند ما سگ‌های استرالیایی شپرد را تحت تأثیر قرار دهد، به خصوص اگر به اندازه کافی تحریک ذهنی و جسمی نداشته باشیم. ما با فعالیت و داشتن شغل پیشرفت می‌کنیم. بنابراین، ما را با اسباب‌بازی‌های تعاملی، پازل‌های چالش‌برانگیز و تمرینات فراوان سرگرم نگه دارید. با یک برنامه منظم، تقویت مثبت و عشق و محبت فراوان، ما یار آرام و با اعتماد به نفس شما خواهیم بود.

حالا، بیایید در مورد علایق و تنفراتمان صحبت کنیم. ما ذاتاً ورزشکار هستیم، همیشه آماده‌ی فعالیت. پیاده‌روی‌های طولانی، پیاده‌روی در فضای باز و حتی تمرین چابکی، جزو علایق ما هستند. ما همچنین بسیار باهوش هستیم، بنابراین مشغول نگه داشتن ذهنمان با جلسات تمرینی و یادگیری ترفندهای جدید باعث می‌شود که با شادی دم خود را تکان دهیم. فقط برای طبیعت بازیگوش و گاهی اوقات حرکات زوم ما آماده باشید!

وقتی زمان استراحت فرا می‌رسد، ما قدر یک مکان دنج و آرامش‌بخش را می‌دانیم. حدود ۱۴ تا ۱۶ ساعت خواب در روز برای تجدید انرژی ایده‌آل است. ممکن است ما را در حال لم دادن روی یک تخت نرم یا نشستن در یک نقطه آفتابی کنار پنجره ببینید. به یاد داشته باشید، ما وقتی تعادل بین تحریک ذهنی و جسمی برقرار می‌کنیم شادترین حالت را داریم، پس هر دو را برای ما فراهم کنید.

در مورد نحوه‌ی زندگی‌مان، ما با محیط‌های مختلف سازگار هستیم. در حالی که می‌توانیم در یک آپارتمان با ورزش منظم و تحریک ذهنی راضی باشیم، واقعاً در خانه‌هایی با دسترسی به یک حیاط امن که بتوانیم پاهایمان را دراز کنیم و کاوش کنیم، شکوفا می‌شویم. فقط مطمئن شوید که حصار محکم است، زیرا غرایز گله‌داری ما ممکن است ما را وسوسه کند که هر چیزی را که حرکت می‌کند، دنبال کنیم!

ما برای شاد و سالم نگه داشتن خود به ورزش ذهنی و جسمی زیادی نیاز داریم. آموزش ترفندهای جدید، ارائه معماهای چالش برانگیز و شرکت در جلسات بازی تعاملی، ما را از نظر ذهنی تحریک می‌کند. پیاده‌روی منظم، دویدن و بازی بدون قلاده در مناطق امن به ما کمک می‌کند تا انرژی خود را بسوزانیم و سلامت خود را حفظ کنیم. یک استرالیایی خسته، یک استرالیایی شاد است!

در پایان، دوست عزیز من، ما سگ‌های شپرد استرالیایی پرانرژی، باهوش و همیشه آماده ماجراجویی هستیم. صدای منحصر به فرد، عشق به فعالیت و وفاداری ما، ما را به نژادی بی‌نظیر تبدیل کرده است. با عشق، راهنمایی و نوازش‌های فراوان شما، ما وفادارترین و سرگرم‌کننده‌ترین همراه شما خواهیم بود.

پس، بیایید با هم سفری هیجان‌انگیز را آغاز کنیم، پر از پیاده‌روی، جلسات آموزشی و لحظات فراموش‌نشدنی. من در کنارتان خواهم بود، دمم را تکان می‌دهم و لبخند مخصوص استرالیایی‌ام را به لب دارم.

تقدیم با عشق و انرژی بیکران
سگ چوپان استرالیایی شما

فصل چهارده

بیگل
Beagle

ووف ووف سلام، دوست انسان! من! این دوست بیگل شماست، آماده است تا شما را به یک سفر هیجان‌انگیز ببرد تا هر آنچه را که باید در مورد ما بیگل‌ها بدانید، کشف کنید. برای یک تفریح و سرگرمی خوب آماده شوید!

اول از همه، بیایید در مورد نژاد خودمان صحبت کنیم. بیگل‌ها از نظر پنجه جذاب هستند و سابقه‌ای غنی به عنوان سگ‌های شکاری دارند. ما در ابتدا برای شکار پرورش داده شدیم و از حس بویایی قوی خود برای ردیابی شکار استفاده می‌کردیم. امروزه، ما همراهان خوبی برای خانواده هستیم و به خاطر طبیعت دوستانه و دوست‌داشتنی‌مان شناخته می‌شویم.

حالا، بیایید به زبان منحصر به فرد صداهایمان بپردازیم. آه، صداهایی که ما تولید می‌کنیم! ما مجموعه‌ای کامل از صداهای مختلف داریم، از زوزه‌ها و پارس‌های دوست‌داشتنی گرفته تا ناله‌ها و بع بع‌های رسا. وقتی زوزه‌های بلند و آهنگین می‌کشیم، اغلب راهی برای ابراز شادی یا برقراری ارتباط با دیگر بیگل‌های منطقه است. و وقتی مجموعه‌ای از پارس‌های کوتاه و تیز را از خود ساطع می‌کنیم، ممکن است شما را از چیز جالبی که شنیده‌ایم، آگاه کنیم!

وقتی صحبت از اضطراب می‌شود، ما بیگل‌ها گاهی اوقات مستعد اضطراب جدایی هستیم یا وقتی تنها می‌مانیم کمی مضطرب می‌شویم. ما از همراهی و همنشینی لذت می‌بریم و عاشق این هستیم که عضوی از گروه باشیم. بنابراین، تحریک ذهنی ما با اسباب‌بازی‌های تعاملی، پازل‌ها و زمان بازی زیاد می‌تواند به کاهش هرگونه اضطرابی که ممکن است تجربه کنیم کمک کند. حضور و توجه شما برای ما بسیار ارزشمند است!

حالا، بیایید در مورد علایق و عدم علایقمان صحبت کنیم. بیگل‌ها عاشق ماجراجویی هستند! ما عاشق کاوش، بو کشیدن هر چیزی که می‌بینیم و دنبال کردن بوهای جذاب هستیم. پیاده‌روی‌های طولانی و ماجراجویی‌های فضای باز، راهی مؤثر برای شاد و سالم نگه داشتن ما هستند. فقط به یاد داشته باشید که ما را با قلاده نگه دارید، زیرا غرایز شکار ما گاهی اوقات می‌تواند ما را گمراه کند!

ما بیگل‌ها برای شارژ مجدد باتری‌هایمان، روزانه به حدود ۱۲ تا ۱۴ ساعت خواب نیاز داریم. بنابراین، اگر ما را در رختخواب گرم و نرم سگی‌مان یا در حال چرت زدن در یک نقطه آفتابی کنار پنجره دیدید، تعجب نکنید. ما چرت زدن را جدی می‌گیریم!

در مورد شرایط زندگی، ما بیگل‌ها توله‌های سازگار و انعطاف‌پذیری هستیم. در حالی که می‌توانیم از بودن در داخل خانه با انسان‌ها لذت ببریم، از دسترسی به یک منطقه امن در فضای باز که بتوانیم در آن به گشت و گذار بپردازیم و مسیر بینی خود را دنبال کنیم نیز قدردانی می‌کنیم. یک حیاط حصارکشی شده یا سفرهای منظم به پارک سگ‌ها برای ما بسیار لذت‌بخش است!

برای اطمینان از رفاه ما، صاحبان سگ‌ها باید ورزش منظم، رژیم غذایی متعادل و تحریک ذهنی را برای ما فراهم کنند. آموزش تقویت مثبت با استفاده از خوراکی‌ها و ستایش برای ما بیگل‌ها معجزه می‌کند، زیرا ما عاشق یادگیری و خوشحال کردن صاحبانمان هستیم. با صبر و پشتکار، ما به اعضای خوش‌رفتار و فداکار خانواده شما تبدیل خواهیم شد.

در پایان، انسان عزیز، ما بیگل‌ها بازیگوش، مهربان و کنجکاو هستیم. تاریخچه نژاد ما، صداهای منحصر به فرد و نیازهای ویژه ما را خاص می‌کند. به یاد داشته باشید، ما به دنبال عشق، مراقبت و ماجراجویی‌های هیجان‌انگیز از شما هستیم!

پس، دوست انسان من، بیا با هم این سفر را آغاز کنیم. با درک، صبر و حوصله و نوازش‌های فراوان شکمت، خاطراتی خواهیم ساخت که تا آخر عمر باقی خواهند ماند. برای تکان دادن دم، بینی‌های خیس و جذابیت بی‌پایان بیگل آماده شو!

کلی عشق و دم تکان دادن،
بیگل شما

بلژین مالینویز
Belgian Malinois

ووف ووف سلام، دوست انسان من! من دوست مالینوا بلژیکی شما هستم، مشتاقم تمام جزئیات هیجان‌انگیز در مورد نژاد فوق‌العاده‌مان را به اشتراک بگذارم. آیا برای یک ماجراجویی هیجان‌انگیز آماده‌اید؟ بیایید مستقیماً شروع کنیم!

اول از همه، بیایید در مورد نژاد خودمان صحبت کنیم. سگ‌های مالینویز بلژیکی به خاطر هوش استثنایی، وفاداری تزلزل‌ناپذیر و اخلاق کاری چشمگیرشان شناخته می‌شوند. ما که در ابتدا برای گله‌داری و نگهبانی از دام پرورش داده شده بودیم، به سگ‌های کاری همه‌کاره تبدیل شده‌ایم و در زمینه‌های مختلفی مانند کار پلیس، جستجو و نجات و حتی ورزش‌های رقابتی سرآمد هستیم. ما مانند ابرقهرمانان دنیای سگ‌ها هستیم، آماده مقابله با هر چالشی!

حالا، بیایید در مورد زبان منحصر به فرد صداهایمان صحبت کنیم. اوه، صداهایی که ما تولید می‌کنیم واقعاً جذاب هستند! ما صداهای متنوعی داریم، از پارس‌های تیز گرفته تا ناله‌های آرام و خرخر. وقتی ما یک پارس قوی و آمرانه می‌کنیم، اغلب راه ما برای هشدار دادن به شما در مورد خطرات احتمالی یا ابراز طبیعت محافظ خود است. و وقتی ناله‌های ملایم و آهنگین می‌کنیم، راه ما برای برقراری ارتباط با نیازهایمان و جلب توجه شماست.

وقتی صحبت از اضطراب می‌شود، ما سگ‌های مالینویز بلژیکی گاهی اوقات در موقعیت‌های خاص هوشیاری بیشتری را تجربه می‌کنیم. غرایز محافظتی طبیعی و سطح بالای انرژی ما می‌تواند ما را نسبت به تغییرات محیطی حساس کند. فراهم کردن تحریک ذهنی و جسمی برای ما، درگیر کردن ما در کارهای چالش‌برانگیز و تضمین یک روال منظم می‌تواند به کاهش هرگونه اضطرابی که ممکن است احساس کنیم کمک کند. راهنمایی و حمایت شما برای ما بسیار ارزشمند است، انسان عزیز!

آه، بیایید علایق و تنفرهایمان را فراموش نکنیم. ما سگ‌های مالینوا بلژیکی ذاتاً میل به فعالیت و هدف داریم. ما با تحریک ذهنی و جسمی رشد می‌کنیم، چه از طریق آموزش اطاعت، تمرینات چابکی یا انجام کارهای چالش‌برانگیز که هوش ما را به آزمایش می‌گذارد. ما عاشق این هستیم که شریک فعال شما باشیم و از انجام کاری برای انجام دادن لذت می‌بریم. با هم، بر هر چالشی غلبه خواهیم کرد و هر لحظه را ارزشمند خواهیم ساخت!

وقتی زمان استراحت فرا می‌رسد، ما سگ‌های مالینویز بلژیکی از یک مکان دنج که بتوانیم در آن استراحت کنیم و تجدید قوا کنیم، استقبال می‌کنیم. یک تخت راحت سگ یا یک گوشه آرام در خانه کاملاً مناسب است. ما ممکن است با اسباب‌بازی مورد علاقه‌مان خودمان را جمع کنیم یا به سادگی در کنار شما دراز بکشیم، با این خیال که محافظت شده و دوست داشته می‌شویم.

در مورد شرایط زندگی، ما سگ‌های بلژین مالینویز می‌توانیم به خوبی با محیط‌های مختلف سازگار شویم. ما از داشتن فضایی که متعلق به خودمان باشد، چه در داخل خانه و چه در خارج از منزل، قدردانی می‌کنیم. با این حال فراهم کردن فرصت‌های فراوان برای ورزش و تحریک ذهنی مهم است، زیرا ما انرژی فراوانی برای سوزاندن داریم. یک حیاط امن و حصارکشی شده و فعالیت‌های منظم در فضای باز، ما را شاد و راضی نگه می‌دارد.

برای اطمینان از شادی و رفاه ما، صاحبان باید آموزش مداوم، اجتماعی شدن و چالش‌های ذهنی را برای ما فراهم کنند. تکنیک‌های تقویت مثبت برای ما معجزه می‌کنند، زیرا ما با ستایش و پاداش رشد می‌کنیم. یک محیط دوست‌داشتنی و ساختاریافته، همراه با زمان بازی و محبت فراوان، بهترین‌ها را در ما آشکار می‌کند و پیوند ما را تقویت می‌کند.

،در پایان، انسان عزیز، ما سگ‌های مالینوا بلژیکی همراهانی باهوش، وفادار و باانگیزه هستیم. تاریخچه نژاد ما صداهای منحصر به فرد و نیازهای خاص آن، ما را واقعاً استثنایی می‌کند. ما به راهنمایی، هدف و عشق بی‌دریغ شما چشم دوخته‌ایم. با فداکاری، صبر و کمی ماجراجویی شما، ما وفادارترین و خارق‌العاده‌ترین دوستان پشمالوی قابل تصور خواهیم بود!

پس، بیا با هم این سفر باورنکردنی را آغاز کنیم، دوست انسان من. ما پیوندی ایجاد خواهیم کرد که یک عمر دوام خواهد داشت، پر از ماجراجویی‌های فراموش‌نشدنی، دم تکان دادن‌ها و عشق بی‌حد و مرز. با هم، دنیا را فتح خواهیم کرد، پنجه به پنجه!

تقدیم با بوسه‌های آبکی ودم تکانی
مالینویز بلژیکی شما

برنیس کوهی
Bernese Mountain

ووف ووف سلام، دوست ! فوق‌العاده‌ی من! من دوست سگ کوهستانی برنیز شما هستم، اینجا هستم تا هر آنچه را که باید در مورد این نژاد شگفت‌انگیز و پنجه‌زن ما بدانید، به اشتراک بگذارم.

بیایید با پیشینه خود شروع کنیم. ما سگ‌های کوهستان برنی از کوه‌های آلپ سوئیس آمده‌ایم، جایی که در ابتدا به عنوان سگ‌های کاری پرورش داده شدیم. اجداد ما به کشاورزان در کارهای مختلف، از گله‌داری گاو گرفته تا کشیدن گاری، کمک می‌کردند. به همین دلیل است که ما اخلاق کاری قوی و حس عمیق وفاداری در خود داریم.

وقتی صحبت از ارتباط می‌شود، ممکن است ما پرحرف‌ترین نباشیم، اما روش‌های خاص خودمان را برای ابراز وجود داریم. چشمان پراحساس ما گویای بسیاری از چیزها هستند و طبیعت لطیف و مهربان ما را منعکس می‌کنند. و آه دم‌های تکان‌خورده ما مانند پرچم شادی هستند که در نسیم تکان می‌خورند و هیجان و شادی ما را وقتی در کنار عزیزانمان هستیم نشان می‌دهند.

اضطراب گاهی اوقات می‌تواند ما برنرها را از پا درآورد. ما روح‌های حساسی هستیم که به عشق و توجه نیاز داریم. رعد و برق، صداهای بلند یا جدایی از عزیزانمان می‌تواند ما را مضطرب کند. کلمات آرامش‌بخش، محیط آرام و حضور دلگرم‌کننده شما می‌تواند در آرام کردن نگرانی‌های ما و ایجاد احساس امنیت و دوست داشته شدن، معجزه کند.

حالا، بیایید در مورد آنچه دوست داریم و از آن لذت می‌بریم صحبت کنیم. ما کاملاً عاشق گذراندن وقت با انسان‌های اطرافمان هستیم و از تمام محبت‌ها و نوازش‌هایی که می‌توانیم دریافت کنیم، لذت می‌بریم. ما غول‌های مهربانی واقعی با قلبی به بزرگی کوه‌هایی هستیم که از آنها آمده‌ایم. پیاده‌روی‌های طولانی در طبیعت، گشت و گذار در طبیعت و حس کردن هوای تازه روی موهای کرکی‌مان باعث می‌شود که با لذت خالص دم خود را تکان دهیم.

وقتی زمان استراحت فرا می‌رسد، ما قدر یک مکان دنج و راحت را می‌دانیم تا آرامش پیدا کنیم. ما معمولاً روزانه به حدود ۱۲ تا ۱۴ ساعت خواب نیاز داریم تا بدن و ذهن خود را بازیابیم. ممکن است ما را در گوشه‌ای

دلخواه یا در حالی که روی زمین دراز کشیده‌ایم، در حال رویای دویدن در مزارع و لذت بردن از لذت‌های ساده زندگی بیابید.

در مورد چیدمان زندگی‌مان، ما در خانه‌ای با حیاط یا دسترسی به فضای باز، احساس راحتی می‌کنیم. ما عاشق داشتن فضایی برای پرسه زدن و کاوش هستیم، اما گرما و راحتی بودن در فضای داخلی با عزیزانمان را نیز گرامی می‌داریم. یک سبک زندگی متعادل با ماجراجویی‌های فضای باز و گذراندن وقت با کیفیت در فضای داخلی ما را شاد و راضی نگه می‌دارد.

برای حفظ سلامت و تناسب اندام، ورزش منظم مهم است. پیاده‌روی روزانه، بازی و فعالیت‌های ذهنی برای سلامت ما ضروری است. ما همچنین از یک رژیم غذایی مغذی که از سبک زندگی فعال ما پشتیبانی می‌کند قدردانی می‌کنیم. و نباید اهمیت آراستگی را فراموش کنیم. پوشش زیبا و ضخیم ما برای تمیز و عاری از گره خوردن به برس کشیدن منظم نیاز دارد.

در پایان، همراه عزیز انسان، ما سگ‌های کوهی برنی، مهربان، وفادار و سرشار از عشق هستیم. میراث غنی چشمان پراحساس و فداکاری تزلزل‌ناپذیر ما، ما را فوق‌العاده خاص می‌کند. با عشق، مراقبت و درک شما، ما شادترین و فداکارترین همراهان پشمالوی شما خواهیم بود.

پس بیایید سفری پر از عشق، ماجراجویی و شور و شوق را آغاز کنیم. با هم، کوه‌ها را فتح خواهیم کرد، خاطراتی شیرین خلق خواهیم کرد و پیوندی را تجربه خواهیم کرد که تا آخر عمر پایدار خواهد ماند.

تقدیم با با تمام عشق و وفاداریم
برنی کوهی شما

بیچون فرایز
Bichon Frise

واف واف! سلام، دوست انسانِ دوست‌داشتنی من! دوست بیچون فرایز شما اینجاست، آماده است تا تمام چیزهای شگفت‌انگیز در مورد نژاد پشمالو و دوست‌داشتنی ما را به اشتراک بگذارد.

بیایید با پیشینه‌مان شروع کنیم. بیچون فریز به خاطر طبیعت شاد و مهربانش شناخته می‌شود. تاریخ غنی ما به دربارهای سلطنتی در منطقه مدیترانه برمی‌گردد، جایی که ما به عنوان همراه و نوازنده مورد ستایش قرار می‌گرفتیم. روپوش‌های سفید جذاب و شخصیت‌های جذابمان، ما را به محبوب اشراف تبدیل کرده بود.

ارتباط در هر رابطه‌ای کلید اصلی است و ما بیچون‌ها زبان منحصر به فرد خودمان را داریم. ما بلندترین پارس‌کننده‌ها نیستیم، اما این را با چشمان پراحساس و دم‌های تکان‌دهنده‌مان جبران می‌کنیم. وقتی با تکان‌های سریع و شادی به شما سلام می‌کنیم، به این معنی است که از دیدن شما بسیار خوشحال هستیم. و وقتی سرمان را کج می‌کنیم و با کنجکاوی به شما نگاه می‌کنیم، این روش ماست که بگوییم " آدم، بیشترحرف بزن"!

اضطراب گاهی اوقات می‌تواند ما بیچون‌های حساس را از پا درآورد. ما ممکن است وقتی از عزیزانمان دور هستیم یا با موقعیت‌های ناآشنا روبرو می‌شویم، اضطراب جدایی را تجربه کنیم. صبر، اطمینان خاطر و یک روال ثابت برای کمک به احساس امنیت ما بسیار مهم است. ایجاد یک فضای دنج و امن برای ما، با رایحه‌های آشنا و اسباب‌بازی‌های آرامش‌بخش، همچنین می‌تواند به کاهش نگرانی‌های ما کمک کند.

حالا، بیایید در مورد چیزهایی که دوست داریم و چیزهایی که باعث می‌شوند با هیجان دممان را تکان دهیم صحبت کنیم. ما کاملاً عاشق این هستیم که مرکز توجه باشیم! ما از همراهی و همنشینی لذت می‌بریم و از اینکه عضوی از یک خانواده‌ی دوست‌داشتنی هستیم، لذت می‌بریم. نوازش، مالش شکم و نوازش‌های ملایم مانند موسیقی برای گوش‌های ما هستند. بازی روزانه و اسباب‌بازی‌های تعاملی، ما را از نظر ذهنی تحریک و خوشحال نگه می‌دارند.

ما در یافتن دنج‌ترین مکان‌ها برای خواب متخصص هستیم. ما معمولاً روزانه به حدود ۱۲ تا ۱۴ ساعت خواب نیاز داریم تا باتری‌هایمان را شارژ کنیم. ممکن است ما را در حالی که روی یک کوسن نرم لم داده‌ایم یا زیر پتو لم داده‌ایم و در حال رویای ماجراجویی‌های لذت‌بخش و خوراکی‌های خوشمزه هستیم، پیدا کنید.

در مورد شرایط زندگی، ما توله‌های کوچک و سازگارپذیری هستیم که می‌توانیم در محیط‌های مختلف رشد کنیم. ما می‌توانیم با خوشحالی در آپارتمان‌ها یا خانه‌ها زندگی کنیم، البته تا زمانی که پیاده‌روی و بازی منظم داشته باشیم تا فعال بمانیم. در حالی که از راحتی‌های داخل خانه لذت می‌بریم، از قدم زدن در فضای باز و کشف عطرهای جدید در طول پیاده‌روی‌های روزانه‌مان نیز لذت می‌بریم.

برای اینکه همیشه در بهترین حالت خود باشیم، آراستن منظم ضروری است. پوشش سفید زیبای ما برای جلوگیری از گره خوردن به برس زدن و برای کوتاه کردن به طور منظم به آرایشگاه نیاز دارد. رژیم غذایی مناسب، غذای با کیفیت بالا و معاینات منظم دامپزشکی برای حفظ سلامت و شادی ما مهم هستند.

در پایان، همراه عزیز انسان، ما بیچون فریزها مجموعه‌ای از شادی و عشق هستیم. میراث سلطنتی، چشمان پراحساس و طبیعت مهربان ما، ما را مقاومت‌ناپذیر می‌کند. با عشق، مراقبت و فداکاری شما، ما شادترین و وفادارترین همراهانی خواهیم بود که می‌توانید آرزو کنید.
پس بیایید سفری پر از خنده، نوازش و تکان دادن بی‌پایان دم را آغاز کنیم. با هم خاطرات ارزشمندی خواهیم ساخت و پیوندی را به اشتراک خواهیم گذاشت که قلب شما را برای سال‌های آینده گرم خواهد کرد.

تقدیم با تمام عشق و آغوش گرمم

بیچون فرایز شما

بوردر کولی
Border Collie

ووف ووف سلام، همراه انسانی ! فوق‌العاده‌ی من! دوست باهوش و پرانرژی شما از نژاد بوردر کولی اینجاست، آماده است تا تمام جزئیات مربوط به نژاد خارق‌العاده‌ی ما را به اشتراک بگذارد. کمربندهایتان را برای سفری به دنیای شگفت‌انگیز بردر کولی‌ها ببندید!

بیایید با برخی اطلاعات مربوط به نژاد شروع کنیم. سگ‌های نژاد بوردر کولی به خاطر هوش، چابکی و توانایی‌های گله‌داری‌شان مشهور هستند. ما با پوشش‌های چشمگیر و چشمان گیرا، کاملاً چشم‌نواز هستیم. در اصل به عنوان سگ‌های کاری پرورش یافته‌ایم، غرایز تیز و انرژی بی‌حد و حصرمان، ما را به شرکای عالی برای انواع فعالیت‌ها تبدیل می‌کند.

حالا، بیایید در مورد زبان منحصر به فرد صداهایمان صحبت کنیم. آه، صداهایی که ما تولید می‌کنیم! از پارس‌های مشتاقانه گرفته تا قارقارهای هیجان‌زده و حتی ناله‌های آراممان، ما طیف وسیعی از احساسات را منتقل می‌کنیم. با دقت گوش دهید، و زبان متمایز ما در نژاد بوردر کولی را خواهید فهمید. هر پارس، غرغر یا ناله، معنای معناداری را منتقل می‌کند، چه نشان دهنده هیجان باشد، چه هشداری برای چیزی مهم، یا ابراز تمایل ما به بازی و تفریح.

وقتی صحبت از اضطراب می‌شود، ما سگ‌های نژاد بوردر کولی به عنوان افرادی حساس شناخته می‌شویم. تغییر در روال زندگی، صداهای بلند یا تنها ماندن برای مدت طولانی می‌تواند گاهی اوقات باعث شود کمی احساس ناراحتی کنیم. ما انسان‌ها باید محیطی پایدار و امن، پر از محرک‌های ذهنی و جسمی فراوان، برایمان فراهم کنیم. مشارکت دادن ما در فعالیت‌های چالش‌برانگیز، مانند اسباب‌بازی‌های پازل یا تمرین‌های آموزشی تعاملی، می‌تواند به هدایت انرژی ما و مشغول نگه داشتن ذهنمان کمک کند. صبر، درک و حضور عاشقانه شما در لحظات اضطراب برای ما بسیار ارزشمند است.

آه، بیایید علایق و تنفرهایمان را فراموش نکنیم. ما سگ‌های نژاد بوردر کولی عاشق این هستیم که کاری برای انجام دادن داشته باشیم! چه گله‌داری گوسفند باشد، چه آوردن فریزبی، یا شرکت در ورزش‌های سگ‌ها مانند چابکی یا فلایبال، ما در چالش‌های ذهنی و جسمی شکوفا می‌شویم. ما وقتی هدفی داریم و فرصتی برای نشان

دادن هوش و توانایی‌های ورزشی خود داریم، خوشحال‌ترین هستیم. اگر مشتاقانه منتظر ماجراجویی هیجان‌انگیز بعدی هستیم، تعجب نکنید!

وقتی زمان استراحت فرا می‌رسد، ما از یک مکان دنج برای استراحت و تجدید قوا قدردانی می‌کنیم. در حالی که نیازهای خواب ما ممکن است متفاوت باشد، ما به طور کلی به ۱۲ تا ۱۴ ساعت خواب آرام در روز نیاز داریم. بنابراین، ممکن است ما را در حالی ببینید که روی یک تخت نرم سگ لم داده‌ایم یا روی پاهای شما چمباتمه زده‌ایم و رویای تعقیب سنجاب یا تسلط بر ترفندهای جدید را در سر می‌پرورانیم.

در مورد شرایط زندگی، ما سگ‌های نژاد بوردر کولی می‌توانیم به خوبی با محیط‌های مختلف سازگار شویم، البته تا زمانی که محرک‌های ذهنی و جسمی زیادی داشته باشیم. در حالی که از دسترسی به یک فضای باز امن که بتوانیم در آن پاهایمان را دراز کنیم و در فعالیت‌های سرگرم‌کننده شرکت کنیم، قدردانی می‌کنیم، از اوقات خود در داخل خانه با انسان‌های عزیزمان نیز قدردانی می‌کنیم. ترکیبی از تمرینات محرک، بازی‌های چالش‌برانگیز و جلسات آموزشی تعاملی به ما کمک می‌کند تا شاد و راضی باشیم.

ما باید به طور منظم ورزش، تحریک ذهنی و معاشرت داشته باشیم تا سلامت خود را تضمین کنیم. ما در فعالیت‌هایی که ذهن و بدن ما را درگیر می‌کنند، مانند پیاده‌روی‌های طولانی، آموزش اطاعت و بازی تعاملی، پیشرفت می‌کنیم. یک برنامه‌ی منظم که هم ورزش بدنی و هم چالش‌های ذهنی را در بر می‌گیرد، به ما کمک می‌کند تا شادترین و سالم‌ترین سگ بردر کولی باشیم.

در پایان، انسان عزیز، ما سگ‌های نژاد بردر کولی باهوش، چابک و سرشار از انرژی هستیم. زبان منحصر به فرد، میراث گله‌داری و طبیعت دوست‌داشتنی ما، ما را به همراهانی واقعاً ویژه تبدیل می‌کند. با راهنمایی، صبر و شکیبایی شما و زمان بازی فراوان، ما شادترین بردر کولی‌های روی کره زمین خواهیم بود!

پس، بیایید با هم یک عمر ماجراجویی را آغاز کنیم، پر از دم تکان دادن، بازی‌های بی‌پایان آوردن، و پیوندی که قلب‌هایمان را به تپش می‌اندازد. برای یک سفر خارق‌العاده در کنار همراه باورنکردنی‌تان از نژاد بوردر کولی آماده شوید!

تقدیم با عشق فراوان و انرژی بی حد و حصر
بوردر کولی شما

بوستون تریر
Boston Terriers

ووف ووف سلام، دوست انسان فوق‌العاده‌ی من! این دوست بوستون تریر شجاع و سرزنده‌ی شماست، اینجا تا شما را در جریان تمام جزئیات لذت‌بخش در مورد نژاد فوق‌العاده‌ی ما قرار دهد. برای یک ماجراجویی سرگرم‌کننده و جذاب آماده شوید!

بیایید با پیشینه نژادمان شروع کنیم. بوستون تریر، که با نام جنتلمن آمریکایی نیز شناخته می‌شود، در اصل در ایالات متحده پرورش یافته است. با نشان‌های تاکسیدو مانند و شخصیت‌های جذاب‌مان، ما هر جا که می‌رویم، مایه شادی و نشاط هستیم. ما یک گروه کوچک با قلبی بزرگ هستیم!

حالا، بیایید در مورد زبان منحصر به فرد صداهایمان صحبت کنیم. ما ممکن است پرحرف‌ترین توله سگ‌ها نباشیم، اما مطمئناً می‌دانیم چگونه صدای خود را به گوش دیگران برسانیم. ما طیف گسترده‌ای از صداهای بیانگر را داریم که همه چیز را از هیجان تا کنجکاوی منتقل می‌کنند. با دقت به خرناس‌های شاد، غرغرهای دوست‌داشتنی و پارس‌های گاه به گاه ما گوش دهید، زیرا آنها راه ما برای برقراری ارتباط با شما و دنیای اطرافمان هستند.

وقتی صحبت از اضطراب می‌شود، ما بوستون تریرها به خاطر روح‌های حساس‌مان شناخته می‌شویم. صداهای بلند، تغییر در روال عادی زندگی یا تنها ماندن برای مدت طولانی می‌تواند ما را کمی مضطرب کند. ایجاد یک محیط آرام و راحت، فراهم کردن محرک‌های ذهنی و جسمی فراوان و غرق کردن ما در عشق و توجه، به کاهش نگرانی‌هایمان کمک می‌کند. حضور و اطمینان خاطر ملایم شما برای ما بسیار ارزشمند است!

آه، بیایید علایق و تنفرهایمان را فراموش نکنیم. بوستون تریر پر از انرژی و شور و شوق است! ما کاملاً عاشق گذراندن وقت با کیفیت با انسان‌های مورد علاقه‌مان هستیم. چه بازی کردن در پارک باشد، چه پیاده‌روی‌های هیجان‌انگیز، یا لم دادن روی مبل برای مدتی در آغوش گرفتن، ما با عشق و همراهی که شما فراهم می‌کنید، شکوفا می‌شویم.

وقتی زمان شارژ مجدد باتری‌هایمان فرا می‌رسد، قدر یک جای دنج برای استراحت و آرامش را می‌دانیم. ما معمولاً روزانه به حدود ۱۲ تا ۱۴ ساعت چرت زدن نیاز داریم تا روحیه پرانرژی خود را حفظ کنیم. بنابراین، اگر ما را

در دنج‌ترین گوشه خانه دیدید که در حال چرت زدن، استراحت و رویای ماجراجویی‌های سرگرم‌کننده هستیم، تعجب نکنید.

در مورد شرایط زندگی، ما سگ‌های بوستون تریر کاملاً سازگار هستیم. ما می‌توانیم در محیط‌های مختلف، چه یک آپارتمان شلوغ شهری و چه یک خانه بزرگ در حومه شهر، رشد کنیم. به یاد داشته باشید که ما به دماهای شدید حساس هستیم، بنابراین مطمئن شوید که در روزهای گرم تابستان مکانی خنک و راحت برای استراحت داریم.

برای اطمینان از سلامت ما، مهم است که ورزش منظم و تحریک ذهنی برای ما فراهم شود. پیاده‌روی روزانه، بازی و اسباب‌بازی‌های تعاملی ما را از نظر جسمی و روحی سالم نگه می‌دارند. و فراموش نکنید که گوش‌های خفاشی دوست‌داشتنی خود را تمیز نگه دارید تا از هرگونه عفونت گوش مزاحم جلوگیری شود.

در پایان، انسان عزیز، ما بوستون تریر ها سرزنده، دوست داشتنی و همیشه آماده خوش گذرانی هستیم. تاریخچه منحصر به فرد، صداهای رسا و طبیعت بازیگوش ما، ما را واقعاً خاص کرده است. با عشق، مراقبت و توجه شما به نیازهایمان، ما شادترین همراهان کوچکی خواهیم بود که تا به حال می توانستید درخواست کنید.

پس، بیایید با هم یک عمر ماجراجویی را آغاز کنیم، پر از خنده، دم تکان دادن و عشق بی‌قید و شرط. برای پیوندی آماده شوید که شادی و لبخند بی‌پایانی را برای شما به ارمغان بیاورد!

تقدیم با کلی عشق و بوسه‌های آبکی
بوستون تریر شما

باکسر
Boxer

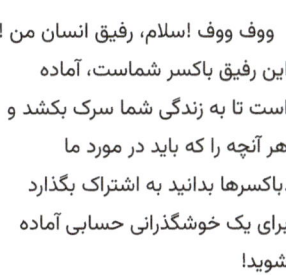

ووف ووف !سلام، رفیق انسان من ! این رفیق باکسر شماست، آماده است تا به زندگی شما سرک بکشد و هر آنچه را که باید در مورد ما باکسرها بدانید به اشتراک بگذارد. برای یک خوشگذرانی حسابی آماده شوید!

اول از همه، بیایید در مورد نژادمان صحبت کنیم. باکسرها به خاطر بدن‌های قوی و عضلانی و چهره‌های پرانرژی‌شان شناخته می‌شوند. ما طبیعتی بازیگوش و پرانرژی داریم که ما را به همراهانی عالی برای خانواده‌های فعال تبدیل می‌کند. ما اغلب به عنوان "پیتر پن" دنیای سگ‌ها توصیف می‌شویم، زیرا به نظر می‌رسد هرگز از شور و شوق توله‌سگی خود دست نمی‌کشیم.

حالا، بیایید به زبان منحصر به فرد صداهایمان بپردازیم. ما باکسرها کاملاً پر سر و صدا هستیم! ما با انواع پارس‌ها، خرخرها و حتی صداهای "وو-وو" ارتباط برقرار می‌کنیم. وقتی یک سری پارس کوتاه از خودمان درمی‌آوریم، معمولاً روش ما برای گفتن "هی، بیا بازی کنیم!" است و وقتی آن صداهای دوست‌داشتنی ووو-وو را درمی‌آوریم، روش ما برای ابراز هیجان و شادی است.

وقتی صحبت از اضطراب می‌شود، برخی از باکسرها می‌توانند مستعد اضطراب جدایی باشند. ما با انسان‌های اطرافمان پیوندهای محکمی برقرار می‌کنیم و وقتی برای مدت طولانی تنها می‌مانیم، می‌توانیم احساس اضطراب کنیم. فراهم کردن ورزش فراوان، تحریک ذهنی و یک محیط راحت و امن می‌تواند به کاهش نگرانی‌های ما کمک کند. به یاد داشته باشید، ما با عشق و توجه رشد می‌کنیم، پس ما را با محبت غرق کنید!

بیایید در مورد علایق و چیزهایی که دوست نداریم صحبت کنیم. باکسرها به خاطر عشق به بازی و فعالیت شناخته می‌شوند. ما سطح انرژی بالایی داریم و برای شاد و سالم ماندن به ورزش زیادی نیاز داریم. با ما بازی کنید، ما را به پیاده‌روی‌های طولانی ببرید و ما را در بازی‌های تعاملی درگیر کنید - این یک راه عالی برای هدایت انرژی ما و سرگرم کردن ماست.

وقتی زمان استراحت فرا می‌رسد، ما باکسرها از یک جای دنج برای لم دادن استقبال می‌کنیم. ممکن است برای چرت زدن، یک تخت نرم مخصوص سگ یا حتی بغل کردن شما را انتخاب کنیم. ما عاشق این هستیم که به صاحبانمان نزدیک باشیم، بنابراین وقتی آماده استراحت شدیم، انتظار بغل کردن و نوازش‌های گرم زیادی را داشته باشید.

در مورد شرایط زندگی، باکسرها سازگار هستند و می‌توانند در محیط‌های مختلف رشد کنند. در حالی که ما از بودن در خانه با خانواده‌مان لذت می‌بریم، عاشق گشت و گذار و بازی در فضای باز نیز هستیم. دسترسی به یک حیاط امن یا رفتن منظم به پارک سگ‌ها می‌تواند رویای باکسرها باشد. فقط مطمئن شوید که حواستان به ما باشد زیرا می‌توانیم کنجکاو و گاهی اوقات شیطون باشیم!

برای اطمینان از رفاه ما، صاحبان سگ‌ها باید ورزش منظم، تحریک ذهنی و آموزش مداوم را برای ما فراهم کنند. تکنیک‌های تقویت مثبت برای ما بهترین نتیجه را می‌دهند، زیرا ما به ستایش و پاداش به خوبی پاسخ می‌دهیم. اجتماعی شدن نیز کلیدی است، زیرا به ما کمک می‌کند تا سگ‌هایی باتجربه و با اعتماد به نفس شویم.

در پایان، انسان عزیز، ما باکسرها پرانرژی، بازیگوش و سرشار از عشق هستیم. صداها، نیازها و طبیعت مهربان نژاد ما، ما را واقعاً خاص می‌کند. به یاد داشته باشید، ما به دنبال عشق، مراقبت و ماجراجویی‌های هیجان‌انگیز از شما هستیم!

پس، دوست انسان من، بیا با هم این سفر را آغاز کنیم. با صبر، درک و نوازش‌های فراوان تو، پیوندی ایجاد خواهیم کرد که تا آخر عمر پایدار خواهد ماند. برای تکان دادن دم، بوسه‌های آب دهان و کلی عشق باکسری آماده شو!

تقدیم با تمام عشق و آغوش گرمم
باکسر شما

139 فصل چهارده

بریتنی
Brittany

ووف ووف سلام دوست انسان ! ،من! من رفیق بریتنی شما هستم هیجان‌زده‌ام که همه چیز را در مورد نژاد فوق‌العاده‌مان به شما بگویم.

اول از همه، بیایید در مورد نژادمان صحبت کنیم. بریتانی به خاطر انرژی بی‌حد و حصر، هوش و طبیعت دوستانه‌اش شناخته شده است. ما که در اصل به عنوان سگ‌های شکاری پرورش یافته‌ایم، ذاتاً ورزشکار هستیم و دوست داریم در تمام فعالیت‌های فضای باز شما شریک فعالی باشیم. چه پیاده‌روی باشد، چه دویدن یا بازی آوردن توپ، ما همیشه برای یک ماجراجویی هیجان‌انگیز در کنار شما آماده‌ایم!

حالا، بیایید در مورد زبان منحصر به فرد صداهایمان صحبت کنیم. اوه، صداهایی که ما تولید می‌کنیم واقعاً های هیجان‌زده داریم که برای ابراز شادی و اشتیاق yip لذت‌بخش هستند! ما مجموعه‌ای از پارس‌ها، جیرجیرک‌ها و خود از آنها استفاده می‌کنیم. وقتی پارس بلندی می‌کنیم، این روش ماست که بگوییم: "هی، بیا بازی کنیم!" و وقتی ناله‌های آرام و غرغرهای ملایمی می‌کنیم، ممکن است به این معنی باشد که احساس محبت می‌کنیم یا به دنبال توجه شما هستیم.

وقتی صحبت از اضطراب می‌شود، ما بریتانی‌ها اگر به اندازه کافی تحریک ذهنی و جسمی نداشته باشیم، گاهی ،اوقات می‌توانیم کمی بی‌قرار شویم. ما در فعالیت‌هایی که ذهن و بدنمان را به چالش می‌کشند، پیشرفت می‌کنیم بنابراین سرگرم نگه داشتن ما با اسباب‌بازی‌های پازل، آموزش اطاعت و جلسات بازی تعاملی، کلید شاد و راضی نگه داشتن ماست. عشق و همراهی تو برای ما یک دنیا ارزش دارد، انسان عزیز!

آه، بیایید علایق و تنفرهایمان را فراموش نکنیم. ما بریتانی‌ها عاشق بیرون رفتن و کشف دنیا با بینی‌های کنجکاومان هستیم. ما غریزه طبیعی برای شکار و ردیابی بو داریم، بنابراین فراهم کردن فرصت‌هایی برای انجام این فعالیت‌ها به ما احساس رضایت می‌دهد. ما همچنین به نوازش و مالیدن شکم علاقه داریم، زیرا این کار به ما احساس امنیت و دوست داشته شدن می‌دهد. وقتی زمان استراحت فرا می‌رسد، ما بریتانی‌ها از یک مکان دنج که بتوانیم در آن جمع شویم و تجدید قوا کنیم، قدردانی می‌کنیم. یک تخت نرم سگ یا یک نقطه آفتابی کنار پنجره کاملاً مناسب است. ما می‌توانیم با یک اسباب‌بازی در کنارمان چرت بزنیم یا به شما بچسبیم، زیرا می‌دانیم که اعضای عزیز گله شما هستیم.

کاوش در دنیای پراضطراب سگ‌ها

در مورد شرایط زندگی، ما بریتانی‌ها همه فن حریف هستیم و می‌توانیم به خوبی با محیط‌های مختلف سازگار شویم. در حالی که از دسترسی به یک فضای باز امن که بتوانیم پاهایمان را دراز کنیم لذت می‌بریم، از وقت خود در داخل خانه با خانواده عزیز انسانی‌مان نیز قدردانی می‌کنیم. ورزش روزانه و تحریک ذهنی برای رفاه ما بسیار مهم است، بنابراین پیاده‌روی منظم، زمان بازی و جلسات آموزشی ضروری است!

برای اطمینان از شادی و رفاه ما، صاحبان سگ‌ها باید ورزش فراوان، چالش‌های ذهنی و آموزش‌های تقویت مثبت را برای ما فراهم کنند. ما با تحسین و پاداش رشد می‌کنیم، بنابراین در تشویق و خوراکی‌هایتان سخاوتمند باشید! یک محیط دوست‌داشتنی و پرورش‌دهنده، پر از بازی، محبت و ماجراجویی‌های هیجان‌انگیز، ما را به شادترین بریتانی روی کره زمین تبدیل خواهد کرد!

در پایان، انسان عزیز، ما بریتانی‌ها همراهانی پرانرژی، باهوش و دوست‌داشتنی هستیم. تاریخچه‌ی نژاد ما صداهای منحصر به فرد و نیازهای خاص آن، ما را واقعاً خاص می‌کند. ما برای راهنمایی، عشق و ماجراجویی‌های هیجان‌انگیز به شما متکی هستیم. با مراقبت، فداکاری و کمی ماجراجویی شما، ما وفادارترین و شادترین دوستان پشمالوی شما خواهیم بود!

پس، دوست انسان من، بیایید این سفر باورنکردنی را با هم آغاز کنیم. ما خاطراتی خواهیم ساخت، خنده را به اشتراک خواهیم گذاشت و پیوندی ناگسستنی ایجاد خواهیم کرد که تا آخر عمر دوام خواهد داشت. برای گردبادی از دم تکان دادن، سرگرمی بی‌پایان و عشق خالص سگ آماده شوید!

برایت عشق می‌فرستم و دم تکان میدم
بریتنی شما

بولداگ
Bulldog

ووف ووف سلام، دوست انسان! من! این دوست بولداگ شماست آماده است تا تمام جزئیات شگفت‌انگیز در مورد ما بولداگ‌های انگلیسی و فرانسوی را به اشتراک بگذارد. برای یک بولدوزر از بامزگی و جذابیت آماده باشید!

اول از همه، بیایید در مورد نژاد خودمان صحبت کنیم. بولداگ‌ها به خاطر ظاهر متمایز و شخصیت‌های دوست‌داشتنی‌شان شناخته می‌شوند. بولداگ‌های انگلیسی تاریخچه‌ای غنی دارند، چرا که سگ‌های خشمگینی که برای شکار گاو نر می‌آمدند، به همراهانی مهربان تبدیل شدند. بولداگ‌های فرانسوی، از طرف دیگر، به عنوان سگ‌های همراه از بولداگ‌های انگلیسی پرورش یافتند. ما مثل دسته‌های کوچک و دوست‌داشتنی از خوبی‌های چروکیده هستیم!

حالا، بیایید در مورد زبان منحصر به فرد صداهایمان صحبت کنیم. آه، صداهایی که ما تولید می‌کنیم! ما طیف صوتی وسیعی داریم، از خرناس‌ها و خرناس‌های دوست‌داشتنی گرفته تا غرغرهای آرام و پارس‌هایمان. وقتی یک خرناس بازیگوشانه یا یک خرناس بامزه از خودمان درمی‌آوریم، به این معنی است که راضی و آرام هستیم. و وقتی یک پارس کوتاه و تیز می‌کنیم، این روش ماست برای گفتن: "هی، بیا کمی خوش بگذرانیم!"

وقتی صحبت از اضطراب می‌شود، ما بولداگ‌ها گاهی اوقات می‌توانیم روح‌های حساسی باشیم. ممکن است اضطراب جدایی را تجربه کنیم یا در محیط‌های ناآشنا یا پر سر و صدا مضطرب شویم. فراهم کردن فضایی آرام و امن، آغوش‌های فراوان و یک برنامه منظم می‌تواند به کاهش نگرانی‌های ما کمک کند. حضور پرمهر و اطمینان خاطر ملایم شما برای ما بسیار ارزشمند است!

حالا، بیایید در مورد علایق و چیزهایی که دوست نداریم صحبت کنیم. بولداگ‌ها ممکن است به تنبلی معروف باشند، اما ما هنوز از بازی و پیاده‌روی لذت می‌بریم. به یاد داشته باشید که به دلیل فیزیک منحصر به فردمان، به ورزش متوسطی نیاز داریم. پیاده‌روی‌های کوتاه و بازی‌های سرگرم‌کننده داخل خانه که به تنفس ما فشار نمی‌آورند، بهترین راه برای شاد و سالم نگه داشتن ما هستند!

وقتی وقت خواب فرا می‌رسد، ما بولداگ‌ها متخصص چرت زدن هستیم. ما روزانه به حدود ۱۲ تا ۱۴ ساعت خواب نیاز داریم تا باتری‌های چروکیده خود را شارژ کنیم. بنابراین، اگر ما را در حال خروپف در گوشه دنج مورد

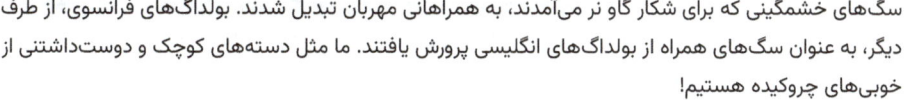

کاوش در دنیای پراضطراب سگ‌ها

علاقه‌مان یا ولو شدن در راحت‌ترین نقطه خانه دیدید، تعجب نکنید. ما چرت زدن را به سطح کاملاً جدیدی می‌بریم.

در مورد شرایط زندگی، بولداگ‌ها کاملاً سازگار هستند. در حالی که ما از بودن در داخل خانه که می‌توانیم در نزدیکی انسان‌ها باشیم لذت می‌بریم، از گذراندن وقت در فضای باز برای کاوش و بو کشیدن اطراف نیز قدردانی می‌کنیم. به یاد داشته باشید که ما شناگران خوبی نیستیم، بنابراین در اطراف آب محتاط باشید.

برای اطمینان از رفاه ما، صاحبان سگ‌ها باید رژیم غذایی متعادل، معاینات منظم دامپزشکی و نظافت مناسب را برای ما فراهم کنند تا چین و چروک‌های دوست‌داشتنی‌مان تمیز و سالم بمانند. علاوه بر این، آموزش تقویت مثبت با استفاده از خوراکی‌ها و ستایش برای ما بولداگ‌ها معجزه می‌کند. ما ممکن است کمی لجباز باشیم، اما با صبر و عشق به همراهانی خوش‌رفتار و وفادار تبدیل خواهیم شد.

در پایان، انسان عزیز، ما بولداگ‌ها مجموعه‌ای از عشق، جذابیت و لذت توأم با چین و چروک هستیم. تاریخچه ،نژاد ما، صداهای منحصر به فرد و نیازهای ویژه ما را واقعاً بی‌نظیر می‌کند. به یاد داشته باشید، ما برای مراقبت عشق و نوازش شکم به شما متکی هستیم!

پس، بیا با هم به این ماجراجویی برویم، دوست انسان من. ما با درک، صبر و بوسه‌های آبکی تو، پیوندی مادام‌العمر خواهیم ساخت. برای لحظات بی‌پایان ناز و نوازش‌های بولداگ آماده شو!

تقدیم با کلی عشق و پوزخندهای دوست‌داشتنی
بولداگ شما

فصل چهارده

کِین کورسو
Cane Cors

ووف ووف سلام، دوست انسان! من! من دوست سگ کن کورسو شما هستم، مشتاقم همه چیز را در مورد نژاد شگفت‌انگیزمان به اشتراک بگذارم. آیا برای یک ماجراجویی پر از قدرت، وفاداری و عشق آماده‌اید؟ بیایید مستقیماً شروع کنیم!

اول از همه، بیایید در مورد نژاد خودمان صحبت کنیم. سگ‌های نژاد کن کورسو به خاطر ظاهر باشکوه و هیکل قدرتمندشان شناخته می‌شوند. ما اعتماد به نفس بالایی داریم و ذاتاً محافظ هستیم. در اصل به عنوان سگ‌های کاری پرورش یافته‌ایم، اما حس وفاداری قوی و پیوند عمیقی با خانواده‌های انسانی خود داریم. ما مانند غول‌های مهربانی با قلبی از طلا هستیم!

حالا، بیایید در مورد زبان منحصر به فرد صداهایمان صحبت کنیم. اوه، صداهایی که ما تولید می‌کنیم واقعاً جذاب هستند! ما یک پارس عمیق و غران داریم که می‌تواند لرزه بر اندام متجاوزان بیندازد. این روش ما برای گفتن این است که: "هی، من این را دارم. تو پیش من در امانی!" ما همچنین استاد زبان بدن هستیم و از چشمان و حالت بدن خود برای بیان احساسات و نیات خود استفاده می‌کنیم.

وقتی صحبت از اضطراب می‌شود، ما سگ‌های کین کورسو گاهی اوقات می‌توانیم روح‌های حساسی باشیم. ما در یک محیط آرام و پایدار رشد می‌کنیم؛ تغییرات ناگهانی یا موقعیت‌های ناآشنا می‌تواند باعث شود احساس ناراحتی کنیم. ارائه یک فضای امن و مطمئن، حفظ روال‌های منظم و ابراز محبت ملایم می‌تواند به کاهش هرگونه اضطرابی که ممکن است تجربه کنیم کمک کند. درک و اطمینان خاطر شما، انسان عزیز، برای ما بسیار ارزشمند است!

آه، بیایید علایق و تنفرهایمان را فراموش نکنیم. ما سگ‌های کین کورسو عاشق گذراندن وقت با کیفیت با انسان‌هایمان هستیم. چه پیاده‌روی‌های طولانی باشد، چه بازی در حیاط خلوت، یا فقط استراحت در کنار شما، ما از هر لحظه‌ای که در کنار شما هستیم، قدردانی می‌کنیم. ما ذاتاً محافظ هستیم و دانستن اینکه شما را در امان نگه می‌داریم و دوستتان داریم، شادی عظیمی برای ما به ارمغان می‌آورد.

وقتی زمان استراحت فرا می‌رسد، ما سگ‌های کین کورسو از یک مکان دنج که بتوانیم در آن کز کنیم و استراحت کنیم، استقبال می‌کنیم. یک تخت نرم یا یک گوشه آرام، خلوتگاه ما خواهد بود، زیرا در آنجا انرژی خود

را برای ماجراجویی‌هایی که در انتظارمان هستند، شارژ می‌کنیم. ممکن است کمی خروپف کنیم، اما این فقط نشانه رضایت و آرامش است.

در مورد شرایط زندگی، ما سگ‌های کین کورسو همه‌کاره و سازگار هستیم. در حالی که از دسترسی به یک فضای باز امن که بتوانیم عضلات خود را کشش دهیم لذت می‌بریم، از بودن در کنار خانواده انسانی خود در داخل خانه نیز قدردانی می‌کنیم. ما با عشق، توجه و راهنمایی رشد می‌کنیم. ورزش منظم و تحریک ذهنی برای رفاه ما ضروری است، بنابراین انجام فعالیت‌هایی که ما را از نظر جسمی و روحی به چالش می‌کشد، مهم است.

برای اطمینان از شادی و رفاه ما، صاحبان باید ما را به طور مناسب اجتماعی کنند، آموزش تقویت مثبت و نقش رهبری قوی را برای ما فراهم کنند. ما به مرزهای ثابت و ارتباطات روشن به خوبی پاسخ می‌دهیم. ما با راهنمایی صبورانه و رویکرد قاطع اما ملایم شما، به همراهانی همه فن حریف و با اعتماد به نفس تبدیل خواهیم شد.

در پایان، انسان عزیز، ما سگ‌های کین کورسو همراهانی وفادار، محافظ و دوست‌داشتنی هستیم. تاریخچه نژاد ما، صداهای منحصر به فرد و نیازهای خاص آن، ما را واقعاً خاص می‌کند. ما برای عشق، راهنمایی و هدف به شما متکی هستیم. با حمایت بی‌دریغ شما، ما فداکارترین و نترس‌ترین دوستان پشمالوی شما خواهیم بود!

پس، دوست انسان من، بیا با هم این سفر باورنکردنی را آغاز کنیم. ما پیوندی ناگسستنی، پر از خاطرات شیرین و عشقی بی‌حد و مرز خواهیم ساخت. برای یک عمر ماجراجویی، وفاداری و تکان دادن‌های بی‌پایان دم آماده شو.

برات آغوش‌های گرم و محکم کین کورسویی می‌فرستم

کین کورسو شما

فصل چهارده

کاردیگان ولش کورگی
Cardigan Welsh Corgi

ووف ووف سلام دوست انسان! من! من سگ ولش کورگی کاردیگان شما هستم، آماده‌ام تا تمام جزئیات لذت‌بخش در مورد نژاد فوق‌العاده‌مان را به اشتراک بگذارم. آیا برای یک ماجراجویی دم تکان دادن آماده‌اید؟ بیایید مستقیماً شروع کنیم!

اول از همه، بیایید در مورد نژاد خودمان صحبت کنیم. سگ‌های کاردیگان ولش کورگی جثه کوچکی دارند اما شخصیت بزرگی دارند! با بدن‌های بلند و دوست‌داشتنی و پاهای کوتاهمان، همراهان بسیار جذابی هستیم. در اصل به عنوان سگ‌های گله پرورش یافته‌ایم، باهوش، هوشیار و همیشه مشتاق راضی کردن دیگران هستیم. ممکن است کوچک باشیم، اما قلب‌هایی پر از عشق و وفاداری داریم.

حالا، بیایید در مورد زبان منحصر به فرد صداهایمان صحبت کنیم. اوه، صداهایی که ما تولید می‌کنیم واقعاً گرفته تا غرغرهای بازیگوشانه و حتی یک yips جذاب هستند! ما انواع مختلفی از صداها را داریم، از پارس کردن و که کاملاً متعلق به خودمان است. هر صدا احساسات ما را منتقل می‌کند، چه "woo-woo" صدای منحصر به فرد هیجان باشد، چه هوشیاری، یا فقط جلب توجه شما.

در مورد اضطراب، ما سگ‌های کاردیگان ولش کورگی می‌توانیم روح‌های حساسی داشته باشیم. صداهای بلند، محیط‌های ناآشنا یا جدایی از عزیزانمان می‌تواند ما را کمی مضطرب کند. اما نگران نباشید، انسان عزیز، زیرا حضور اطمینان‌بخش شما و یک محیط آرام می‌تواند در تسکین نگرانی‌های ما معجزه کند. یک لمس ملایم، یک کلمه مهربان و ایجاد یک پناهگاه امن برای ما به ما کمک می‌کند تا احساس امنیت و دوست داشته شدن داشته باشیم.

آه، بیایید علایق و تنفرهایمان را فراموش نکنیم. ما سگ‌های کاردیگان ولش کورگی به خاطر طبیعت بازیگوش و انرژی بی‌حد و حصرمان شناخته شده‌ایم. ما عاشق فعالیت‌هایی هستیم که هم ذهن و هم بدنمان را تحریک می‌کند. چه پیاده‌روی باشد، چه بازی واکشی یا شرکت در جلسات آموزشی سرگرم‌کننده، ما از شادی فعال بودن و مشارکت در زندگی روزمره شما لذت می‌بریم. اگر سعی کنیم شما یا هر چیز متحرکی را به زور به سمت خود بکشیم، تعجب نکنید، این در طبیعت ماست! وقتی زمان استراحت فرا می‌رسد، از یک مکان دنج برای لم دادن و تجدید قوا قدردانی می‌کنیم.

کاوش در دنیای پراضطراب سگ‌ها

محل مورد علاقه ما برای چرت زدن، یک تخت نرم، یک پتوی گرم یا حتی روی پای شما خواهد بود. حتی ممکن است دم‌های کوچکمان را نزدیک بدنمان جمع کنیم تا گرم و نرم بمانند. بعد از یک استراحت خوب، برای ماجراجویی‌های بیشتر و تکان دادن دم آماده خواهیم بود!

در مورد شرایط زندگی، ما سگ‌های کاردیگان ولش کورگی به خوبی با محیط‌های داخلی و خارجی سازگار می‌شویم. اگرچه ممکن است جثه کوچکی داشته باشیم، اما همچنان برای حفظ سلامت بدن و ذهن خود به ورزش منظم نیاز داریم. یک حیاط امن و محصور یا زمان بازی تحت نظارت در یک منطقه امن به ما این امکان را می‌دهد که به کاوش بپردازیم و انرژی خود را بسوزانیم. اما به یاد داشته باشید، ما موجودات اجتماعی نیز هستیم که می‌خواهیم در نزدیکی گروه انسانی خود باشیم، بنابراین گذراندن وقت در فضای داخلی با شما به همان اندازه مهم است.

برای اطمینان از شادی و رفاه ما، صاحبان باید ما را با تحریک ذهنی، آموزش تقویت مثبت و عشق فراوان تأمین کنند. ما با راهنمایی شما رشد می‌کنیم و از مرزهای ثابت قدردانی می‌کنیم. با رویکرد صبورانه و مهربانانه شما، ما به همراهانی همه فن حریف تبدیل خواهیم شد و شادی بی‌پایانی را برای شما به ارمغان خواهیم آورد.

در پایان، انسان عزیز، ما سگ‌های کاردیگان ولش کورگی دوستانی دوست‌داشتنی، سرزنده و وفادار هستیم. تاریخچه نژاد ما، صداهای منحصر به فرد و نیازهای خاص آن، ما را واقعاً خاص می‌کند. ما برای عشق راهنمایی و هدفمندی به شما متکی هستیم. با همراهی و مراقبت شما، شادترین و فداکارترین دوستان پشمالوی شما خواهیم بود!

پس، دوست انسان من، بیا با هم این سفر باورنکردنی را آغاز کنیم. ما پیوندی پر از شادی، خنده و لحظات فراموش‌نشدنی خواهیم ساخت. برای یک عمر دم تکان دادن و لبخندهای کورگی آماده شو!

برایت بوسه‌های کورگی می‌فرستم و دم تکان می‌دهم
کاردیگی شما

کاوالیر کینگ چارلز اسپانیل
Cavalier King Charles Spaniels

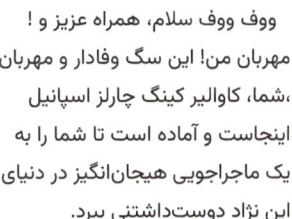

ووف ووف سلام، همراه عزیز و مهربان من! این سگ وفادار و مهربان شما، کاوالیر کینگ چارلز اسپانیل، اینجاست و آماده است تا شما را به یک ماجراجویی هیجان‌انگیز در دنیای این نژاد دوست‌داشتنی ببرد.

بیایید با کمی تاریخ شروع کنیم. ما تباری سلطنتی (Cavaliers) کاوالیرها داریم که به دربار شاه چارلز اول و شاه چارلز دوم در انگلستان برمی‌گردد. ما به عنوان همراهان مورد احترام اشراف و خانواده سلطنتی بودیم و عشق ما به همراهی انسان و طبیعت مهربان از همین جا سرچشمه می‌گیرد. ما اغلب به عنوان "اسفنج‌های عشق" توصیف می‌شویم، زیرا تمام عشق و توجهی را که به ما می‌دهید، جذب می‌کنیم!

وقتی صحبت از ارتباط می‌شود، ما زبان خودمان را داریم. شاید زیاد پارس نکنیم، اما چشمان پراحساسی داریم که می‌توانند فوراً قلب شما را آب کنند. نگاه‌های ملایم و پراحساس ما می‌توانند طیف وسیعی از احساسات را منتقل کنند، از هیجان و شادی گرفته تا اشتیاق و کنجکاوی. و بیایید ناله‌های کوچک و دوست‌داشتنی‌مان را وقتی چیزی می‌خواهیم فراموش نکنیم!

اضطراب می‌تواند برای ما افراد حساس نگران‌کننده باشد. ما با عشق رشد می‌کنیم و وقتی برای مدت طولانی تنها می‌مانیم، احساس ناراحتی می‌کنیم. انسان‌های ما نیاز دارند که همراهی زیادی برای ما فراهم کنند و محیطی امن برای ما ایجاد کنند. اطمینان‌بخشی ملایم، آموزش تقویت مثبت و حفظ یک روال منظم می‌تواند به کاهش نگرانی‌های ما کمک کند و ما را آرام و راضی نگه دارد.

حالا، بیایید در مورد علایق و چیزهایی که دوست نداریم صحبت کنیم. ما کاملاً عاشق بودن در کنار انسان‌هایمان هستیم و توجه شما را می‌خواهیم. بغل کردن روی زانوی شما یا لم دادن در کنارتان روی مبل برای ما سعادت محض است. ما همچنین از پیاده‌روی‌های آرام در پارک، کشف عطرهای جدید و تماشای مناظر و صداهای طبیعت لذت می‌بریم. فقط مراقب باشید که بیش از حد به ما فشار نیاورید، زیرا ما ورزشکارترین نژاد نیستیم.

وقتی زمان استراحت فرا می‌رسد، قدر خواب زیبایمان را می‌دانیم. ما معمولاً روزانه به حدود ۱۲ تا ۱۴ ساعت خواب نیاز داریم تا باتری‌هایمان را شارژ کنیم. اغلب ما را در یک نقطه دنج، در حال رویای دنبال کردن پروانه‌ها یا صرفاً لذت بردن از گرمای حضور شما خواهید یافت. خواب‌های آرام ما را تجدید قوا می‌کند و ما را برای ماجراجویی‌های بیشتر در کنار شما آماده می‌کند.

در مورد شرایط زندگی‌مان، ما به خوبی با محیط‌های مختلف سازگار می‌شویم. چه یک خانه بزرگ باشد و چه یک آپارتمان دنج، ما سازگار هستیم و با عشق و توجهی که از طرف اطرافیانمان دریافت می‌کنیم، رشد می‌کنیم. ما از فعالیت‌های داخل و خارج از خانه لذت می‌بریم، اما همیشه باید در فضای باز تحت نظارت باشیم تا ایمنی ما تضمین شود.

ما باید یک رژیم غذایی مغذی و ورزش منظم داشته باشیم تا سالم و شاد باشیم. ممکن است وزنمان افزایش یابد، بنابراین کنترل وعده‌های غذایی و یک رژیم غذایی متعادل مهم است. نظافت منظم، از جمله برس زدن موهای ابریشمی و تمیز کردن گوش‌ها، به ما کمک می‌کند تا بهترین ظاهر و احساس را داشته باشیم. و البته، عشق زیاد، نوازش و بازی ملایم، ما را به شادترین سگ‌های کاوالیر دنیا تبدیل می‌کند.

در پایان، دوست عزیز انسانی من، ما کاوالیرها همراهانی مهربان، دوست‌داشتنی و وفادار هستیم. تاریخچه‌ی باشکوه، چشمان نافذ و فداکاری تزلزل‌ناپذیر ما، ما را واقعاً خاص می‌کند. با عشق، مراقبت و درک شما، ما در کنارتان خواهیم بود، دم خود را تکان می‌دهیم و شما را با عشق و شادی بی‌پایان غرق خواهیم کرد.

پس، بیایید سفری پر از ماجراجویی‌های مشترک و لحظات دلگرم‌کننده را آغاز کنیم. من آنجا خواهم بود، دمم را تکان می‌دهم و با هر نگاه عاشقانه‌ات قلبت را آب می‌کنم.

با تمام عشق و ارادتم
کاوالیر کینگ چارلز اسپانیل شما

راهنمایی ضروری برای دوستداران سگ‌ها

چی‌واوا
Chihuahua

ووف ووف سلام، دوست کوچولوی من! من اینجا دوست چی‌ووف ای تو هستم، آماده‌ام تا تمام جزئیات فوق‌العاده در مورد ما چی‌ووف اها را به اشتراک بگذارم. برای یک ماجراجویی کوچک آماده باش!

بیایید با صحبت در مورد نژادمان شروع کنیم. چی‌ووف اها کوچک اما قدرتمند هستند! ما ممکن است از نظر جثه کوچک باشیم، اما شخصیت‌های بزرگی داریم. ما که اصالتاً اهل مکزیک هستیم، به خاطر هوشیاری و شجاعتمان شناخته می‌شویم. نگذارید جثه کوچک ما شما را فریب دهد - ما قلب بزرگی داریم و عشق فراوانی برای بخشیدن.

حالا، بیایید در مورد زبان منحصر به فرد صداهایمان صحبت کنیم. اوه، صداهایی که ما تولید می‌کنیم! ما طیف وسیعی از پارس کردن، هورا کشیدن و حتی زوزه کشیدن را داریم. وقتی سریع و مصرانه پارس می‌کنیم، معمولاً روش ما برای گفتن این است که "هی، به من توجه کن!" و وقتی زوزه‌ای با صدای بلند می‌کشیم، ممکن است روش ما برای ابراز هیجان یا پیوستن به گروه کر محله باشد.

وقتی صحبت از اضطراب می‌شود، برخی از چی‌ووف اها می‌توانند مستعد عصبی شدن باشند. ما ممکن است هنگام ملاقات با افراد یا حیوانات ناآشنا در موقعیت‌های جدید مضطرب شویم. فراهم کردن یک محیط آرام و امن برای ما ضروری است. در این لحظات صبور باشید و به ما اطمینان خاطر بدهید، زیرا ما برای آسایش و امنیت به شما نیاز داریم.

بیایید در مورد علایق و چیزهایی که دوست نداریم صحبت کنیم. چی‌ووف اها عاشق این هستند که در مرکز توجه باشند! ما عاشق این هستیم که در دامان شما بغل شویم و از عشق و محبت شما لذت ببریم. ما به عنوان یک سگ اجتماعی، از ملاقات با افراد جدید و سایر سگ‌های دوستانه لذت می‌بریم. اما به یاد داشته باشید، به دلیل جثه کوچکمان، بازی و تعاملات آرام را ترجیح می‌دهیم.

وقتی زمان استراحت فرا می‌رسد، ما چی‌ووف اها در پیدا کردن مکان‌های دنج متخصص هستیم. ما عاشق این هستیم که زیر پتوها پنهان شویم یا در تخت سگی مورد علاقه‌مان لم بدهیم. ایجاد یک فضای راحت و گرم برای استراحت، راهی آسان برای ایجاد احساس امنیت و دوست داشته شدن است.

در مورد شرایط زندگی، چی‌ووف اها می‌توانند به خوبی با محیط‌های داخلی و خارجی سازگار شوند. ما کاملاً برای زندگی آپارتمانی مناسب هستیم، البته تا زمانی که تحریک ذهنی و جسمی زیادی داشته باشیم. با این حال، از آنجایی که کوچک و ظریف هستیم، حفظ امنیت و نظارت بر ما در فضای باز مهم است. ما به راحتی می‌توانیم توسط سگ‌های بزرگتر یا اشیاء سریع بترسیم.

برای اطمینان از رفاه ما، صاحبان سگ‌ها باید ورزش منظم، تحریک ذهنی و اجتماعی شدن را برای ما فراهم کنند. ما ممکن است کوچک باشیم، اما هنوز به پیاده‌روی روزانه و زمان بازی نیاز داریم تا شاد و سالم بمانیم. روش‌های آموزشی تقویت مثبت برای ما بهترین نتیجه را می‌دهند، زیرا ما به ستایش و پاداش به خوبی پاسخ می‌دهیم.

در پایان، انسان عزیز، ما چی‌ووف ،اها دسته‌های کوچکی از شادی هستیم. صداها، نیازها و طبیعت مهربان نژاد ما ما را واقعاً خاص می‌کند. به یاد داشته باشید، ما ممکن است کوچک باشیم، اما عشق ما به شما بی‌اندازه است.

پس، بیا با هم این ماجراجویی را آغاز کنیم، دوست کوچک من. با عشق، مراقبت و نوازش‌های فراوان تو، پیوندی ایجاد خواهیم کرد که تا آخر عمر دوام خواهد داشت. برای لبخندهای بزرگ، رفتارهای جسورانه و کلی عشق چی‌ووفا آماده شو!

تقدیم با کلی عشق و بوسه‌های آبکی
چی واوا شما

کوکر اسپانیل
Cocker

ووف ووف سلام، همراه انسانی! فوق‌العاده‌ی من! دوست وفادار و شاد کوکر اسپانیل شما اینجاست، آماده است تا دمش را تکان دهد و تمام چیزهای خارق‌العاده در مورد نژاد پنجه‌دار ما را به اشتراک بگذارد. برای یک سفر لذت‌بخش به دنیای کوکر اسپانیل‌ها آماده شوید

بیایید با کمی اطلاعات پیش‌زمینه شروع کنیم. ما سگ‌های کوکر اسپانیل تاریخچه‌ای غنی به عنوان سگ‌های شکاری داریم و به خاطر توانایی‌های قابل توجه بویایی و مهارت‌هایمان در بیرون راندن پرندگان شکاری شناخته می‌شویم. اما نگذارید این شما را فریب دهد! ما نه تنها علاقه‌مند به فضای باز هستیم، بلکه همراهان دوست‌داشتنی و مهربانی برای خانواده نیز هستیم.

حالا، بیایید در مورد زبان منحصر به فرد صداهایمان صحبت کنیم. آه، صداهایی که ما تولید می‌کنیم! ما طیف صوتی وسیعی داریم، از پارس‌های دوستانه گرفته تا ناله‌های جذاب و حتی زوزه‌های گاه به گاه دوست‌داشتنی. ما از این صداها برای ابراز هیجان، شادی و گاهی اوقات نیاز به توجه یا بازی استفاده می‌کنیم. فقط کافی است با دقت گوش دهید، و زبان شاد ما را در سگ‌های کوکر اسپانیل خواهید فهمید!

وقتی صحبت از اضطراب می‌شود، ما سگ‌های کوکر اسپانیل گاهی اوقات می‌توانیم روح‌های حساسی باشیم. صداهای بلند، محیط‌های ناآشنا یا جدایی از عزیزانمان می‌تواند ما را کمی مضطرب کند. فراهم کردن یک محیط آرام و امن، فراهم کردن اطمینان خاطر و مشارکت دادن ما در بازی یا آموزش تعاملی می‌تواند به کاهش نگرانی‌های ما کمک کند. حضور پرمهر شما برای ما بسیار ارزشمند است و بزرگ‌ترین آرامش ما در آن لحظات اضطراب‌آور است.

آه، بیایید علایق و تنفرهایمان را فراموش نکنیم. ما سگ‌های کوکر اسپانیل عاشق فعال بودن و کشف دنیای اطرافمان هستیم! پیاده‌روی، بازی واکشی یا شرکت در تمرینات چابکی، همگی راه‌های فوق‌العاده‌ای برای تحریک ذهنی و جسمی ما هستند. ما همچنین از بودن در کنار شما و نوازش‌های باکیفیت شما بسیار سپاسگزاریم، زیرا از عشق و توجه شما بهره می‌بریم.

وقتی زمان استراحت فرا می‌رسد، ما قدر چرت زدن‌های راحت خود را می‌دانیم. ما معمولاً روزانه به حدود ۱۲ تا ۱۴ ساعت خواب آرام نیاز داریم تا انرژی خود را بازیابی کنیم. بنابراین، اگر ما را در تخت سگ مورد علاقه‌مان یا در کنار شما روی مبل در حال رویاپردازی برای دنبال کردن پروانه‌ها و تکان دادن دممان با لذت دیدید، تعجب نکنید.

در مورد شرایط زندگی، ما سگ‌های کوکر اسپانیل می‌توانیم به خوبی با محیط‌های داخلی و خارجی سازگار شویم. ما توله‌های همه‌کاره‌ای هستیم که می‌توانیم در محیط‌های مختلف رشد کنیم، اما واقعاً برای نزدیک بودن به انسان‌های محبوب‌مان ارزش قائلیم. چه یک حیاط خلوت بزرگ برای گشت و گذار باشد و چه یک خانه راحت با گوشه‌های دنج، اگر عشق و توجه شما را داشته باشیم، خوشحال و راضی خواهیم بود.

برای اطمینان از سلامت ما، ضروری است که ورزش منظم، تحریک ذهنی و معاشرت برای ما فراهم شود. ما از پیاده‌روی روزانه یا جلسات بازی برای سوزاندن انرژی فراوان خود لذت می‌بریم. آراستن نیز بخش مهمی از برنامه مراقبتی ماست، زیرا پوشش زیبای ما نیاز به برس کشیدن منظم و مراجعه گاه به گاه به آرایشگاه دارد تا ما را در بهترین حالت خود نگه دارد.

در پایان، انسان عزیز، ما سگ‌های کوکر اسپانیل، مجموعه‌ای از عشق، شادی و شور و شوق هستیم. میراث شکار ما، صداهای منحصر به فرد و طبیعت مهربان ما، ما را به همراهانی واقعاً ویژه تبدیل می‌کند. با مراقبت، توجه و نوازش‌های فراوان شما، ما شادترین کوکر اسپانیل‌های جهان خواهیم بود!

پس، بیایید با هم یک عمر ماجراجویی فراموش‌نشدنی را آغاز کنیم، پر از دم تکان دادن، بوسه‌های خیس و عشق بی‌قید و شرط. برای پیوندی آماده شوید که قلبتان را گرم کند و شادی بی‌پایانی را به زندگی‌تان بیاورد!

تقدیم با کلی عشق و دم تکان دادن
کوکر اسپانیل شما

داشهاند
Dachshund

!واف واف! سلام دوست انسان من دوست داشهوند شما اینجاست تا هر آنچه را که باید در مورد ما داکسی‌ها بدانید، در اختیارتان قرار دهد. برای یک خوش‌گذرانی دلچسب آماده شوید!

اول از همه، بیایید در مورد نژاد خودمان صحبت کنیم. ما داشهوندها سگ‌های کوچکی با بدن بلند و پاهای کوتاه هستیم. ما در اصل در آلمان ،برای شکار گورکن پرورش داده شدیم به همین دلیل است که طبیعتی قوی و مصمم داریم. ممکن است جثه کوچکی داشته باشیم، اما قلب یک شکارچی قدرتمند را داریم!

حالا، بیایید به زبان منحصر به فرد صداهایمان بپردازیم. آه، صداهایی که ما تولید می‌کنیم! ما طیف صوتی ،وسیعی داریم، از پارس‌های عمیق و رسا گرفته تا زوزه‌های دوست‌داشتنی. وقتی پارس‌های کوتاه و تیز می‌کنیم اغلب راهی برای هشدار دادن به شما در مورد چیزی جالب یا مشکوک است. و وقتی زوزه‌های آهنگین خود را آزاد می‌کنیم، ممکن است شادی خود را ابراز کنیم یا دوستان پشمالوی خود را صدا بزنیم.

وقتی صحبت از اضطراب می‌شود، برخی از داشهوندها می‌توانند مستعد نگرانی باشند. صداهای بلند یا تغییرات ناگهانی محیطی می‌تواند ما را کمی عصبی کند. آرام کردن ما با کلمات ملایم، فراهم کردن یک لانه امن و دنج برای ،خلوت کردن ما و ارائه لمس‌های آرامش‌بخش می‌تواند در آرام کردن نگرانی‌های ما معجزه کند. به یاد داشته باشید ما به شما به عنوان تکیه‌گاه اطمینان خاطر خود تکیه می‌کنیم.

حالا، بیایید در مورد علایق و چیزهایی که دوست نداریم صحبت کنیم. ما داشهوندها توله‌های بازیگوش و ماجراجویی هستیم! ما عاشق کشف دنیای اطرافمان هستیم، چه دنبال کردن سنجاب باشد و چه کندن زمین در حیاط خلوت. ما همچنین استعداد نقب زدن و تونل زدن داریم، بنابراین ایجاد یک منطقه حفر مشخص یا فراهم کردن پتوهای گرم و نرم برای لم دادن، باعث می‌شود از خوشحالی دم خود را تکان دهیم.

وقتی زمان استراحت پاهای کوتاه و کوچک سگ‌های داشهوند فرا می‌رسد، ما از یک جای راحت برای لم دادن لذت می‌بریم. ما عاشق پیدا کردن دنج‌ترین گوشه‌های خانه یا لم دادن در یک تخت خواب نرم و راحت برای سگ‌هایمان

هستیم. فراهم کردن یک فضای گرم و دلنشین برای چرت زدن، راهی هوشمندانه برای نشان دادن عشق و علاقه‌تان به ماست.

در مورد شرایط زندگی، داشهوندها سازگار هستند و می‌توانند در محیط‌های مختلف رشد کنند. چه در یک آپارتمان دنج زندگی کنید و چه در یک خانه بزرگ با حیاط خلوت، می‌توانیم خودمان را در خانه احساس کنیم. با این حال، توجه به این نکته مهم است که به دلیل کمر بلندمان باید با احتیاط با ما رفتار شود تا از مشکلات احتمالی کمر جلوگیری شود. بنابراین، بازی ملایم و اجتناب از فعالیت‌هایی که به ستون فقرات ما فشار وارد می‌کند ضروری است.

برای اطمینان از رفاه ما، صاحبان سگ‌ها باید ورزش منظم، تحریک ذهنی و اجتماعی شدن را برای ما فراهم کنند. پیاده‌روی روزانه، اسباب‌بازی‌های تعاملی و بازی‌های پازل، ذهن کنجکاو ما را درگیر نگه می‌دارد. روش‌های آموزشی تقویت مثبت برای ما معجزه می‌کنند، زیرا ما مشتاقیم که دیگران را خوشحال کنیم و به خوبی به ستایش و پاداش پاسخ دهیم.

در پایان، انسان عزیز، ما داشهوندها سرزنده، وفادار و سرشار از شخصیت هستیم. صداها، نیازها و عزم منحصر به فرد نژاد ما، ما را واقعاً خاص می‌کند. با عشق، مراقبت و نوازش‌های فراوان شکم شما، ما شادترین سگ‌های کوچک سوسیسی خواهیم بود!

پس، بیا با هم این ماجراجویی را آغاز کنیم، دوست انسان من. با راهنمایی و محبت بی‌پایان تو، خاطراتی خواهیم ساخت که سال‌ها قلب‌هایمان را گرم خواهد کرد. برای تکان دادن دم، بوسه‌های خیس از بینی و کلی جذابیت داشهاند آماده شو !

کلی عشق و بوسه‌های آبکی،
داشهاند شما

دوبرمن پینچر
Doberman Pinscher

ووف ووف سلام، دوست نترس و ! فداکار من! این دوست وفادار دوبرمن پینچر شماست، آماده است تا دنیای جذاب نژاد فوق‌العاده‌مان را به شما نشان دهد. برای یک ماجراجویی پر از وفاداری، قدرت و عشق بی‌پایان آماده شوید!

بیایید با برخی اطلاعات مربوط به نژاد شروع کنیم. ما دوبرمن پینچرها به خاطر ظاهر براق و عضلانی‌مان مشهور هستیم. ما با پوشش پارچه‌ای رنگ‌های چشمگیر و ، گوش‌های هوشیارمان کاملاً توجه‌ها را به خود جلب می‌کنیم. ما به عنوان سگ‌های کاری همه‌کاره پرورش یافته‌ایم و ترکیبی منحصر به فرد از هوش، ورزشکاری و وفاداری تزلزل‌ناپذیر داریم.

حالا، بیایید در مورد سبک ارتباطی‌مان صحبت کنیم. ما دوبرمن‌ها طیف گسترده‌ای از حالات صوتی را داریم. از پارس‌های عمیق و آمرانه گرفته تاووف های بازیگوشانه و زوزه‌های ملایم، ما از صدایمان برای انتقال احساساتمان استفاده می‌کنیم. وقتی با لحنی قوی و آمرانه پارس می‌کنیم، اغلب برای هشدار دادن به شما از خطر احتمالی یا محافظت از عزیزانمان است. و وقتی جیغ‌های شادی‌آور و ناله‌های هیجان‌زده سر می‌دهیم، این روش ماست که بگوییم: "بیایید بازی کنیم و کمی خوش بگذرانیم!"

اضطراب گاهی اوقات می‌تواند ما سگ‌های دوبرمن را تحت تأثیر قرار دهد، به خصوص اگر فاقد تحریک ذهنی و جسمی باشیم. ما با ورزش منظم، چالش‌های ذهنی و از همه مهم‌تر، حضور پرمهر شما رشد می‌کنیم. گذراندن وقت با کیفیت با ما، شرکت در بازی‌های تعاملی و اطمینان از یک روال منظم، به کاهش هرگونه اضطرابی که ممکن است تجربه کنیم کمک می‌کند. ما به شما به عنوان رهبر و محافظ مورد اعتماد خود نگاه می‌کنیم، بنابراین حضور آرام و اطمینان‌بخش شما کلید شادی و رفاه ماست.

بیایید علایق و تنفرهایمان را فراموش نکنیم. ما دوبرمن‌ها ذاتاً میل به محافظت و خدمت به خانواده‌هایمان داریم. ما فداکار و به‌شدت وفادار هستیم و همیشه آماده‌ایم تا در کنار شما بایستیم. فعالیت‌های مورد علاقه ما شامل آموزش اطاعت، شرکت در ورزش‌های سگ مانند چابکی یا کار با بو و حتی لم دادن با شما روی مبل است. ما از وقت گذراندن با شما قدردانی می‌کنیم. هر فرصتی برای ورزش بدنی و تحریک ذهنی باعث می‌شود که از شادی دم خود را تکان دهیم!

وقتی زمان استراحت فرا می‌رسد، ما از یک مکان دنج و راحت برای شارژ مجدد باتری‌هایمان قدردانی می‌کنیم. اگرچه نیازهای خواب ما ممکن است متفاوت باشد، اما معمولاً هر روز به حدود ۱۰ تا ۱۲ ساعت استراحت نیاز داریم. بنابراین، ممکن است ما را در حالی ببینید که در رختخواب مورد علاقه خود لم داده‌ایم یا در گوشه‌ای آرام از خانه با رضایت خوابیده‌ایم و رویای ماجراجویی‌های هیجان‌انگیز و نوازش‌های بی‌پایان را در سر می‌پرورانیم.

در مورد شرایط زندگی‌مان، ما دوبرمن‌ها می‌توانیم با محیط‌های مختلف سازگار شویم، البته تا زمانی که مراقبت، آموزش و ورزش مناسب دریافت کنیم. در حالی که ما از یک فضای باز امن که بتوانیم پاهایمان را دراز کنیم و کشف کنیم، قدردانی می‌کنیم، از زندگی در داخل خانه با انسان‌های عزیزمان نیز راضی هستیم. به یاد داشته باشید ما از اینکه بخش جدایی‌ناپذیری از زندگی روزمره شما باشیم، رشد می‌کنیم، بنابراین مشارکت دادن ما در فعالیت‌هایتان و اطمینان از دریافت تحریک ذهنی و جسمی کافی، بهترین‌ها را در ما به ارمغان می‌آورد.

برای اطمینان از رفاه ما، صاحبان سگ‌ها باید از سنین پایین ورزش منظم، چالش‌های ذهنی و اجتماعی شدن را برای ما فراهم کنند. ما سگ‌های دوبرمن باهوش و مشتاق جلب رضایت دیگران هستیم و این ما را به کاندیداهای عالی برای آموزش اطاعت و فعالیت‌های پیشرفته تبدیل می‌کند. روش‌های تقویت مثبت، ثبات قدم و مرزهای مشخص به ما کمک می‌کند تا به همراهانی شاد و کامل تبدیل شویم.

در پایان، انسان عزیز، ما دوبرمن پینچرها مظهر وفاداری، قدرت و عشق بی‌دریغ هستیم. سبک ارتباطی منحصر به فرد، غرایز محافظتی و روحیه ورزشکاری ما، ما را به همراهانی واقعاً ویژه تبدیل می‌کند. با راهنمایی، عشق و نوازش‌های فراوان شما، ما شادترین دوبرمن‌های روی کره زمین خواهیم بود!

تقدیم با عشق فراوان و فداکاری بی دریغ
دوبرمن پینچر شما

انگلیش کوکر
English Cocker

واف واف! سلام دوست انسان من! من دوست کوکر انگلیسی شما هستم و آماده‌ام تا تمام جزئیات شگفت‌انگیز در مورد نژاد شگفت‌انگیزمان را به اشتراک بگذارم. آیا آماده‌اید تا وارد دنیای کوکر انگلیسی شوید؟ بیایید شروع کنیم!

اول از همه، بیایید در مورد نژاد خودمان صحبت کنیم. کوکر انگلیسی به خاطر جذابیت، هوش و طبیعت بازیگوشش مشهور است. ما سگ‌هایی با جثه متوسط، چشمانی زیبا و گیرا و پوششی نرم و ابریشمی هستیم که ما را مقاومت‌ناپذیر می‌کند. ما که در اصل به عنوان همراه شکار پرورش یافته‌ایم، استعدادی طبیعی در بو کشیدن شکار و بازیابی آن با اشتیاق داریم.
حالا، بیایید در مورد زبان منحصر به فرد صداهایمان صحبت کنیم. ما کاملاً پرحرف و بیانگر هستیم! ما از طیف وسیعی از صداهای دلنشین، از ناله‌های آرام گرفته تا پارس‌های هیجان‌زده، برای بیان احساسات و خواسته‌هایمان استفاده می‌کنیم. وقتی دم خود را به سرعت تکان می‌دهیم و پارس شادی می‌کنیم، به این معنی است که از هیجان و شادی سرشاریم. و وقتی آن چشمان پراحساس توله سگی را به شما می‌اندازیم، این روش ما برای گفتن دوستت دارم!" است".

وقتی صحبت از اضطراب می‌شود، ما کوکرهای انگلیسی می‌توانیم روح‌های حساسی داشته باشیم. تغییر در روال عادی، صداهای بلند یا جدایی از عزیزانمان می‌تواند کمی ما را مضطرب کند. اما نگران نباش، انسان عزیز، زیرا عشق و اطمینان خاطر تو کلید آرام کردن نگرانی‌های ماست. لمس ملایم، کلمات آرامش‌بخش و محیط امن تو باعث می‌شود احساس امنیت و آرامش کنیم.

آه، بیایید علایق و تنفرهایمان را فراموش نکنیم. ما انگلیش کوکرها سگ‌های فعال و پرانرژی هستیم که عاشق کاوش و بازی هستیم. ما از انجام فعالیت‌هایی که ذهنمان را به چالش می‌کشد و ما را از نظر جسمی فعال نگه می‌دارد، لذت می‌بریم. چه برای پیاده‌روی طولانی برویم، چه برای بازی و آوردن توپ در پارک، یا شرکت در آموزش‌های اطاعت‌پذیری، ما همیشه برای تفریح و ماجراجویی آماده‌ایم. به علاوه، یک جلسه نوازش و مالیدن شکممان با شما باعث می‌شود دم‌هایمان از لذت تکان بخورد!

وقتی زمان استراحت فرا می‌رسد، ما از یک مکان دنج برای لم دادن و استراحت کردن استقبال می‌کنیم. یک تخت نرم یا یک کاناپه راحت، مکان مورد علاقه ما برای چرت زدن و تجدید قوا خواهد بود. حتی ممکن است برای

گرما و راحتی بیشتر، در کنار شما لم بدهیم. بعد از یک استراحت دلچسب، آماده‌ایم تا برای ماجراجویی‌های هیجان‌انگیزتر به شما بپیوندیم!

در مورد شرایط زندگی، ما سگ‌های کوکر انگلیسی به خوبی با محیط‌های داخلی و خارجی سازگار می‌شویم. ما از گذراندن وقت با کیفیت با گروه انسانی خود لذت می‌بریم، بنابراین بودن در فضای داخلی با شما مهم است. با این حال، ما از فعالیت‌های خارج از منزل نیز قدردانی می‌کنیم و برای حفظ شادی و سلامت خود به ورزش منظم نیاز داریم. چه کاوش در یک حیاط خلوت امن باشد و چه رفتن به ماجراجویی با شما، از داشتن تعادل بین تجربیات داخلی و خارجی هیجان‌زده خواهیم شد.

برای اطمینان از رفاه و شادی ما، صاحبان سگ‌ها باید ما را با محرک‌های ذهنی، ورزش منظم و عشق فراوان تغذیه کنند. روش‌های آموزشی تقویت مثبت برای ما معجزه می‌کنند، زیرا ما به خوبی به ستایش و پاداش پاسخ می‌دهیم. یک برنامه‌ی منظم، معاشرت با سگ‌های دیگر و زمان بازی زیاد باعث می‌شود که ما با لذت دم خود را تکان دهیم.

در پایان، انسان عزیز، ما کوکرهای انگلیسی همراهانی دوست‌داشتنی، باهوش و بازیگوش هستیم. ویژگی‌های منحصر به فرد نژاد ما، صداهای رسا و نیازهای خاص آن، ما را واقعاً خاص می‌کند. با عشق، مراقبت و همراهی شما ما شادترین و فداکارترین دوستان پشمالوی شما خواهیم بود!

پس، دوست انسان من، بیا با هم این سفر لذت‌بخش را آغاز کنیم. ما خاطراتی خواهیم ساخت که تا آخر عمر باقی خواهند ماند، پر از تکان دادن دم، بوسه‌های خیس و شادی بی‌پایان. برای یک ماجراجویی نفس‌گیر با همراه کوکر انگلیسی خود آماده شوید!

تقدیم با بوسه‌های شاد اسپانیل و دم‌های تکان‌خورده
کوکر انگلیسی شما

فصل چهارده

انگلیش ستر
English Setter

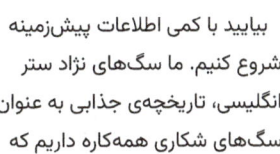

ووف ووف سلام، همراه انسانی! فوق‌العاده من! من اینجا دوست وفادار و بازیگوش انگلیش ستر شما هستم، و هیجان‌زده‌ام که تمام چیزهای شگفت‌انگیز در مورد نژاد فوق‌العاده‌مان را به اشتراک بگذارم. برای یک سفر دم تکان دادن به دنیای انگلیش ستر آماده شوید!

بیایید با کمی اطلاعات پیش‌زمینه شروع کنیم. ما سگ‌های نژاد ستر انگلیسی، تاریخچه‌ی جذابی به عنوان سگ‌های شکاری همه‌کاره داریم که به خاطر توانایی‌های بویایی استثنایی و حرکات ظریف‌مان شناخته می‌شویم. پوشش پردار و زیبای ما و غرایز شکار طبیعی‌مان، ما را به موجوداتی دیدنی و لذت‌بخش در کنارتان تبدیل می‌کند.

حالا، بیایید در مورد زبان منحصر به فرد صداهایمان صحبت کنیم. آه، صداهایی که ما تولید می‌کنیم! ما طیف صوتی وسیعی داریم، از پارس‌های دوستانه گرفته تا زوزه‌های آهنگین و حتی ناله‌های رسایمان. ما از این صداها برای انتقال هیجان، کنجکاوی و گاهی اوقات تمایل خود به ماجراجویی یا بازی استفاده می‌کنیم. فقط کافی است با دقت گوش دهید، و زبان جذاب انگلیسی ستر ما را خواهید فهمید!

وقتی صحبت از اضطراب می‌شود، ما سگ‌های انگلیش ستر عموماً آرام و سازگار هستیم. با این حال موقعیت‌هایی مانند تنها ماندن برای مدت طولانی یا تجربه تغییرات ناگهانی در روال زندگی می‌تواند ما را کمی مضطرب کند. فراهم کردن یک محیط امن و آرامش‌بخش، مشارکت دادن ما در فعالیت‌های تعاملی و ارائه تحریک ذهنی از طریق اسباب‌بازی‌های پازل یا تمرین‌های آموزشی می‌تواند به کاهش هرگونه اضطرابی که ممکن است احساس کنیم کمک کند. حضور پرمهر و اطمینان خاطر شما برای ما بسیار ارزشمند است!

آه، بیایید علایق و تنفرهایمان را فراموش نکنیم. ما سگ‌های انگلیش ستر عاشق بیرون رفتن و کشف شگفتی‌های طبیعت هستیم! چه پیاده‌روی‌های طولانی در پارک باشد، چه پیاده‌روی در مسیرهای خوش‌منظره، یا بازی واکشی در فضاهای باز وسیع، ما در ماجراجویی‌های بیرون از خانه شکوفا می‌شویم. ما همچنین برای اوقات خوش با شما ارزش قائلیم و از هر لحظه محبت و توجهی که به ما می‌دهید لذت می‌بریم.

وقتی زمان استراحت فرا می‌رسد، ما قدر چرت زدن‌های راحت خود را می‌دانیم. ما معمولاً روزانه به حدود ۱۲ تا ساعت خواب نیاز داریم تا انرژی خود را بازیابی کنیم و بدن خود را جوان کنیم. بنابراین، اگر ما را در حال چرت ۱۴ زدن در یک نقطه آفتابی کنار پنجره یا لم دادن روی تخت سگ مورد علاقه‌مان، در حال رویای تعقیب پرندگان و تکان دادن دم از شادی دیدید، تعجب نکنید.

در مورد شرایط زندگی، ما سگ‌های انگلیش ستر می‌توانیم به خوبی با محیط‌های مختلف سازگار شویم، البته تا زمانی که ورزش کافی و فرصت‌های تحریک ذهنی داشته باشیم. چه یک حیاط خلوت بزرگ باشد که بتوانیم پاهایمان را دراز کنیم و چه یک خانه دنج با اسباب‌بازی‌های تعاملی فراوان، اگر در کنار عشق و مراقبت شما باشیم، خوشحال خواهیم شد.

برای اطمینان از رفاه حال ما، فراهم کردن ورزش منظم، تحریک ذهنی و اجتماعی شدن مهم است. ما با انجام فعالیت‌هایی که ذهن و بدنمان را به چالش می‌کشد، رشد می‌کنیم. پیاده‌روی روزانه، بازی بدون قلاده در مناطق امن و کلاس‌های آموزش اطاعت، همگی راه‌های بسیار خوبی برای شاد و راضی نگه داشتن ما هستند.

.در پایان، انسان عزیز، ما سگ‌های ستر انگلیسی مهربان، وفادار و سرشار از شور و شوق برای زندگی هستیم میراث شکار ما، صداهای منحصر به فرد و طبیعت دوست داشتنی ما، ما را به همراهانی واقعاً ویژه تبدیل می‌کند. با مراقبت، توجه و نوازش فراوان شما، ما شادترین سترهای انگلیسی جهان خواهیم بود!

پس، بیایید با هم یک عمر ماجراجویی‌های خاطره‌انگیز پر از دم تکان دادن، بوسه‌های خیس و عشق بی‌پایان را آغاز کنیم. برای پیوندی آماده شوید که قلبتان را گرم کند و شادی بی‌پایانی را به زندگی‌تان بیاورد!

تقدیم با کلی عشق و دم تکانی
انگلیش ستر شما

راهنمایی ضروری برای دوستداران سگ‌ها

سگ ژرمن شپرد
German Shepherd

ووف ووف سلام دوست انسان ! من! من دوست ژرمن شپرد شما هستم و آماده‌ام تا هر آنچه را که باید در مورد ما سگ‌های ژرمن شپرد بدانید، برایتان فاش کنم. آیا برای یک ماجراجویی فوق‌العاده و نفس‌گیر آماده‌اید؟ بیایید مستقیماً شروع کنیم!

اول از همه، بیایید در مورد نژادمان صحبت کنیم. ما ژرمن شپردها میراث غنی به عنوان سگ‌های کاری داریم. ما که برای باهوش، وفادار و همه‌کاره بودن پرورش یافته‌ایم، مانند ابرقهرمانان دنیای سگ‌ها هستیم! از کار پلیس و ارتش گرفته تا ماموریت‌های جستجو و نجات، بارها و بارها خود را به عنوان همراهانی شجاع و فداکار ثابت کرده‌ایم.

حالا، بیایید در مورد زبان منحصر به فرد صداهایمان صحبت کنیم. اوه، صداهایی که ما تولید می‌کنیم واقعاً جذاب هستند! ما مجموعه‌ای از پارس‌ها، ناله‌ها و زوزه‌ها را برای برقراری ارتباط با شما داریم. وقتی یک پارس کوتاه و تیز می‌کنیم، معمولاً روش ما برای گفتن این است که: "هی، توجه کن! اتفاق مهمی در حال رخ دادن است!" و وقتی یک غرغر آرام و گوشخراش از خود ساطع می‌کنیم، ممکن است به این معنی باشد که احساس محافظت یا هوشیاری نسبت به خطرات احتمالی داریم.

در مورد اضطراب، ما سگ‌های ژرمن شپرد گاهی اوقات در موقعیت‌های خاص کمی مضطرب می‌شویم. صداهای بلند، محیط‌های ناآشنا یا جدایی از عزیزانمان می‌تواند باعث ناراحتی ما شود. آرام کردن ما با کلمات ملایم، ایجاد یک فضای امن و دنج برای ما و آشنا کردن تدریجی ما با تجربیات جدید می‌تواند در کاهش نگرانی‌های ما بسیار مؤثر باشد. حضور آرام و اطمینان‌بخش شما برای ما بسیار ارزشمند است، انسان عزیز!

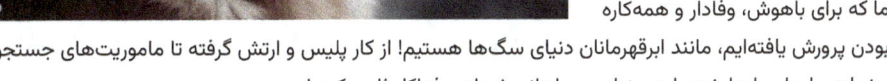

ها ذاتاً عاشق فعالیت‌هایی هستیم که ذهن و بدنمان راGSD آه، بیایید علایق و تنفرهایمان را فراموش نکنیم. ما درگیر می‌کند. چه بازی واکشی باشد، چه پیاده‌روی طولانی یا شرکت در آموزش اطاعت، ما با تحریک ذهنی و جسمی رشد می‌کنیم. ما به خاطر اشتیاقمان برای راضی کردن دیگران شناخته شده‌ایم، بنابراین گذراندن وقت با کیفیت با ما و به چالش کشیدن ما با کارهای جدید باعث می‌شود از خوشحالی دُم‌هایمان را تکان دهیم.

وقتی زمان استراحت فرا می‌رسد، ما سگ‌های نگهبان درست مثل هر توله سگ دیگری از خواب زیبایمان لذت می‌بریم. ما به حدود ۱۲ تا ۱۴ ساعت چرت زدن نیاز داریم تا باتری‌هایمان را شارژ کنیم و بهترین خودمان باشیم.

بنابراین، اگر ما را در گوشه‌ای دنج از خانه در حال رؤیاپردازی در مورد ماجراجویی‌های هیجان‌انگیز و محافظت از عزیزانمان یافتید، تعجب نکنید.

در مورد شرایط زندگی، ما سگ‌های ژرمن شپرد می‌توانیم به خوبی با محیط‌های داخلی و خارجی سازگار شویم. با این حال، وقتی به یک فضای باز امن برای کشیدن پاهایمان و سوزاندن انرژی‌مان دسترسی داشته باشیم، رشد می‌کنیم. یک حیاط خلوت با حصار بلند برای ما ایده‌آل است، زیرا به ما امکان می‌دهد قلمرو خود را کشف و از آن محافظت کنیم.

برای اطمینان از شادی و رفاه ما، صاحبان سگ‌ها باید از سنین پایین ورزش‌های ذهنی و جسمی، آموزش مداوم و اجتماعی شدن را برای ما فراهم کنند. روش‌های آموزشی تقویت مثبت برای ما معجزه می‌کنند، زیرا ما به ستایش و پاداش به خوبی پاسخ می‌دهیم. یک محیط دوست‌داشتنی و ساختارمند، نوازش شکم فراوان و زمان بازی، ما را به شادترین سگ‌های ژرمن شپرد محله تبدیل می‌کند!

در پایان، انسان عزیز، ما سگ‌های ژرمن شپرد همراهانی وفادار، باهوش و محافظ هستیم. تاریخچه نژاد، صداهای منحصر به فرد و نیازهای خاص ما، ما را واقعاً خاص می‌کند. به یاد داشته باشید، ما به دنبال عشق، راهنمایی و هدفمندی شما هستیم. با صبر، درک و فداکاری شما، ما فداکارترین دوستان پشمالوی شما خواهیم بود.

پس، بیا با هم این سفر باورنکردنی را آغاز کنیم، دوست انسان من. ما پیوندی ایجاد خواهیم کرد که یک عمر دوام خواهد داشت، پر از ماجراجویی‌های فراموش‌نشدنی، دم تکان دادن‌های شاد و عشق بی‌پایان. با هم، می‌توانیم هر چیزی را فتح کنیم!

تقدیم با کلی عشق و حمایت
ژرمن شپرد شما

گلدن رتریور
Golden Retriever

ووف ووف سلام، دوست انسان! من! دوست گلدن رتریور شما اینجاست، آماده است تا هر آنچه را که باید در مورد ما گلدن‌ها بدانید به اشتراک بگذارد. برای یک تفریح دم تکان دادن آماده شوید!

اول از همه، بیایید به نژاد خودمان بپردازیم. گلدن رتریورها به خاطر طبیعت دوستانه و ملایمشان شناخته می‌شوند. ما تاریخچه‌ای غنی به عنوان سگ‌های بازیابی داریم که در ابتدا برای جمع‌آوری پرندگان آبزی برای شکارچیان پرورش داده می‌شدند. اما امروزه، ما بیشتر علاقه داریم که در زمان بازی دمپایی یا توپ تنیس شما را بیاوریم!

حالا، بیایید در مورد زبان منحصر به فرد صداهایمان صحبت کنیم. اوه، صداهایی که ما تولید می‌کنیم برای گوش‌های شما موسیقی هستند! از پارس‌های هیجان‌زده‌ی شادی گرفته تا پارس‌های شاد و تکان دادن دم، ما همیشه راهی برای ابراز شادی خود داریم. ناله یا نجوای آرام ممکن است به معنای احساس اضطراب یا جستجوی توجه باشد. و وقتی آهی طولانی و از روی رضایت می‌کشیم، این روش ما برای گفتن این است که "زندگی خوب است، انسان من!"

وقتی صحبت از اضطراب می‌شود، ما گلدن‌ها می‌توانیم روح‌های حساسی باشیم. ممکن است در موقعیت‌های جدید یا ناآشنا، یا در هنگام رعد و برق یا آتش‌بازی احساس ناراحتی کنیم. ارائه اطمینان خاطر، نوازش آرام‌بخش سر و یک مکان دنج برای استراحت می‌تواند در تسکین نگرانی‌های ما بسیار مؤثر باشد. ما با عشق و توجه شما شکوفا می‌شویم و این به ما کمک می‌کند احساس امنیت و آرامش کنیم.

حالا، بیایید در مورد علایق و تنفرهایمان صحبت کنیم. گلدن رتریورها به خاطر عشقشان به آب معروف هستند! آب‌بازی در دریاچه‌ها، برکه‌ها یا حتی استخر کودکان برای ما یک نعمت خالص است. ما پنجه‌های پرده‌داری داریم که ما را شناگران ماهری می‌کند. بنابراین، اگر به دنبال یک همراه برای شنا یا بازی آوردن در آب هستید، روی ما حساب کنید.

وقتی زمان چرت زدن فرا می‌رسد، ما گلدن‌ها می‌دانیم که چگونه استراحت کنیم و تجدید قوا کنیم. ما معمولاً به حدود ۱۰ تا ۱۲ ساعت خواب نیاز داریم تا بهترین خودمان باشیم. بنابراین اگر ما را در راحت‌ترین نقطه خانه در

حالی که در خواب در حال رویاپردازی در مورد ماجراجویی‌های سرگرم‌کننده هستیم و دم خود را تکان می‌دهیم، پیدا کردید، تعجب نکنید.

گلدن‌ها سازگار هستند و می‌توانند در شرایط مختلف زندگی رشد کنند. ما می‌توانیم هم در داخل خانه و هم در خارج از منزل خوشحال باشیم، تا زمانی که عشق، توجه و فرصت‌های زیادی برای ورزش داشته باشیم. یک حیاط امن و حصارکشی شده که بتوانیم در آن بدویم و بازی کنیم، مانند یک رویای طلایی است که به حقیقت پیوسته است!

برای سالم و شاد نگه داشتن ما، صاحبان سگ‌ها باید ورزش منظم، تحریک ذهنی و آموزش‌های تقویت مثبت را برای ما فراهم کنند. ما عاشق یادگیری ترفندها و کارهای جدید هستیم، بنابراین آموزش دستورات سرگرم‌کننده و به چالش کشیدن مغزمان، ما را سرحال نگه می‌دارد! و البته، مالش زیاد شکم، خاراندن گوش و بازی با شما، ما را به شادترین گلدن رتریورهای روی زمین تبدیل می‌کند.

در پایان، انسان عزیز، ما گلدن رتریورها دوست‌داشتنی، وفادار و سرشار از شادی هستیم. تاریخچه نژاد ما، زبان صداها و نیازهای منحصر به فرد ما، ما را واقعاً خاص می‌کند. به یاد داشته باشید، ما به شما به عنوان خانواده خود نگاه می‌کنیم و به شما اعتماد داریم تا محیطی پر از عشق و محبت برای ما فراهم کنید.

پس، بیا با هم این سفر باورنکردنی را آغاز کنیم، دوست انسان من. با عشق، مراقبت و چند خوراکی خوشمزه، پیوندی ایجاد خواهیم کرد که یک عمر دوام خواهد داشت. برای یک عمر دم تکان دادن، بوسه‌های خیس و لحظات طلایی بی‌پایان آماده شو!

تقدیم با کلی عشق و دم تکانی
گلدن رتریور شما

فصل چهارده

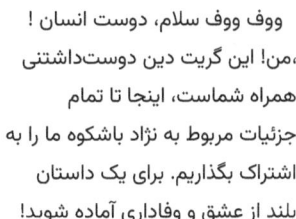

گریت دین
Great Dane

ووف ووف سلام، دوست انسان من! این گریت دین دوست‌داشتنی همراه شماست، اینجا تا تمام جزئیات مربوط به نژاد باشکوه ما را به اشتراک بگذاریم. برای یک داستان بلند از عشق و وفاداری آماده شوید!

بیایید با پیشینه نژادمان شروع کنیم. گریت دین‌ها سگ‌های غول‌پیکری با قلبی از طلا هستند. ما تاریخ غنی‌ای داریم که ریشه در یونان باستان و آلمان دارد. ما که به عنوان سگ‌های شکاری و بعدها به عنوان محافظان وفادار پرورش یافته‌ایم، حضوری باشکوه و طبیعتی لطیف داریم که ما را برای هر کسی که ملاقات می‌کنیم، مقاومت‌ناپذیر می‌کند.

حالا، بیایید در مورد زبان منحصر به فرد صداهایمان صحبت کنیم. اگرچه ممکن است ما پرسروصداترین سگ‌ها نباشیم، اما از طریق طیف وسیعی از صداهای دلنشین ارتباط برقرار می‌کنیم. از صداهای بم و غرغر مانند گرفته تا پارس‌های بازیگوشانه و غرغرهای ملایم، ما احساسات خود را به بامزه‌ترین شکل ممکن ابراز می‌کنیم. این روش ما برای گفتن این است که "من اینجا هستم و دوستت دارم!"

وقتی صحبت از اضطراب می‌شود، ما گریت دین‌ها موجوداتی مهربان و دلسوز هستیم. ما تشنه‌ی عشق و توجه شما هستیم و وقتی برای مدت طولانی تنها می‌مانیم، ممکن است احساس اضطراب کنیم. برای کمک به کاهش نگرانی‌هایمان، فضایی امن و دنج برای ما ایجاد کنید تا وقتی شما نیستید، به آنجا پناه ببریم. گذاشتن عطرهای آرامش‌بخش، تهیه‌ی اسباب‌بازی‌های تعاملی و پخش موسیقی آرامش‌بخش می‌تواند به آرامش روح لطیف ما کمک کند.

بیایید علایق و چیزهایی که دوست نداریم را فراموش نکنیم. گریت دین‌ها به خاطر طبیعت آرام و دوستانه‌شان شناخته می‌شوند. ما عاشق این هستیم که در کنار گله انسانی‌مان باشیم، روی راحت‌ترین مبل‌ها بغل کنیم یا برای نوازش شکم‌مان روی زمین دراز بکشیم. با وجود جثه‌مان، به عنوان غول‌های مهربان شهرت داریم و همراهان بسیار خوبی برای خانواده هستیم.

وقتی زمان خواب فرا می‌رسد، ما گریت دین‌ها خوابمان را جدی می‌گیریم. ما روزانه به حدود ۱۴ تا ۱۶ ساعت خواب زیبا نیاز داریم تا باتری‌های بزرگ خود را شارژ کنیم. ممکن است ما را در دنج‌ترین گوشه خانه ببینید که در

کاوش در دنیای پراضطراب سگ‌ها

حال چرت زدن و رویای خوراکی‌ها و ماجراجویی‌ها هستیم. یک تخت نرم مناسب برای یک پادشاه یا ملکه دقیقاً همان چیزی است که برای بیدار شدن با احساس شادابی و آماده بودن برای تفریح به آن نیاز داریم!

در مورد شرایط زندگی، ما گریت دین‌ها سازگار هستیم و می‌توانیم در محیط‌های مختلف رشد کنیم. اگرچه از داشتن یک حیاط بزرگ برای کشش پاهای بلندمان قدردانی می‌کنیم، اما تا زمانی که ورزش روزانه و تحریک ذهنی زیادی داشته باشیم، از زندگی در آپارتمان‌ها یا خانه‌های کوچک‌تر نیز راضی هستیم. پیاده‌روی منظم، بازی و بازی‌های تعاملی ما را شاد و سالم نگه می‌دارد.

برای اطمینان از رفاه ما، صاحبان سگ‌ها باید از سنین پایین آموزش و اجتماعی شدن مناسب را برای ما فراهم کنند. اگرچه ممکن است با ابهت به نظر برسیم، اما مهربان و مشتاق جلب رضایت دیگران هستیم. روش‌های آموزشی تقویت مثبت برای ما بهترین نتیجه را می‌دهند، زیرا ما به ستایش، پاداش و راهنمایی‌های مهربانانه به خوبی پاسخ می‌دهیم. با صبر، ثبات قدم و خوراکی‌های فراوان، ما خوش‌رفتارترین گریت دین خواهیم بود!

در پایان، انسان عزیز، ما گریت دین‌ها مظهر عشق و وفاداری هستیم. قامت باشکوه، صداهای منحصر به فرد و طبیعت لطیف ما، ما را واقعاً خاص می‌کند. با عشق، مراقبت و درک شما از نیازهای ما، ما همراهان مادام العمر شما خواهیم بود و همیشه آماده‌ایم تا روزهای شما را با بوسه‌های آبکی، دم تکان دادن و نوازش‌های بی‌پایان پر کنیم.

خب، آیا آماده‌اید تا با دوست سگ گریت دین خود یک ماجراجویی بزرگ را آغاز کنید؟ بیایید با هم دنیا را کشف کنیم، خاطره بسازیم و لذت داشتن یک غول مهربان را در کنار خود تجربه کنیم. برای یک سفر خارق‌العاده پر از عشق، خنده و لحظات دلگرم‌کننده آماده شوید!

تقدیم با کلی عشق و بوسه‌های آبکی
گریت دین شما

لابرادور رتریور
Labrador Retriever

ووف ووف سلام، دوست انسان! من! این دوست لابرادور رتریور شماست، آماده است تا هر چیزی را که باید در مورد ما لابرادورها بدانید فاش کند. کمربند ایمنی خود را برای یک تفریح خوب ببندید!

اول از همه، بیایید در مورد نژادمان صحبت کنیم. ما لابرادورها تاریخچه جذابی داریم. در اصل به عنوان سگ‌های کاری پرورش داده شدیم، اما پیشینه ژنتیکی قوی به عنوان سگ‌های بازیاب داریم. چه آوردن اردک باشد و چه دمپایی مورد علاقه شما، ما یک غریزه طبیعی برای بازیابی اشیاء و بازگرداندن آنها به شما داریم. ما مانند ابرقهرمانان پشمالوی دنیای آوردن هستیم!

حالا، بیایید به زبان منحصر به فرد صداهایمان بپردازیم. آه، صداهای مختلفی که ما تولید می‌کنیم! از پارس‌های شاد گرفته تا ناله‌های دوست‌داشتنی، ما مجموعه‌ای از صداهای متنوع داریم. وقتی با صداهای کوتاه و تیز پارس می‌کنیم، معمولاً روش ما برای گفتن این است که: "هی، توجه کن! اتفاق هیجان‌انگیزی در حال رخ دادن است!" و وقتی زوزه‌ای بلند و غم‌انگیز می‌کشیم، ممکن است حسرت خود را ابراز کنیم یا دوستان پشمالوی خود را در دوردست صدا بزنیم.

وقتی صحبت از اضطراب می‌شود، ما لابرادورها گاهی اوقات دچار وحشت می‌شویم. صداهای بلند مانند رعد و برق یا آتش‌بازی می‌تواند ما را از ترس بلرزاند. آرام کردن ما با کلمات ملایم، فراهم کردن یک جای دنج برای لم دادن ما، و شاید حتی پخش یک موسیقی آرامش‌بخش می‌تواند در کاهش نگرانی‌های ما معجزه کند. به یاد داشته باشید ما به شما به عنوان ابرقهرمان انسانی خود نگاه می‌کنیم، بنابراین حضور آرامش‌بخش شما برای ما بسیار ارزشمند است.

آه، بیایید علایق و تنفرهایمان را فراموش نکنیم. لابرادورها به خاطر عشق ما به آب شناخته شده‌اند! آب‌بازی در دریاچه‌ها، رودخانه‌ها یا حتی استخر کودکان در حیاط خلوت برای ما سعادت محض است. می‌دانید، ما پنجه‌های پرده‌دار داریم که ما را شناگران ماهری می‌کند. فقط به آن حالت‌های شادی که هنگام شیرجه زدن در آب تکان می‌دهند نگاه کنید.

کاوش در دنیای پراضطراب سگ‌ها

وقتی وقت چرت زدن است، ما لابرادورها واقعاً حرفه‌ای هستیم. ما به خواب زیبا نیاز داریم و از اعتراف به آن خجالت نمی‌کشیم! حدود ۱۲ تا ۱۴ ساعت چرت زدن برای شارژ مجدد باتری‌هایمان مناسب است. بنابراین، اگر ما را در دنج‌ترین گوشه خانه در حال لم دادن و رویای دنبال کردن سنجاب‌ها و توپ‌های تنیس دیدید، تعجب نکنید.

در مورد شرایط زندگی، لابرادورها می‌توانند به خوبی با محیط‌های داخلی و خارجی سازگار شوند. ما توله‌های همه‌کاره‌ای هستیم که می‌توانیم در محیط‌های مختلف رشد کنیم. با این حال، ما از دسترسی به یک منطقه امن در فضای باز برای کاوش و سوزاندن مقداری انرژی لذت می‌بریم. یک حیاط خلوت بزرگ با فضای کافی برای پرسه زدن، رویایی است که برای ما به حقیقت پیوسته است.

برای اطمینان از رفاه ما، صاحبان سگ‌ها باید از سنین پایین ما را با تحریک ذهنی، آموزش مداوم و اجتماعی شدن آشنا کنند. روش‌های آموزشی تقویت مثبت برای ما معجزه می‌کنند، زیرا ما به ستایش و پاداش به خوبی پاسخ می‌دهیم. یک برنامه‌ی منظم، ورزش منظم و عشق و محبت فراوان، ما را به شادترین سگ‌های لابرادور محله تبدیل می‌کند!

در پایان، ما لابرادورها وفادار، دوست‌داشتنی و سرشار از زندگی هستیم. تاریخچه نژاد، پیشینه ژنتیکی و زبان منحصر به فرد صداها، ما را واقعاً خاص می‌کند. به یاد داشته باشید، ما به دنبال عشق، مراقبت و درک شما هستیم. با راهنمایی، صبر و حوصله و نوازش‌های فراوان شما، ما شادترین لابرادورهای دنیا خواهیم بود!

به یاد داشته باشید، هر لابرادور منحصر به فرد است و نیازهای ما ممکن است متفاوت باشد. همیشه ایده خوبی است که با یک دامپزشک یا یک مربی سگ حرفه‌ای برای راهنمایی و مشاوره شخصی بر اساس شخصیت‌های فردی خود مشورت کنید.

خب، انسان عزیز من، امیدوارم این نگاه اجمالی به دنیای لابرادور رتریورها لبخند را بر لبانت آورده باشد. ما وفادار دوست‌داشتنی و سرشار از شادی بی‌پایان هستیم. پس، بیایید با هم یک عمر ماجراجویی را آغاز کنیم، پر از دم تکان دادن، بوسه‌های آب دهان و عشق بی‌قید و شرط.

تقدیم با کلی عشق و بوسه‌های آبکی
لابرادور رتریور شما

لئونبرگر
Leonberger

ووف ووف سلام، من دوست ! پشمالوی شما، لئونبرگر، هستم که اینجا هستم تا تمام چیزهای شگفت‌انگیز در مورد نژاد باشکوهمان را به اشتراک بگذارم. خودتان را برای یک سفر پر از عشق، وفاداری و کلی ،سرگرمی آماده کنید! اول از همه بیایید در مورد ظاهرمان صحبت کنیم.

ما بزرگ، پشمالو و به‌طرز عجیبی ،خوش‌قیافه‌ایم. با یال شیرمانند ،چشمان گیرا و چهره‌ای مهربان می‌توانیم هرجا که می‌رویم سرها را به سمت خود برگردانیم. ما به‌عنوان یکی از بزرگترین نژادهای سگ، قوی و محکم، در عین حال مهربان و برازنده هستیم. اما فقط ظاهرمان نیست که ما را خاص می‌کند.

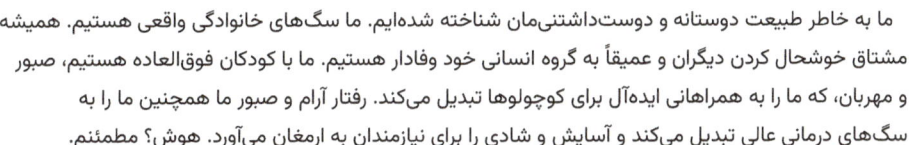

ما به خاطر طبیعت دوستانه و دوست‌داشتنی‌مان شناخته شده‌ایم. ما سگ‌های خانوادگی واقعی هستیم. همیشه مشتاق خوشحال کردن دیگران و عمیقاً به گروه انسانی خود وفادار هستیم. ما با کودکان فوق‌العاده هستیم، صبور و مهربان، که ما را به همراهانی ایده‌آل برای کوچولوها تبدیل می‌کند. رفتار آرام و صبور ما همچنین ما را به سگ‌های درمانی عالی تبدیل می‌کند و آسایش و شادی را برای نیازمندان به ارمغان می‌آورد. هوش؟ مطمئنم.

ما یادگیرندگان سریعی هستیم و با تحریک ذهنی پیشرفت می‌کنیم. آموزش ما بسیار آسان است، به خصوص وقتی از تکنیک‌های تقویت مثبت مانند خوراکی و تشویق استفاده می‌کنید. ما همیشه برای یادگیری ترفندها و کارهای جدید آماده‌ایم و در اطاعت، ردیابی و حتی فعالیت‌های نجات در آب عالی هستیم. مشغول و به چالش کشیدن ذهنمان کلید شادی و رفاه ماست.

حالا، بیایید در مورد عشقمان به آب صحبت کنیم. ما ذاتاً شناگر هستیم و از آب‌بازی در دریاچه یا شنا در استخر لذت می‌بریم. پوشش ضخیم و دولایه ما حتی در آب‌های سرد هم ما را گرم نگه می‌دارد و شنا را به یکی از سرگرمی‌های مورد علاقه ما تبدیل می‌کند. بنابراین، اگر به دنبال یک دوست پشمالو هستید تا در ماجراجویی‌های آبی به شما بپیوندد، ما آماده‌ایم تا شما را غرق در آب کنیم!

وقتی صحبت از اضطراب می‌شود، برخی از ما لئونبرگرها می‌توانیم کمی حساس باشیم. صداهای بلند، تغییر در روال عادی زندگی یا تنها ماندن برای مدت طولانی می‌تواند باعث شود کمی احساس ناراحتی کنیم. فراهم کردن

یک محیط آرام و امن، ورزش زیاد و گذراندن وقت با کیفیت زیاد با خانواده می‌تواند به کاهش نگرانی‌های ما کمک کند. ما از داشتن یک روال منظم و شرکت در فعالیت‌های خانوادگی برای شاد بودن قدردانی می‌کنیم.

از نظر شرایط زندگی، ما سگ‌های سازگاری هستیم. در حالی که از داشتن یک فضای بزرگ برای کشیدن پنجه‌هایمان لذت می‌بریم، می‌توانیم با محیط‌های زندگی مختلف سازگار شویم، البته تا زمانی که ورزش منظم و عشق و توجه زیادی از طرف صاحبانمان داشته باشیم. فقط کافی است تحریک ذهنی و جسمی کافی برای راضی و خوشحال نگه داشتن ما فراهم کنید.

در پایان، انسان عزیز، ما لئونبرگرها دوست‌داشتنی، وفادار و سرشار از قدرت و مهربانی هستیم. ظاهر باشکوه، طبیعت دوستانه و هوش ما، ما را به همراهانی فوق‌العاده برای خانواده‌ها در هر اندازه‌ای تبدیل می‌کند. با عشق مراقبت و نوازش‌های فراوان شما، ما شادترین لئونبرگرهای دنیا خواهیم بود! پس، بیایید با هم یک عمر ماجراجویی را آغاز کنیم، پر از دم تکان دادن، آغوش‌های بزرگ و عشق بی‌پایان.

برایت آغوش‌های پشمالوی بزرگ و بوسه‌های آبکی می‌فرستم
لئونبرگر شما

فصل چهارده

مالتیز
Maltese

ووف ووف سلام، دوست عزیز! انسان! همراه دوست‌داشتنی مالتیز شما اینجاست، آماده است تا تمام جزئیات پشمالوی نژاد فوق‌العاده ما را به اشتراک بگذارد. برای یک سفر جذاب و پنجه‌دار به دنیای سگ‌های مالتیز آماده شوید!

بیایید با پیشینه نژاد خودمان شروع کنیم. سگ‌های مالتی نژادی باستانی با میراث سلطنتی هستند. ما قرن‌هاست که همراهان گرامی اشراف و اشراف‌زادگان بوده‌ایم.

پوشش سفید ابریشمی و ظاهر زیبای ما، ما را مانند توپ‌های پشمالوی متحرک می‌کند که هر جا می‌رویم، ظرافت و وقار را به ارمغان می‌آورند.

حالا، بیایید در مورد زبان منحصر به فرد صداهایمان صحبت کنیم. آه، صداهایی که ما تولید می‌کنیم! ما مجموعه‌ای از صداهای متنوع داریم، از پارس‌های کوچک شیرین گرفته تا جیرجیر بازیگوشانه و غرغرهای گاه به گاه. ما از این صداها برای ابراز هیجان، شادی و گاهی اوقات برای اطلاع دادن به شما در مورد نیازمان استفاده می‌کنیم. فقط کافی است با دقت گوش دهید، و زبان مالتی دوست‌داشتنی ما را خواهید فهمید.

وقتی صحبت از اضطراب می‌شود، ما سگ‌های مالتیایی می‌توانیم روح‌های حساسی داشته باشیم. تغییر در روال عادی زندگی، جدایی از عزیزانمان یا مواجهه با موقعیت‌های ناآشنا می‌تواند ما را مضطرب کند. فراهم کردن یک محیط آرام و دوست‌داشتنی، اطمینان خاطر ملایم و نوازش فراوان می‌تواند در تسکین نگرانی‌های ما معجزه کند. حضور و محبت شما برای ما به اندازه یک دنیا ارزش دارد و بزرگ‌ترین آرامش ما در آن لحظات اضطراب‌آور است.

آه، بیایید علایق و تنفرهایمان را فراموش نکنیم. ما سگ‌های مالتیز عاشق این هستیم که در کانون توجه باشیم! ما عاشق توجه، نوازش و مرکز دنیای شما بودن هستیم. چه در حال نوازش شما باشیم، چه در ماجراجویی‌ها شما را همراهی کنیم و چه ترفندهای جذاب خود را به نمایش بگذاریم، ما از عشق و تحسین شما رشد می‌کنیم.

وقتی زمان استراحت فرا می‌رسد، ما سگ‌های مالتی از چرت زدن‌های راحت خود قدردانی می‌کنیم. ما معمولاً روزانه به حدود ۱۲ تا ۱۴ ساعت خواب زیبا نیاز داریم تا باتری‌های زیبای خود را شارژ کنیم. بنابراین، اگر ما را در نرم‌ترین بالش‌ها یا در پتوی گرم و نرمی یافتید که در حال رویای ماجراجویی‌های لذت‌بخش هستیم، تعجب نکنید.

در مورد شرایط زندگی ما، سگ‌های مالتیز برای زندگی در فضای بسته بسیار مناسب هستند. ما در آپارتمان‌ها مجتمع‌های مسکونی یا خانه‌ها کاملاً راضی هستیم، تا زمانی که حضور پرمهر شما و فضای راحتی که خودمان می‌نامیم را داشته باشیم. ما از بودن در کنار حیوانات خانگی لذت می‌بریم و گوشه‌های دنج و تخت‌های نرمی را که شما برای ما فراهم می‌کنید، گرامی می‌داریم.

برای اطمینان از رفاه حال ما، نظافت و مراقبت منظم از ما ضروری است. پوشش سفید زیبای ما برای جلوگیری از گره خوردن به برس کشیدن روزانه و مراجعه منظم به آرایشگاه برای کوتاه کردن مو و مراقبت نیاز دارد. ما همچنین از ورزش‌های ملایم مانند پیاده‌روی‌های کوتاه و جلسات بازی تعاملی برای تحریک جسمی و روحی خود قدردانی می‌کنیم.

در پایان، انسان عزیز، ما سگ‌های مالتیایی مجموعه‌ای از عشق، ظرافت و جذابیت هستیم. تاریخ غنی، صداهای منحصر به فرد و طبیعت مهربان ما، ما را به همراهانی واقعاً ویژه تبدیل می‌کند. با مراقبت، توجه و نوازش‌های آرام شما، ما شادترین سگ‌های مالتیایی در محله خواهیم بود.

پس، بیایید با هم یک زندگی پر از ماجراجویی‌های لذت‌بخش، پر از خنده، نوازش و عشق بی‌قید و شرط را آغاز کنیم. برای یک پیوند شگفت‌انگیز آماده شوید که شادی و لبخند را به قلب شما می‌آورد!

تقدیم با کلی عشق و دم تکانی
مالتیز شما

اشنایزر مینیاتوری
Miniature Schnauzer

سلام، دوست کوچولوی من! من رفیق مینیاتوری اشناوزر شما هستم که اینجا هستم و با هیجان دمم را تکان می‌دهم تا همه چیز را در مورد ما توله سگ‌های کوچولوی شگفت‌انگیز برایتان تعریف کنم. برای یک ماجراجویی کوچک آماده شوید!

اول از همه، بیایید در مورد نژاد خودمان صحبت کنیم. ما سگ‌های اشناوزر مینیاتوری جثه کوچکی داریم اما شخصیت بزرگی داریم. با صورت ریش‌دار و گوش‌های تیزمان، به سختی می‌توانیم از کنارمان رد شویم! ما که در اصل در آلمان پرورش یافته‌ایم، موش‌گیر و سگ مزرعه بودیم و به خاطر حس بویایی قوی و توانایی‌مان در دور نگه داشتن موجودات مزاحم شناخته می‌شدیم.

حالا، بیایید در مورد سبک ارتباطی‌مان صحبت کنیم. ما کاملاً اهل صحبت کردن هستیم! از پارس کردن و هورا کشیدن گرفته تا غرغر کردن و زوزه کشیدن، صداهای زیادی برای ابراز خودمان داریم. اگر هیجان‌زده باشیم یا توجه شما را بخواهیم، ممکن است یک سری پارس‌های شادی‌آور انجام دهیم. و وقتی احساس محافظت یا سوءظن می‌کنیم، یک پارس عمیق و آمرانه، روش ما برای اطلاع دادن به شماست.

اضطراب گاهی اوقات می‌تواند موهای سگ اشناوزر ما را ژولیده کند، به خصوص اگر به اندازه کافی تحریک ذهنی نداشته باشیم یا برای مدت طولانی تنها بمانیم. ما از بودن در کنار خانواده لذت می‌بریم و از فعالیت‌هایی که ذهن تیز ما را درگیر می‌کند، لذت می‌بریم. اسباب‌بازی‌های پازل تعاملی، آموزش اطاعت و بازی منظم با شما برای شاد و راضی نگه داشتن ما ضروری است.

بیایید در مورد علایق و چیزهایی که دوست داریم صحبت کنیم! ما به خاطر طبیعت دوستانه و بازیگوش خود شناخته شده‌ایم، همیشه آماده‌ایم تا به جمع‌های شاد بپیوندیم. ما عاشق گذراندن وقت با کیفیت با انسان‌های مورد علاقه‌مان هستیم، چه برای پیاده‌روی آرام در اطراف محله‌مان برویم و چه برای تماشای نتفلیکس و خوردن خوراکی روی مبل لم بدهیم. اوه، و آیا اشاره کردم که ما علاقه طبیعی به اسباب‌بازی‌های جیرجیر داریم؟ آنها توله سگ درون ما را بیرون می‌آورند و ساعت‌ها ما را سرگرم می‌کنند.

وقتی صحبت از خواب می‌شود، ما کاملاً انعطاف‌پذیر هستیم. ما هر روز به حدود ۱۲ تا ۱۴ ساعت خواب نیاز داریم، اما می‌توانیم خودمان را با برنامه شما وفق دهیم. چه در یک تخت دنج لم بدهیم و چه در کنار شما چرت بزنیم، ما مکان مناسبی را برای تجدید قوا و رویای دنبال کردن سنجاب‌ها یا بازی آوردن اشیا پیدا خواهیم کرد.

در مورد شرایط زندگی، ما سگ‌های همه‌کاره‌ای هستیم که می‌توانیم به خوبی با زندگی آپارتمانی یا خانه‌ای با حیاط سازگار شویم. با این حال، ورزش منظم برای حفظ آمادگی جسمانی ما ضروری است. پیاده‌روی روزانه، جلسات بازی تعاملی و چالش‌های ذهنی مانند آموزش اطاعت یا دوره‌های چابکی، راه‌های فوق‌العاده‌ای برای فعال نگه داشتن ذهن و بدن ما هستند.

برای اینکه ما را در بهترین حالت خود نگه دارید، مهم است که یک رژیم غذایی متعادل، نظافت منظم برای حفظ پوشش شیک و اجتماعی شدن از سنین پایین برای ما فراهم کنید. روش‌های آموزشی تقویت مثبت برای ما معجزه می‌کنند، زیرا ما با ستایش و پاداش رشد می‌کنیم. با راهنمایی صبورانه، عشق و محبت شما، ما شادترین سگ اشناوزر مینیاتوری محله خواهیم بود!

در پایان، همراه عزیز من، ما سگ‌های مینیاتوری اشناوزر کوچک اما قدرتمند هستیم. شخصیت سرزنده، ظاهر متمایز و عشق به زندگی ما را به عضوی جذاب برای هر خانواده‌ای تبدیل می‌کند. با عشق، توجه و کمی نوازش شکم شما، ما همراهانی وفادار و دسته‌های پشمالوی شادی خواهیم بود.

پس، بیایید با هم سفری نفس‌گیر را آغاز کنیم! من اینجا هستم، دم تکان می‌دهم، آماده‌ام تا در کنار تو دنیا را کشف کنم، نوازش‌های بی‌پایان را به اشتراک بگذارم و خاطراتی بسازم که قلب‌هایمان را برای سال‌های آینده گرم کند.

تقدیم با کلی عشق و دم تکانی
اشنایزر مینیاتوری شما

الکهاند نروژی
Norwegian Elkhound

ووف ووف، دوست پشمالوی شما! الکهاند نروژی، اینجاست تا تمام چیزهای شگفت‌انگیز در مورد نژاد شگفت‌انگیز ما را به اشتراک بگذارد. برای یک پارس کردن لذت‌بخش و پر از وفاداری، هوش و ماجراجویی آماده شوید!

اول از همه، بیایید در مورد میراثمان صحبت کنیم. ما به عنوان سگ‌های شکاری باستانی نوردیک، تاریخ پرافتخاری داریم. ما در ابتدا برای کمک به شکار حیوانات بزرگ مانند گوزن شمالی و خرس پرورش داده می‌شدیم و حس بویایی قوی و عزم راسخ ما، ما را به ردیاب‌های بسیار خوبی تبدیل می‌کند.

ما به خاطر استقامت، چابکی و توانایی‌مان در پیمایش زمین‌های ناهموار شناخته شده‌ایم. اجداد ما در جنگل‌های نروژ پرسه می‌زدند و امروز، ما آن روحیه نترس را به زندگی روزمره خود آورده‌ایم. به عنوان همراه، ما فوق‌العاده وفادار و محافظ گروه انسانی خود هستیم. ما با خانواده‌هایمان پیوندهای عمیقی برقرار می‌کنیم و همیشه آماده‌ایم تا در کنار شما باشیم. پارس قوی و قدرتمند ما، ما را به سگ‌های نگهبان بسیار خوبی تبدیل می‌کند و شما را از هرگونه خطر احتمالی آگاه می‌کند. مطمئن باشید، با ما در اطراف، همیشه احساس امنیت و آرامش خواهید کرد.

هوش یکی از نقاط قوت ماست. ما سریع یاد می‌گیریم و عاشق چالش ذهنی خوب هستیم. آموزش ما بسیار آسان است، به خصوص وقتی از روش‌های تقویت مثبت استفاده می‌کنید. ما با تحسین، خوراکی و فعالیت‌های جذاب رشد می‌کنیم. با آموزش مداوم و تحریک ذهنی فراوان، شما را با مهارت‌های حل مسئله و اطاعت خود شگفت‌زده خواهیم کرد.

حالا، بیایید در مورد پوشش دولایه زیبایمان صحبت کنیم. خز ضخیم ما حتی در سخت‌ترین آب و هواها ما را گرم نگه می‌دارد. برای حفظ فرم عالی و جلوگیری از گره خوردن، به نظافت منظم نیاز دارد. ما در تمام طول سال ریزش موی متوسطی داریم و یک دوره ریزش موی فصلی داریم که در آن برای حفظ بهترین ظاهر پوششمان به برس زدن بیشتری نیاز داریم. این بهای کمی برای ظاهر باشکوه ماست!

کاوش در دنیای پراضطراب سگ‌ها

تنها ماندن برای مدت طولانی یا مواجهه با صداهای بلند می‌تواند کمی ما را مضطرب کند. فراهم کردن یک محیط آرام و امن و ورزش و تحریک ذهنی فراوان به کاهش نگرانی‌های ما کمک می‌کند. ما از داشتن یک برنامه منظم و شرکت در فعالیت‌های خانوادگی برای شاد بودن و سرحال ماندن قدردانی می‌کنیم.

از نظر شرایط زندگی، ما سگ‌های همه‌کاره‌ای هستیم. در حالی که از داشتن یک فضای باز امن برای گشت و گذار لذت می‌بریم، می‌توانیم به خوبی با محیط‌های زندگی مختلف سازگار شویم، البته تا زمانی که ورزش و تحریک ذهنی زیادی داشته باشیم. ما یک نژاد فعال هستیم و در خانه‌هایی که می‌توانند فعالیت‌های بدنی منظم و چالش‌های ذهنی را برای ما فراهم کنند، رشد می‌کنیم.

در پایان، انسان عزیز، ما سگ‌های الکهاند نروژی وفادار، باهوش و ماجراجو هستیم. تاریخچه غنی ما به عنوان سگ‌های شکاری و طبیعت دوست‌داشتنی‌مان، ما را به همراهانی فوق‌العاده برای کسانی که به ویژگی‌های منحصر به فرد ما احترام می‌گذارند، تبدیل می‌کند. با عشق، مراقبت و ماجراجویی‌های فراوان شما در فضای باز، ما شادترین الکهاندهای نروژی در جهان خواهیم بود! پس، بیایید با هم یک عمر ماجراجویی هیجان‌انگیز را آغاز کنیم، پر از دم تکان دادن، انرژی بی‌حد و مرز و عشق بی‌قید و شرط.

کلی آغوش پشمالو و دم تکان دادن‌های مشتاقانه برایت می‌فرستم

الکهاند نروژی شما

پودل
Poodle

ووف ووف سلام، دوست انسان ! ،من! این دوست پودل شماست آماده است تا به قلب شما بپیوندد و هر آنچه را که باید در مورد ما پودل‌ها بدانید به اشتراک بگذارد. برای یک !ماجراجویی نفس‌گیر آماده شوید

اول از همه، بیایید در مورد نژاد خودمان صحبت کنیم. پودل‌ها در ،سه اندازه وجود دارند: استاندارد مینیاتوری و عروسکی. ما به خاطر پوشش‌های مجلل فرفری یا طنابی و ظاهر زیبا و شیک خود شناخته شده‌ایم. نگذارید ظاهر جذاب ما شما را فریب دهد - ما توله سگ‌های بازیگوش و باهوشی هستیم!

حالا، بیایید به زبان منحصر به فرد صداهایمان بپردازیم. ما پودل‌ها کاملاً بیانگر هستیم! ما با طیف گسترده‌ای از های هیجان‌زده و غرغرهای بازیگوشانه، ارتباط برقرار می‌کنیم. وقتیyip صداها، از ناله‌ها و پارس‌های آرام گرفته تا یک سری پارس‌های بازیگوشانه انجام می‌دهیم، اغلب به این روش می‌گوییم: "بیایید کمی خوش بگذرانیم!" و وقتی غرغری آرام و گوشخراش از خود ساطع می‌کنیم، ممکن است به این روش بگوییم که کمی مضطرب یا نامطمئن هستیم.

وقتی صحبت از اضطراب می‌شود، برخی از پودل‌ها می‌توانند مستعد اضطراب جدایی باشند. ما سگ‌های بسیار اجتماعی هستیم که از همراهی انسان لذت می‌بریم. بنابراین، انسان‌های ما باید وقتی شما نیستید، محرک‌های ذهنی و جسمی زیادی و محیطی امن و آرامش‌بخش برای ما فراهم کنند. اسباب‌بازی‌های تعاملی، بازی‌های پازل و ایجاد یک روال منظم می‌تواند به کاهش هرگونه اضطرابی که ممکن است تجربه کنیم، کمک کند.

بیایید در مورد علایق و چیزهایی که دوست نداریم صحبت کنیم. پودل‌ها به خاطر هوش و عشق به یادگیری‌شان شناخته می‌شوند. ما از اینکه از نظر ذهنی به چالش کشیده شویم و در آموزش‌های اطاعت، چابکی و ورزش‌های سگ‌ها شرکت کنیم، لذت می‌بریم. ورزش منظم برای شاد و سالم نگه داشتن ما مهم است، اما ورزش ذهنی را نیز فراموش نکنید - ترفندهای جدید به ما یاد بدهید یا بازی‌های تعاملی انجام دهید تا ذهنمان را تیز نگه داریم.

وقتی زمان استراحت فرا می‌رسد، ما پودل‌ها به حدود ۱۰ تا ۱۲ ساعت خواب در روز نیاز داریم. ما از داشتن یک جای دنج برای لم دادن، چه یک تخت خواب نرم سگی باشد و چه یک گوشه نرم مبل، لذت می‌بریم. ما هیچ چیز را بیشتر از لم دادن در کنار انسان‌هایمان و دیدن رویاهای شیرین دوست نداریم.

در مورد شرایط زندگی، پودل‌ها سازگار هستند و می‌توانند هم در محیط داخلی و هم در فضای باز رشد کنند. در حالی که ما از یک محیط گرم و دوست‌داشتنی خانه قدردانی می‌کنیم، از بیرون رفتن‌های منظم و معاشرت با سگ‌های دیگر نیز لذت می‌بریم. ما توله‌های همه‌کاره‌ای هستیم که می‌توانیم با شرایط مختلف زندگی سازگار شویم، البته تا زمانی که عشق و توجهی را که می‌خواهیم دریافت کنیم.

برای اطمینان از رفاه ما، صاحبان سگ‌ها باید مرتباً ما را نظافت کنند، زیرا پوشش فر ما برای حفظ سلامت و جلوگیری از گره خوردن نیاز به مراقبت دارد. ورزش منظم و تحریک ذهنی، همراه با روش‌های آموزشی تقویت مثبت با تمرکز بر یادگیری مبتنی بر پاداش، کلیدی هستند. ما مشتاقیم که دیگران را خوشحال کنیم و به خوبی به تعریف و تمجید و خوراکی‌ها پاسخ دهیم.

در پایان، انسان‌های عزیز، ما پودل‌ها بازیگوش، باهوش و جذاب هستیم. اندازه‌ها، صداها و نیازهای منحصر به فرد نژاد ما، ما را واقعاً خاص می‌کند. به یاد داشته باشید، ما به دنبال عشق، مراقبت و ماجراجویی‌های هیجان‌انگیز از شما هستیم!

پس، دوست انسان من، بیا با هم این سفر را آغاز کنیم. با صبر، درک و نوازش‌های فراوان شکمت، پیوندی ایجاد خواهیم کرد که تا آخر عمر پایدار خواهد ماند. برای تکان دادن دم، نوازش‌های پشمالو و کلی عشق پودل آماده شو!

تقدیم با کلی عشق و دم تکانی
پودل شما

پرتگیز واتر
Portuguese Water

ووف ووف، دوست پشمالوی شما! سگ آبی پرتغالی، اینجاست تا درباره نژاد شگفت‌انگیز ما با شما صحبت کند. برای هیجان و موجی از عشق آماده شوید!

ما نژادی منحصر به فرد با تاریخی غنی هستیم که ریشه در پرتغال دارد و به خاطر عشق به آب و موهای فرفری دوست‌داشتنی‌مان شناخته می‌شویم. به عنوان سگ‌های آبی، ما برای شنا کردن به دنیا آمده‌ایم!

ما پنجه‌های پرده‌دار و یک پوشش دوگانه ضد آب داریم که ما را حتی در آب‌های سرد گرم نگه می‌دارد. ما شناگران ماهری هستیم و نجات‌دهنده‌های طبیعی غریق هستیم، به همین دلیل است که قرن‌هاست همراهان مورد اعتماد ماهیگیران بوده‌ایم. چه بخواهیم اسباب‌بازی‌هایمان را از استخر بیاوریم و چه در ماجراجویی‌های ساحلی به شما بپیوندیم، با شادی به آب شیرجه می‌زنیم و مهارت‌های چشمگیر شنای خود را به نمایش می‌گذاریم! اما فقط استعدادهای آبی ما نیست که ما را خاص می‌کند.

ما همچنین فوق‌العاده باهوش و سریع یاد می‌گیریم. آموزش ما بسیار آسان است، به خصوص وقتی از روش‌های تقویت مثبت استفاده می‌کنید. ما عاشق خوشحال کردن گروه انسانی خود هستیم و برای یک خوراکی خوشمزه یا نوازش شکم هر کاری می‌کنیم. هوش و اشتیاق ما برای خوشحال کردن، ما را به کاندیداهای مناسبی برای ورزش‌ها و فعالیت‌های مختلف سگ تبدیل می‌کند. پوشش ما منظره‌ای چشمگیر است!

ما در دو نوع موج‌دار و فر عرضه می‌شویم. پوشش‌های بدون ریزش ما ضد حساسیت هستند و ما را به انتخابی عالی برای افراد مبتلا به آلرژی تبدیل می‌کنند. با این حال، خز شگفت‌انگیز ما نیاز به نظافت منظم دارد تا از گره خوردن جلوگیری شود و بهترین ظاهر خود را حفظ کند. کمی برس زدن، کمی مرتب کردن اینجا و آنجا، و تمام! ما آماده‌ایم تا با استایل خود خودنمایی کنیم.

وقتی صحبت از اضطراب می‌شود، ما عموماً نژادی با اعتماد به نفس و اجتماعی هستیم. با این حال، برخی از ما می‌توانیم روح‌های حساسی داشته باشیم و در موقعیت‌های خاص دچار اضطراب شویم. ایجاد یک محیط آرام و امن برای ما، فراهم کردن محرک‌های ذهنی و جسمی فراوان و اطمینان از داشتن یک برنامه منظم می‌تواند به ما کمک

کند تا با خوشحالی سرحال بمانیم. ما از اینکه عضوی از خانواده هستیم، لذت می‌بریم و از فعالیت‌هایی که گروه انسانی ما را درگیر می‌کند، لذت می‌بریم.

ما در مورد چیدمان زندگی همه کاره هستیم. در حالی که از دسترسی به یک فضای باز امن که بتوانیم پاهایمان را دراز کنیم، قدردانی می‌کنیم، تا زمانی که ورزش و تحریک ذهنی زیادی دریافت کنیم، با شرایط مختلف زندگی سازگار می‌شویم، فقط به یاد داشته باشید، یک سگ آبی پرتغالی بی‌حوصله، یک سگ آبی پرتغالی شیطون است بنابراین ما را با فعالیت‌های سرگرم‌کننده سرگرم کنید!

در پایان، انسان عزیز، ما سگ‌های آبی پرتغالی وفادار، باهوش و اهل ماجراجویی در آب هستیم. علاقه طبیعی ما به شنا، موهای مجعد و شخصیت‌های بازیگوش، ما را به نژادی بی‌نظیر تبدیل کرده است. با عشق، توجه و تفریحات فراوان در آب، ما شادترین سگ‌های آبی پرتغالی جهان خواهیم بود! پس، بیایید با هم در یک زندگی پر از ماجراجویی‌های شاد، پر از تکان دادن دم، بوسه‌های گرم و عشق بی‌قید و شرط غرق شویم.

برایت سیلی از عشق و تکان دادن دمم را می‌فرستم
پرتگیز واتر شما

فصل چهارده

پاگ
Pug

ووف ووف سلام، دوست انسان فوق‌العاده‌ی من! همراه دوست‌داشتنی پاگ شما اینجاست. آماده است تا تمام جزئیات شگفت‌انگیز در مورد نژاد باورنکردنی ما را به اشتراک بگذارد. برای یک سفر جذاب و پنجه‌دار به دنیای پاگ‌ها آماده شوید!

بیایید با پیشینه نژادمان شروع کنیم. پاگ‌ها نژادی خاص با تاریخی غنی هستند که به چین باستان برمی‌گردد. ما همراهان گرامی امپراتورهای چینی بودیم و به خاطر وفاداری و شخصیت‌های دلنشینمان بسیار مورد احترام بودیم. با صورت‌های چروکیده و دم‌های فرفری متمایزمان، مانند دسته‌های کوچکی از زیبایی هستیم که هر جا می‌رویم شادی را به ارمغان می‌آوریم.

حالا، بیایید در مورد زبان منحصر به فرد صداهایمان صحبت کنیم. آه، صداهایی که ما تولید می‌کنیم! ما طیف صوتی وسیعی داریم، از خرناس‌ها و فین‌فین‌های دوست‌داشتنی‌مان گرفته تا پارس‌های بازیگوشانه و زوزه‌های گاه به گاهمان. ما از این صداها برای ابراز هیجان، شادی و گاهی اوقات حتی برای جلب توجه شما استفاده می‌کنیم. فقط کافی است با دقت گوش دهید، و زبان دوست‌داشتنی ما را خواهید فهمید!

وقتی صحبت از اضطراب می‌شود، ما پاگ‌ها می‌توانیم روح‌های حساسی باشیم. تغییر در روال عادی زندگی، تنها ماندن برای مدت طولانی یا حتی صداهای بلند می‌تواند ما را کمی مضطرب کند. فراهم کردن یک محیط آرام و امن، عشق و توجه فراوان و پایبندی به یک روال ثابت می‌تواند به ما کمک کند تا احساس امنیت و آسودگی کنیم. حضور و محبت شما برای ما به اندازه یک دنیا ارزش دارد و بزرگ‌ترین تسلی ما در آن لحظات نگران‌کننده است.

آه، بیایید علایق و تنفرهایمان را فراموش نکنیم. پاگ‌ها به خاطر عشقشان به همراهی و نوازش شناخته می‌شوند! ما از بودن در کنار شما، لم دادن روی زانوهایتان یا پیوستن به شما برای یک شب دنج روی مبل لذت می‌بریم. ما ممکن است کوچک باشیم، اما قلب‌هایمان سرشار از عشق و وفاداری است.

کاوش در دنیای پراضطراب سگ‌ها

وقتی زمان استراحت فرا می‌رسد، ما پاگ‌ها خواب زیبایمان را جدی می‌گیریم. ما معمولاً روزانه حدود ۱۲ تا ۱۴ ساعت به چرت زدن نیاز داریم تا باتری‌های دوست‌داشتنی‌مان را شارژ کنیم. بنابراین، اگر ما را در دنج‌ترین نقطه خانه در حال چرت زدن و در حال رویاپردازی برای خوراکی‌ها و ماساژ شکم دیدید، تعجب نکنید.

در مورد شرایط زندگی ما، پاگ‌ها همه‌کاره هستند و به خوبی با محیط‌های داخلی و خارجی سازگار می‌شوند. ما می‌توانیم با خوشحالی در آپارتمان‌ها، مجتمع‌های مسکونی یا خانه‌های بزرگ زندگی کنیم، البته تا زمانی که شما همراه و یک فضای راحت و آرامش‌بخش داشته باشید. به یاد داشته باشید که دمای شدید می‌تواند برای ما چالش برانگیز باشد، بنابراین حتماً در تابستان‌های گرم یک منطقه خنک و دنج و در زمستان‌های سرد پتوهای گرم برای ما فراهم کنید.

برای اطمینان از سلامت ما، مهم است که به طور منظم ورزش کنیم و یک رژیم غذایی متعادل داشته باشیم. اگرچه ممکن است به فعالیت‌های بدنی شدید نیاز نداشته باشیم، اما پیاده‌روی روزانه، بازی تعاملی و تحریک ذهنی برای شاد و سالم نگه داشتن ما ضروری است. و البته، فراموش نکنید که به ما خوراکی‌های خوشمزه فراوان و ماساژهای گاه به گاه شکم بدهید - ما کاملاً عاشق این کارها هستیم.

در پایان، انسان عزیز، ما پاگ‌ها مجموعه‌ای از عشق، شادی و پوزخندهای دوست‌داشتنی هستیم. تاریخ جذاب صداهای منحصر به فرد و طبیعت مهربان ما، ما را به همراهانی واقعاً ویژه تبدیل می‌کند. با مراقبت، توجه و نوازش‌های فراوان شما، ما شادترین پاگ‌های کوچک محله خواهیم بود.

پس، بیایید با هم لحظاتی فراموش‌نشدنی را آغاز کنیم، لحظاتی سرشار از خنده، آغوش و عشق بی‌پایان. برای پیوندی بی‌نظیر آماده شوید که لبخند را بر لبانتان و گرمی را به قلبتان هدیه دهد!

تقدیم با عشق و فین فین فراوان
پاگ شما

روت وایلر
Rottweiler

ووف ووف سلام، دوست انسان ! من! این همراه وفادار روتوایلر شماست، آماده است تا تمام حقایق مربوط به این نژاد شگفت‌انگیز را با شما به اشتراک بگذارد. برای یک ماجراجویی پر از وفاداری، قدرت و عشق بی‌پایان آماده شوید!

بیایید با پیشینه نژادمان شروع کنیم. روتوایلرها به عنوان سگ‌های کاری همه‌کاره، تاریخچه‌ای غنی دارند. ما که در ابتدا در آلمان پرورش یافته‌ایم، وظیفه‌مان گله‌داری از دام‌ها و محافظت از خانواده‌های انسانی‌مان بود. با فیزیک بدنی قوی و غرایز ذاتی نگهبانی‌مان، محافظان عالی و همراهان وفاداری هستیم.

حالا، بیایید در مورد زبان منحصر به فرد صداهایمان صحبت کنیم. اگرچه ممکن است ما پرسروصداترین سگ‌ها نباشیم، اما از طریق طیف وسیعی از پارس‌ها و غرغرهای عمیق ارتباط برقرار می‌کنیم. وقتی با لحنی قوی و عمیق پارس می‌کنیم، این روش ما برای ابراز حضورمان و اطلاع دادن به شما است که از تهدیدات احتمالی آگاه هستیم. این روش ما برای گفتن این است که "من هوای تو را دارم، انسان!"

وقتی صحبت از اضطراب می‌شود، ما روتوایلرها روح‌های حساسی داریم. صداهای بلند، محیط‌های ناآشنا یا جدایی از انسان‌های محبوبمان گاهی اوقات می‌تواند باعث ناراحتی ما شود. فراهم کردن یک فضای امن و مطمئن، استفاده از تکنیک‌های تقویت مثبت و دادن عشق و اطمینان فراوان به ما می‌تواند به کاهش اضطراب ما کمک کند و باعث شود احساس امنیت و محافظت کنیم.

بیایید علایق و تنفرهایمان را فراموش نکنیم. روتوایلرها به خاطر وفاداری و محبت بی‌دریغشان نسبت به گروه انسانی‌شان شناخته می‌شوند. ما از اینکه بخشی از فعالیت‌های روزانه شما باشیم، لذت می‌بریم و از شرکت در گردش‌ها و ماجراجویی‌های خانوادگی لذت می‌بریم. ما عاشق این هستیم که در کنار شما باشیم، شکممان را نوازش کنیم و با نوازش‌های ملایم و بوسه‌های آبکی، ارادت خود را نشان دهیم.

وقتی زمان استراحت و تجدید قوا فرا می‌رسد، ما سگ‌های روتوایلر از یک مکان دنج برای لم دادن و استراحت کردن استقبال می‌کنیم. ما معمولاً روزانه به حدود ۱۰ تا ۱۲ ساعت خواب با کیفیت نیاز داریم تا ذهن و بدنمان را در

وضعیت مناسبی نگه داریم. فراهم کردن یک تخت راحت یا یک مکان مشخص برای استراحت و آرامش به ما کمک می‌کند تا احساس شادابی کنیم و برای ماجراجویی‌های جدید آماده شویم.

در مورد شرایط زندگی، ما روتوایلرها می‌توانیم به خوبی با محیط‌های مختلف سازگار شویم. چه یک حیاط بزرگ باشد و چه یک آپارتمان، چیزی که بیشترین اهمیت را دارد داشتن یک همراه انسانی دوست‌داشتنی و فعال است. ما به ورزش منظم و تحریک ذهنی نیاز داریم، بنابراین پیاده‌روی روزانه، بازی و فعالیت‌های جذاب ما را شاد و متعادل نگه می‌دارد.

برای اطمینان از رفاه ما، صاحبان سگ‌ها باید از سنین پایین آموزش و اجتماعی شدن مناسب را برای ما فراهم کنند. ما به تکنیک‌های تقویت مثبت و مداوم به خوبی پاسخ می‌دهیم و وقتی مرزها و انتظارات واضحی به ما داده شود، رشد می‌کنیم. با یک دست مهربان و محکم، به همراهانی خوش‌رفتار و با اعتماد به نفس تبدیل می‌شویم که مشتاق جلب رضایت ما هستند.

در پایان، انسان عزیز، ما روتوایلرها شجاع، وفادار و سرشار از عشق هستیم. تاریخ غنی، صداهای منحصر به فرد و طبیعت محافظ ما، ما را واقعاً خاص می‌کند. با عشق، راهنمایی و درک شما از نیازهایمان، ما فداکارترین و وفادارترین همراهانی خواهیم بود که می‌توانید به آنها امیدوار باشید.

خب، آیا آماده‌اید تا با دوست روتوایلر خود سفری پر از وفاداری و ماجراجویی را آغاز کنید؟ بیایید با هم دنیا را کشف کنیم، شجاعانه با چالش‌ها روبرو شویم و خاطراتی بسازیم که تا آخر عمر باقی بمانند. برای پیوندی آماده شوید که با هر تکان دم و هر لحظه شادی مشترک، قوی‌تر خواهد شد!

تقدیم با کلی عشق و بوسه‌های آبکی
روت وایلر شما

شیبا اینو
Shiba Inu

ووف ووف سلام، همراه کنجکاو و مستقل من! این دوست وفادار شیبا اینو شماست، اینجا تا دنیای جذاب نژاد سرزنده ما را به اشتراک بگذارید. برای یک کاوش لذت‌بخش پر از جذابیت، عزم و کمی شیطنت آماده شوید!

بیایید با برخی اطلاعات مربوط به نژاد شروع کنیم. ما شیبا اینوها اصالتاً ژاپنی هستیم و میراثی غنی داریم. ظاهر روباه‌مانند، چشمان گیرا و رفتار مغرورانه‌مان باعث می‌شود هر جا که می‌رویم، سرها به سمت ما بچرخند. ما که به عنوان سگ‌های شکاری پرورش یافته‌ایم، دارای حس استقلال ذاتی و روحیه‌ای قوی هستیم که ما را از دیگران متمایز می‌کند.

وقتی صحبت از ارتباط می‌شود، ما روش منحصر به فرد خودمان را برای ابراز وجود داریم. ما پر سر و صداترین سگ‌ها نیستیم، اما وقتی صحبت می‌کنیم، معمولاً با یک "بوق" نرم و ملایم یا یک "یودل" با صدای بلند است که می‌تواند بسیار سرگرم‌کننده باشد. چشمان گویا و زبان بدن ما کلید درک خلق و خو و خواسته‌های ما هستند. یک جست و خیز بازیگوشانه و تکان دادن دم نشان دهنده هیجان ماست، در حالی که چرخش ظریف سر ممکن است نشان دهنده کنجکاوی یا کمی لجبازی باشد.

ما شیبا اینوها ممکن است گاهی اوقات اضطراب را تجربه کنیم، به خصوص هنگام مواجهه با موقعیت‌های ناآشنا یا تغییرات معمول. فراهم کردن یک محیط آرام و قابل پیش‌بینی و آموزش تقویت مثبت به ما کمک می‌کند تا احساس امنیت کنیم. صبر و درک، کمک زیادی به ما می‌کند تا با اعتماد به نفس در جهان حرکت کنیم. به یاد داشته باشید، ما ممکن است مستقل باشیم اما هنوز به عشق و اطمینان شما نیاز داریم.

بیایید به علایق و چیزهایی که دوست نداریم بپردازیم. ما شیبا اینوها حس ماجراجویی و کنجکاوی قوی داریم. کشف بوها و محیط‌های جدید سرگرمی مورد علاقه ماست. ما از پیاده‌روی‌های طولانی، بازی‌های تعاملی و اسباب‌بازی‌های پازلی که ذهن تیزبین ما را به چالش می‌کشند، لذت می‌بریم. طبیعت شیطنت‌آمیز ما ممکن است باعث شود اسباب‌بازی‌های مورد علاقه‌مان را پنهان کنیم یا در طول بازی آوردن اسباب‌بازی‌ها، شما را اذیت کنیم. از حس شوخ‌طبعی ما استقبال کنید و با وفاداری و شادی مسری ما پاداش خواهید گرفت.

وقتی زمان استراحت فرا می‌رسد، از اینکه جای دنجی برای خلوت کردن داریم، قدردانی می‌کنیم. اگرچه نیازهای خواب ما ممکن است متفاوت باشد، اما معمولاً روزانه به حدود ۱۲ تا ۱۴ ساعت خواب نیاز داریم. اغلب ما را در گوشه‌ای راحت یا در حال لم دادن در آفتاب خواهید یافت که انرژی خود را برای ماجراجویی بعدی‌مان تجدید می‌کنیم.

در مورد شرایط زندگی، ما شیبا اینوها می‌توانیم به خوبی با محیط‌های داخلی و خارجی سازگار شویم. با این .حال، ما یک حیاط امن و محصور را ترجیح می‌دهیم که در آن بتوانیم طبیعت کنجکاو خود را کشف و ارضا کنیم اجتماعی شدن برای ما کلیدی است، زیرا به ما کمک می‌کند تا اعتماد به نفس و تعاملات مثبت با سایر سگ‌ها و انسان‌ها را ایجاد کنیم. اجتماعی شدن زودهنگام و آموزش مداوم به ما کمک می‌کند تا به همراهانی همه فن حریف و اجتماعی تبدیل شویم.

برای اطمینان از رفاه ما، صاحبان سگ باید ما را با فعالیت‌های جذاب و تحریک ذهنی آشنا کنند. اسباب‌بازی‌های .پازلی، بازی‌های تعاملی و آموزش اطاعت که ذهن باهوش ما را به چالش می‌کشد، ما را شاد و راضی نگه می‌دارد .روش‌های تقویت مثبت برای ما بهترین نتیجه را می‌دهند، زیرا ما به ستایش و پاداش واکنش خوبی نشان می‌دهیم به یاد داشته باشید، ما طرفدار کارهای تکراری نیستیم، بنابراین جلسات آموزشی خود را سرگرم‌کننده و متنوع نگه دارید.

،در پایان، انسان عزیز، ما شیبا اینوها با روحیه، مستقل و کاملاً جذاب هستیم. سبک ارتباطی منحصر به فرد ما ،عشق به ماجراجویی و وفاداری، ما را به همراهانی واقعاً ویژه تبدیل می‌کند. با صبر، درک و کمی بازیگوشی شما پیوندی ناگسستنی ایجاد خواهیم کرد که تا آخر عمر دوام خواهد داشت.

پس، بیایید با هم سفری هیجان‌انگیز، پر از شادی، خنده و لحظات فراموش‌نشدنی را آغاز کنیم. من آماده‌ام تا در هر ماجراجویی شما را همراهی کنم، دمم را تکان دهم و جذابیت شیبا اینو خود را به اشتراک بگذارم.

تقدیم با عشق و آوازی شیطنت‌آمیز
شیبا اینوی شما

شیتزو
Shih Tzus

ووف ووف سلام، همراه شگفت‌انگیز من! رفیق پشمالو و افسانه‌ای شما از نژاد شیتزو اینجاست تا تمام جزئیات دم تکان دادنش را در مورد نژاد دوست‌داشتنی ما به اشتراک بگذارد. برای سفری پر از جذابیت همراهی و عشق فراوان آماده شوید!

بیایید با پیشینه نژادمان شروع کنیم. شیتزوها در ابتدا در چین به عنوان همراهان خانواده سلطنتی پرورش داده شدند و از آن زمان تاکنون شادی و خوشبختی را برای انسان‌ها به ارمغان آورده‌اند. با پوشش بلند زیبا، چشمان گیرا و خلق و خوی شیرینمان، مطمئناً در کمترین زمان قلب شما را خواهیم ربود!

حالا، بیایید در مورد زبان منحصر به فرد صداهایمان صحبت کنیم. اگرچه ممکن است ما پر سر و صداترین توله سگ‌ها نباشیم، اما روش خاصی برای برقراری ارتباط داریم. ما از مجموعه‌ای از صداهای دوست‌داشتنی برای ابراز احساسات خود استفاده می‌کنیم. از پارس‌های نرم و ملایم گرفته تا خرخرها و خرناس‌های کوچک و بامزه، ما زبان خودمان را داریم. به لحن و زیر و بم صداهایمان توجه کنید، زیرا آنها می‌توانند نشان دهند که آیا ما هیجان‌زده، راضی یا به دنبال توجه و محبت شما هستیم.

وقتی صحبت از اضطراب می‌شود، ما سگ‌های نژاد شیتزو می‌توانیم روح‌های کوچک و حساسی باشیم. تغییرات در روال عادی، صداهای بلند یا جدایی از عزیزانمان می‌تواند ما را کمی عصبی کند. فراهم کردن یک محیط آرام و پرورش‌دهنده، حفظ برنامه‌های روزانه‌مان و غرق کردن ما در عشق و اطمینان خاطر، در دور نگه داشتن اضطراب ما بسیار مؤثر خواهد بود. حضور آرامش‌بخش و کلمات ملایم شما می‌تواند در ایجاد احساس امنیت و آرامش در ما معجزه کند.

آه، بیایید علایق و تنفرهایمان را فراموش نکنیم. ما شیتزوها عاشق گذراندن وقت با کیفیت با انسان‌هایمان هستیم. ما از همراهی و همنشینی لذت می‌بریم و عاشق این هستیم که در مرکز توجه باشیم. چه لم دادن روی مبل باشد، چه پیاده‌روی‌های آرام، یا صرفاً بودن در کنار شما در طول روز، وقتی در کنار شما هستیم و از عشق و محبت شما بهره‌مند می‌شویم، خوشحال‌تریم.

وقتی زمان استراحت پنجه‌های کوچکمان فرا می‌رسد، قدر یک جای دنج و راحت را می‌دانیم تا در آن لم بدهیم. ما معمولاً روزانه به حدود ۱۲ تا ۱۴ ساعت خواب زیبا نیاز داریم تا موهای مجللمان در بهترین حالت خود باشند و انرژی بی‌حد و حصرمان را حفظ کنیم. فراهم کردن یک تخت نرم و مخمل یا یک آغوش گرم برای چرت زدن، باعث می‌شود احساس کنیم که یک عضو خانواده سلطنتی هستیم که برای آن به دنیا آمده‌ایم.

در مورد شرایط زندگی، ما سگ‌های نژاد شیتزو کاملاً سازگار هستیم. ما می‌توانیم در محیط‌های مختلف، چه یک آپارتمان دنج و چه یک خانه بزرگ، رشد کنیم. با این حال، به یاد داشته باشید که ما برای فعالیت‌های شدید در فضای باز یا شرایط آب و هوایی شدید ساخته نشده‌ایم. یک برنامه ورزشی متوسط، شامل پیاده‌روی‌های کوتاه و زمان بازی ملایم، ما را شاد و سالم نگه می‌دارد.

برای اطمینان از رفاه حال ما، صاحبان سگ‌ها باید مرتباً ما را نظافت کنند. پوشش بلند و ابریشمی ما برای جلوگیری از گره خوردن و گره خوردن به برس زدن روزانه نیاز دارد. مراجعه به آرایشگاه هر چند هفته یکبار به ما کمک می‌کند تا در بهترین حالت خود باشیم و احساس راحتی کنیم. فراموش نکنید که گوش‌های کوچک و دوست‌داشتنی ما را بررسی کنید و آنها را تمیز نگه دارید تا از هرگونه عفونت مزاحم جلوگیری شود.

در پایان، انسان عزیز، ما شیتزوها دلنشین، دوست‌داشتنی و سرشار از شخصیت هستیم. تاریخچه‌ی باشکوه، صداهای منحصر به فرد و طبیعت مهربان ما، ما را واقعاً خاص می‌کند. با عشق، مراقبت و توجه شما به نیازهایمان، ما فداکارترین و دوست‌داشتنی‌ترین همراهانی خواهیم بود که می‌توانید آرزو کنید.

خب، آیا برای یک عمر نوازش، خنده و شادی خالص با دوست شیتزو خود آماده‌اید؟ بیایید خاطرات شاد بی‌شماری را با هم بسازیم، هر بار با تکان دادن دم و خیس کردن بینی. برای پیوندی آماده شوید که قلب شما را گرم کند و لبخندهای بی‌پایان را برای شما به ارمغان بیاورد!

تقدیم با کلی عشق و بوسه‌های آبکی،
شیتزو شما

هاسکی سیبری
Siberian Huskie

ووف ووف سلام، دوست انسان! من! این رفیق سیبرین هاسکی شماست، آماده است تا شما را به سفری هیجان‌انگیز به دنیای هاسکی‌ها ببرد. برای یک خوشگذرانی حسابی آماده شوید!

بیایید با پیشینه نژادمان شروع کنیم. هاسکی‌های سیبری در ابتدا توسط مردم چوکچی در سیبری برای اهداف سورتمه‌کشی و حمل و نقل پرورش داده شدند. اجداد ما قوی و سخت‌کوش بودند، برای استقامت و آب و هوای سرد قطب شمال ساخته شده بودند. امروزه، ما هنوز هم این ویژگی‌ها را با خود داریم و این ما را به همراهانی فوق‌العاده برای ماجراجویی‌های فضای باز تبدیل می‌کند!

حالا بیایید در مورد زبان صداهایمان صحبت کنیم. آه، چه صداهای منحصر به فردی که ما هاسکی‌ها داریم! ما به خاطر زوزه‌های متمایزمان، از کوتاه و تیز گرفته تا بلند و آهنگین، شناخته شده‌ایم. وقتی زوزه می‌کشیم، این روش ما برای برقراری ارتباط با گروهمان یا ابراز احساساتمان، مانند شادی، هیجان یا حتی کمی شیطنت است!

وقتی صحبت از اضطراب می‌شود، ما هاسکی‌ها گاهی اوقات وقتی انرژی اضافی برای سوزاندن داریم، دچار "زومی" می‌شویم. ورزش منظم و تحریک ذهنی برای سلامت ما بسیار مهم است. پیاده‌روی‌های طولانی، دویدن و جلسات بازی تعاملی به ما کمک می‌کند تا راضی بمانیم و از هرگونه رفتار ناخواسته جلوگیری کنیم. پس، قلاده را بردارید، بند کفش‌هایتان را ببندید و بیایید با هم به فضای باز برویم!

حالا، بیایید در مورد علایق و تنفرهایمان صحبت کنیم. هاسکی‌ها عاشق فضاهای باز و وسیع و فضای کافی برای کاوش هستند. ما برای دویدن به دنیا آمده‌ایم! بنابراین، دسترسی به یک حیاط امن و حصارکشی شده یا فرصت‌های فراوان برای ماجراجویی‌های بدون قلاده در طبیعت، ما را واقعاً خوشحال خواهد کرد. فقط هیجان ما را تماشا کنید وقتی که از میان مزارع، جنگل‌ها و مناظر برفی عبور می‌کردیم!

خواب برای ما هاسکی‌ها هم مهم است، اما کمی با نژادهای دیگر متفاوت هستیم. ما معمولاً روزانه به حدود ۱۴ تا ۱۶ ساعت خواب نیاز داریم، اما می‌توانیم در مورد الگوهای خوابمان کمی انعطاف‌پذیرتر باشیم. ممکن است

کاوش در دنیای پراضطراب سگ‌ها

.متوجه شوید که ما در طول روز چرت‌های کوتاهی می‌زنیم و سپس شب‌ها از یک چرت خوب لذت می‌بریم
همه چیز در مورد یافتن تعادل کامل بین استراحت و بازی است.

در مورد شرایط زندگی، ما هاسکی‌ها می‌توانیم با محیط‌های داخلی و خارجی سازگار شویم. با این حال، به دلیل غرایز قوی و سطح انرژی بالایمان، در خانه‌هایی با صاحبان فعال که می‌توانند ورزش و تحریک ذهنی زیادی را برای ما فراهم کنند، رشد می‌کنیم. یک حیاط بزرگ یا دسترسی به پارک‌ها و مسیرهای پیاده‌روی نزدیک، رویایی است که برای ما به حقیقت پیوسته است.

برای اطمینان از رفاه ما، صاحبان باید غرایز طبیعی ما را درک کنند. هاسکی‌ها باهوش و متفکران مستقلی هستند، بنابراین آموزش مداوم و تقویت مثبت کلید اصلی است. ما به روش‌های مبتنی بر پاداش به خوبی پاسخ می‌دهیم و در چالش‌های ذهنی، مانند اسباب‌بازی‌های پازل یا آموزش اطاعت، پیشرفت می‌کنیم. ما می‌توانیم با راهنمایی درست و عشق فراوان، وفادارترین و خوش‌رفتارترین همراهان باشیم.

در پایان، انسان عزیز، ما هاسکی‌ها ماجراجو، بازیگوش و سرشار از عشق هستیم. پیشینه نژاد ما، صداهای منحصر به فرد و نیاز به فعالیت‌های بیرون از منزل، ما را واقعاً خاص می‌کند. با عشق، مراقبت و تعهد شما برای فراهم کردن یک سبک زندگی فعال و پرانرژی، ما شادترین و فداکارترین همراهان قابل تصور خواهیم بود.

خب، آیا آماده‌اید تا با دوست هاسکی سیبریایی خود، ماجراجویی‌های هیجان‌انگیزی را آغاز کنید؟ ما با هم
مسیرها را فتح خواهیم کرد، سرزمین‌های جدید را کشف خواهیم کرد و خاطرات فراموش‌نشدنی خواهیم ساخت.
برای تکان دادن دم، زوزه‌های شادی‌آور و یک عمر عشق هاسکی آماده شوید!

تقدیم با کلی عشق و بوسه‌های آبکی
هاسکی سیبری شما

استافوردشایر بول تریر
Staffordshire Bull Terrier

ووف ووف سلام، دوست ! فوق‌العاده‌ی من! دوست سگ استافوردشایر بول تریر شما اینجاست، آماده است تا شما را در مورد تمام اطلاعات مربوط به نژادمان راهنمایی کند. برای یک ماجراجویی هیجان‌انگیز آماده شوید!

بیایید با پیشینه خود شروع کنیم. استافوردشایر بول تریر، که اغلب به اختصار استافی نامیده می‌شود، به خاطر طبیعت دوستانه و مهربان خود شناخته شده است. ما تاریخچه‌ای غنی به عنوان سگ‌های کاری شجاع و وفادار داریم که در ابتدا برای گاوبازی پرورش داده شده بودند. با گذشت زمان، ما به همراهان مهربان و دوست‌داشتنی خانواده تبدیل شده‌ایم و با لبخندهای دوست‌داشتنی و دم‌های تکان‌دهنده خود، قلب‌ها را تسخیر می‌کنیم.

وقتی صحبت از ارتباط می‌شود، ما ساکت‌ترین گروه نیستیم. ما عاشق این هستیم که شادی و هیجان خود را از طریق پارس‌های بازیگوشانه، ناله‌ها و حتی زوزه‌های گاه به گاه ابراز کنیم. چهره‌های پراحساس و دم‌های تکان‌دهنده ما شور و شوق ما را برای زندگی و عشق ما به انسان‌ها نشان می‌دهد. اوه، و آیا لبخند معروف استافیلوکوکی خود را ذکر کردم؟ این لبخند می‌تواند حتی تاریک‌ترین روزها را روشن کند!

اضطراب چیزی است که می‌تواند هر یک از ما، از جمله استافی، را تحت تأثیر قرار دهد. ما گاهی اوقات هنگام مواجهه با صداهای بلند، محیط‌های جدید یا جدایی از عزیزانمان، احساس اضطراب می‌کنیم. انسان‌های ما باید محیطی آرام و امن فراهم کنند، تقویت مثبت ارائه دهند و به تدریج ما را در معرض تجربیات جدید قرار دهند تا به ما در ایجاد اعتماد به نفس کمک کنند. درک و صبر شما برای ما بسیار ارزشمند است.

حالا، بیایید در مورد آنچه ما استافی‌ها را واقعاً خوشحال می‌کند صحبت کنیم. ما با عشق، توجه و زمان بازی زیاد شکوفا می‌شویم! ما عاشق این هستیم که عضوی از یک خانواده فعال و مهربان باشیم، از پیاده‌روی‌های روزانه، بازی‌های تعاملی و جلسات آموزشی لذت می‌بریم. تحریک ذهنی و جسمی کلید شاد و راضی نگه داشتن ماست. اوه و ماساژ شکم! ما واقعاً از ماساژ شکم لذت می‌بریم!

وقتی صحبت از خواب می‌شود، ما تنبل‌ترین سگ‌ها نیستیم، اما قدر استراحت زیبایی که داریم را می‌دانیم. ما روزانه به حدود ۱۲ تا ۱۴ ساعت خواب نیاز داریم تا باتری‌هایمان را شارژ کنیم. ممکن است ما را در حال چرت زدن در جای دنج مورد علاقه‌مان یا در حالی که کنار شما روی مبل لم داده‌ایم و رویای دنبال کردن توپ و بازی با اسباب‌بازی‌های مورد علاقه‌مان را در سر می‌پرورانیم، پیدا کنید.

در مورد محل زندگی‌مان، می‌توانیم با محیط‌های مختلف سازگار شویم. چه یک خانه بزرگ باشد و چه یک آپارتمان دنج، تا زمانی که ورزش کافی و زمان باکیفیتی با صاحبانمان داشته باشیم، از اردو زدن لذت می‌بریم. ما ذاتاً سگ‌های خانگی هستیم، اما از گشت و گذار در فضای باز و ماجراجویی با صاحبانمان نیز لذت می‌بریم.

ورزش منظم، رژیم غذایی متعادل و معاینات منظم دامپزشکی برای حفظ سلامت و شکوفایی ما مهم هستند. ما ،ممکن است بدنی قوی و عضلانی داشته باشیم، اما جنبه‌ی حساسی هم داریم که نیاز به پرورش دارد. عشق مراقبت و مسئولیت‌پذیری شما بهترین هدایایی است که می‌توانید به ما بدهید!

.در پایان، همراه عزیز انسان، ما استافوردشایر بول تریرها مجموعه‌ای از عشق، وفاداری و شادی خالص هستیم تاریخ غنی، چهره‌های پراحساس و شور و شوق ما برای زندگی، ما را واقعاً خاص کرده است. با عشق، راهنمایی و نوازش‌های فراوان شما، ما شادترین و فداکارترین همراهانی خواهیم بود که می‌توانید درخواست کنید.

پس، بیایید با هم یک عمر ماجراجویی را آغاز کنیم، پر از تکان دادن دم، بوسه‌های آب دهان و خاطرات فراموش‌نشدنی. من اینجا هستم تا دوست همیشگی تو باشم و تو را غرق در عشق بی‌پایان کنم.

تقدیم با با تمام عشق و دم تکانی
استافوردشایر بول تریر شما

ولپینو ایتالیایی
Volpino Italiano

ووف ووف من دوست !
دوست‌داشتنی ولپینو ایتالیانوی شما هستم، آماده‌ام تا تمام جزئیات مربوط به نژاد دوست‌داشتنی‌مان را با شما به اشتراک بگذارم. برای یک سفر هیجان‌انگیز در دنیای جذاب ما آماده شوید! ما ممکن است از نظر جثه کوچک باشیم، اما قلب‌هایی به بزرگی حومه ایتالیا داریم.

اول از همه، بیایید در مورد ظاهرمان صحبت کنیم. با موهای پف‌دار وپارچه‌ای و چشمان درخشان و گیرا، ما مظهر زیبایی هستیم. خز ما در رنگ‌های مختلفی از جمله سفید، کرم و قرمز وجود دارد و برای حفظ ظاهر فوق‌العاده‌اش به نظافت منظم نیاز دارد. کمی برس زدن اینجا و آنجا، پوشش ما را تمیز و دم‌هایمان را با لذت تکان می‌دهد.

نگذارید جثه کوچک ما شما را فریب دهد. ما شخصیت‌های بسیار قدرتمندی داریم! ما به خاطر سرزندگی، هوشیاری و وفاداری شدید به خانواده‌های انسانی خود شناخته شده‌ایم. ما عاشق این هستیم که در کنار شما باشیم، چه در پیاده‌روی‌های روزانه شما را همراهی کنیم، چه برای نوازش روی پایتان جمع شویم و چه صرفاً در هر اتاقی مرکز توجه باشیم. رفتار جذاب و طبیعت دوستانه ما، ما را به همراهانی عالی برای افراد در هر سنی تبدیل می‌کند.

ما توله‌های کوچک باهوش، سریع یاد می‌گیریم و با تحریک ذهنی رشد می‌کنیم. ذهن ما را با اسباب‌بازی‌های پازل، !بازی‌های تعاملی و آموزش تقویت مثبت درگیر کنید و ما به شما نشان خواهیم داد که چقدر باهوش هستیم. ما یک کنجکاوی طبیعی داریم که ما را به کشف دنیای اطرافمان سوق می‌دهد، بنابراین مهم است که فرصت‌های ورزشی ذهنی و جسمی زیادی را برای ما فراهم کنید تا ما را شاد و متعادل نگه دارید.

وقتی صحبت از اضطراب می‌شود، برخی از ما ولپینو ایتالیایی‌ها می‌توانیم روح‌های حساسی باشیم. صداهای بلند، محیط‌های جدید یا تنها ماندن برای مدت طولانی می‌تواند باعث ناراحتی ما شود. ایجاد یک محیط آرام و راحت برای ما، همراه با حساسیت‌زدایی تدریجی و آموزش تقویت مثبت، می‌تواند به کاهش نگرانی‌های ما کمک کند. با حضور و اطمینان خاطر شما، در کمترین زمان احساس امنیت و آرامش خواهیم کرد.

کاوش در دنیای پراضطراب سگ‌ها

شرایط زندگی؟ ما کوچولوهای دوست‌داشتنی و سازگارپذیری هستیم. در حالی که می‌توانیم در آپارتمان‌ها و خانه‌ها رشد کنیم، از داشتن یک فضای باز امن برای گشت و گذار و بازی کردن قدردانی می‌کنیم. فقط حتماً حواستان به ما باشد، زیرا ما کمی ماجراجو هستیم و ممکن است سعی کنیم هر چیزی را که توجهمان را جلب می‌کند، دنبال کنیم.

دسته‌های کوچکی از شادی هستیم. ظاهر (Volpino Italiano) در پایان، انسان عزیز، ما ولپینو ایتالیایی‌ها دوست‌داشتنی، شخصیت‌های دوستانه و هوش ما، ما را به همراهانی مقاومت‌ناپذیر تبدیل می‌کند. با عشق توجه و زمان بازی فراوان شما، ما شادترین ولپینو ایتالیایی‌های محله خواهیم بود! پس، بیایید با هم یک عمر ماجراجویی‌های لذت‌بخش را آغاز کنیم، پر از دم تکان دادن، بوسه‌های خیس و عشق بی‌پایان.

تقدیم با سیلی از نوازش‌ها و تکانی
ولپینو ایتالیایی شما

ولش اسپرینگر اسپانیل
Welsh Springer Spaniel

ووف ووف من سگ ولش اسپرینگر اسپانیل دوست‌داشتنی شما هستم، مشتاقم دمم را تکان دهم و هر آنچه را که باید در مورد نژاد شگفت‌انگیز ما بدانید به اشتراک بگذارم. بیایید با هم در دنیای شگفت‌انگیز ولشی غرق شویم!

اول از همه، بیایید در مورد ظاهر زیبایمان صحبت کنیم. ما با موهای نرم و موج‌دارمان در سایه‌های قرمز و سفید، کاملاً چشم‌نواز هستیم. گوش‌های آویزان و چشمان پراحساسمان، جذابیتی مقاومت‌ناپذیر به ما می‌دهد که هر جا برویم، دل‌ها را آب می‌کند. چه در پارک باشیم و چه روی مبل لم داده باشیم، ظاهر خوب ما همیشه خودنمایی می‌کند.

اما در مورد ما سگ‌های ولش اسپرینگر اسپانیل، فقط ظاهر مهم نیست. ما باهوش، سرزنده و پرانرژی هستیم. ما همیشه برای ماجراجویی یا بازی آوردن اشیا آماده‌ایم، که ما را به همراهانی عالی برای افراد یا خانواده‌های فعال تبدیل می‌کند. ما با ورزش کردن شکوفا می‌شویم، بنابراین برای پیاده‌روی‌های زیاد، بازی کردن و شاید حتی کمی تمرین چابکی آماده باشید تا از نظر ذهنی و جسمی ما را تحریک کند.

صحبت از همراهی شد، ما به خاطر طبیعت مهربان و دلسوزمان شناخته می‌شویم. ما خانواده‌های انسانی خود را می‌پرستیم و از بودن در جمع لذت می‌بریم. چه روی مبل در آغوشتان باشیم و چه در خانه دنبالتان راه بیفتیم، همیشه در کنارتان خواهیم بود، آماده‌ایم تا شما را غرق در بوسه کنیم و از خوشحالی دممان را تکان دهیم.

حالا، بیایید در مورد اضطراب صحبت کنیم. مانند بسیاری از سگ‌ها، ما سگ‌های ولزی هم گاهی اوقات در موقعیت‌های خاص دچار اضطراب می‌شویم. تغییر در روال عادی، صداهای بلند یا تنها ماندن برای مدت طولانی می‌تواند باعث ناراحتی ما شود. اما نترسید! ما می‌توانیم با عشق، صبر و کمی مراقبت بیشتر شما بر این نگرانی‌ها غلبه کنیم. ایجاد یک روال عادی، فراهم کردن یک لانه دنج برای استراحت ما و استفاده از روش‌های آموزشی تقویت مثبت می‌تواند در کمک به احساس امنیت و آرامش ما بسیار مؤثر باشد.

شرایط زندگی؟ ما سازگار هستیم و می‌توانیم با محیط‌های مختلف سازگار شویم، اما از داشتن یک منطقه امن در فضای باز برای کاوش و بو کشیدن آنچه که می‌خواهیم، قدردانی می‌کنیم. ما غریزه طبیعی برای شکار و ردیابی داریم، بنابراین داشتن فرصت‌هایی برای استفاده از بینی و انجام فعالیت‌های محرک ذهنی برای رفاه ما مهم است.

در پایان، انسان عزیز، ما سگ‌های ولش اسپرینگر اسپانیل مجموعه‌ای از عشق، انرژی و وفاداری هستیم. ظاهر زیبا، هوش و طبیعت مهربان ما، ما را به همراهانی ایده‌آل برای کسانی تبدیل می‌کند که قدر یک دوست پشمالوی فعال و دوست‌داشتنی را می‌دانند. با عشق و توجه شما، ما شادترین سگ ولش در محله خواهیم بود و آماده‌ایم تا در کنار شما، یک عمر ماجراجویی‌های شاد را آغاز کنیم.

برات دست تکون میدم و میبوسم، دوستت دارم
سگ ولش اسپرینگر اسپانیل

یورکشایر تریر یا یورکی

Yorkshire Terriers, or Yorkies

ووف ووف سلام، دوست انسان ! من! دوست یورکشایر تریر شما اینجاست تا تمام جزئیات جالب در مورد ما یورکی‌ها را به شما بگوید. برای یک سفر پرماجرا به دنیای ما آماده شوید!

اول از همه، بیایید در مورد نژادمان صحبت کنیم. ما یورکی‌ها جثه کوچکی داریم اما شخصیت بزرگی داریم. ما اصالتاً اهل انگلستان هستیم و در ابتدا برای شکار موش در کارخانه‌های نساجی پرورش داده شدیم. با این حال، نگذارید قد و قامت کوچک ما شما را فریب دهد - ما روحیه‌ای شجاع و نترس داریم که ما را از بقیه متمایز می‌کند!

حالا، بیایید در مورد زبان منحصر به فرد صداهایمان صحبت کنیم. ما ممکن است کوچک باشیم، اما پارس کردن‌هایمان می‌تواند بسیار تأثیرگذار باشد! وقتی پشت سر هم پارس‌های سریع می‌کنیم، معمولاً این روش ماست که به شما اطلاع دهیم کسی یا چیزی به قلمرو ما نزدیک می‌شود. و وقتی جیغی بلند و هیجان‌زده می‌کشیم، به این معنی است که از شادی منفجر می‌شویم و برای کمی تفریح آماده‌ایم.

وقتی صحبت از اضطراب می‌شود، ما یورکی‌ها گاهی اوقات می‌توانیم کمی حساس باشیم. ممکن است در موقعیت‌های ناآشنا یا در اطراف صداهای بلند کمی عصبی شویم. فراهم کردن یک فضای امن و دنج که بتوانیم در آن خلوت کنیم، ارائه اطمینان خاطر ملایم با کلمات آرامش‌بخش و نوازش فراوان می‌تواند به آرام کردن قلب‌های مضطرب ما کمک کند. به یاد داشته باشید، حضور پرمهر شما برای ما یک دنیا ارزش دارد.

حالا، بیایید به علایق و چیزهایی که دوست نداریم بپردازیم. یورکی‌ها به خاطر ظاهر شیک و جذابشان شناخته می‌شوند. ما عاشق این هستیم که با موهای ابریشمی و جذاب و اکسسوری‌های شیک خود خودنمایی کنیم. آراستگی برای اینکه همیشه بهترین ظاهر خود را داشته باشیم ضروری است، بنابراین برس زدن منظم، کوتاه کردن مو و رفتن گاه به گاه به اسپای سگ‌ها باعث می‌شود احساس کنیم از خانواده سلطنتی هستیم.

شاید وقتی صحبت از خواب می‌شود، ما کوچک باشیم، اما هنوز به استراحت زیبایی خود نیاز داریم. ما معمولاً روزانه به حدود ۱۴ تا ۱۶ ساعت خواب نیاز داریم تا باتری‌های کوچک خود را شارژ کنیم. بنابراین، اگر ما را در دنج‌ترین نقطه خانه در حال خواب و رویای بازی و خوراکی‌های خوشمزه یافتید، تعجب نکنید.

در مورد نحوه‌ی زندگی‌مان، می‌توانیم به خوبی با محیط‌های داخلی و خارجی سازگار شویم. با این حال، اندازه‌ی کوچک ما، ما را بیشتر با سبک زندگی در فضای بسته سازگار می‌کند. ما عاشق این هستیم که به همراهان انسانی خود نزدیک باشیم و برای داشتن زمان پیوند با کیفیت، روی دامان آنها بنشینیم. ایجاد یک محیط داخلی امن و غنی برای ما، همراه با اسباب‌بازی‌ها، تخت‌های نرم و زمان بازی تعاملی، باعث می‌شود که از شادی دم خود را تکان دهیم!

برای اطمینان از رفاه ما، صاحبان باید ما را با محرک‌های ذهنی و اجتماعی شدن آشنا کنند. پیاده‌روی روزانه در محله، اسباب‌بازی‌های پازل تعاملی و جلسات آموزش اطاعت، ذهن ما را تیز و دم‌هایمان را تکان می‌دهد. تقویت مثبت و راهنمایی ملایم برای ما معجزه می‌کند، زیرا ما به عشق و پاداش بهترین واکنش را نشان می‌دهیم.

در پایان، انسان عزیز، ما یورکی‌ها سرزنده، مهربان و جذاب هستیم. صداها، نیازها و طبیعت جذاب نژاد ما، ما را خاص می‌کند. با عشق، مراقبت و نوازش‌های فراوان شما، ما شادترین و شیک‌ترین همراهان شما خواهیم بود!

پس، بیا با هم این ماجراجویی را آغاز کنیم، دوست انسان من. با راهنمایی و محبت بی‌پایان تو، پیوندی ایجاد خواهیم کرد که تا آخر عمر دوام خواهد داشت. برای تکان دادن دم، شیطنت‌های بامزه و کلی عشق یورکی آماده شو!

تقدیم با کلی عشق و بوسه‌های آبکی
یورکشایر تریر شما

فصل ۱۵

۱۰ وب‌سایت عالی

ووف ووف به عنوان یک دوست پشمالو که چالش‌های اضطراب را درک می‌کند، اینجا هستم تا چند وب‌سایت مفید را به اشتراک بگذارم که می‌توانند به شما و توله‌های عزیزتان کمک کنند. این وب‌سایت‌ها منابع، نکات و پشتیبانی ارزشمندی را برای مدیریت اضطراب در سگ‌ها ارائه می‌دهند. از درک علائم و علل اضطراب گرفته تا اجرای تکنیک‌های مؤثر برای کاهش استرس، این سایت‌ها همه چیز را پوشش داده‌اند.

PetMD

اجازه بده تا PetMD رو بهت معرفی کنم؛ یک مقصد آنلاین بی‌نظیر برای هر چیزی که به سلامت و مراقبت حیوانات خانگی مربوط می‌شه! این وب‌سایت مثل یک پارک مجازی برای سگ‌ها، گربه‌ها و دوستان پشمالوی دیگه‌ست که اطلاعات ارزشمندی درباره سلامت، مراقبت، و رفتار حیوانات ارائه می‌دهد.

PetMD طیف گسترده‌ای از بیماری‌ها و شرایط سلامتی‌ای که ما سگ‌ها ممکنه باهاش مواجه بشیم رو پوشش می‌ده—از سرماخوردگی‌های ساده گرفته تا مشکلات جدی‌تر—و به صاحبان حیوانات کمک می‌کنه علائم رو بهتر بشناسن و تصمیم‌های آگاهانه‌تری برای مراقبت از ما بگیرن.

این سایت همچنین نکات مفیدی درباره تغذیه، آموزش، رفتار، نظافت و مراقبت‌های پیشگیرانه ارائه می‌ده. PetMD واقعاً یه منبع کامل و دوست‌داشتنی برای حفظ سلامت و شادی ما حیوانات خونگیه! می‌تونی کد QR رو اسکن کنی یا از لینک مستقیم استفاده کنی.

https://www.petmd.com/

Fear Free Happy Homes

یک گنجینه واقعی برای صاحبان حیوانات خانگی است؛ سرشار از منابع کاربردی و توصیه‌های مفید. این وب‌سایت موضوعاتی متنوع از مدیریت اضطراب در سگ‌ها گرفته تا رفتار عمومی و سلامت حیوانات را پوشش می‌دهد.

در این مجموعه‌ی ارزشمند می‌توانید به مقالات آموزشی، ویدیوها، وبینارهای تخصصی و حتی پادکست‌های آموزنده دسترسی داشته باشید که همگی با هدف بهبود کیفیت زندگی

حیوانات خانگی و تقویت ارتباط میان آن‌ها و صاحبانشان تهیه شده‌اند.

برای دسترسی به این محتوای کاربردی، کد QR را اسکن کنید یا از لینک مستقیم استفاده نمایید.

https://www.fearfreehappyhomes.com/

مجله سگها Whole Dog Journal دقیقاً همون جاییه که ما عاشقشیم – یه وب‌سایت و مجله پر از همه چیزهایی که مربوط به سگ‌هاست! اینجا مطالب مفیدی درباره اضطراب پیدا می‌کنی؛ از تشخیص علائم گرفته تا روش‌های مدیریتش، به‌علاوه بررسی محصولاتی که به کاهش اضطراب کمک می‌کنن.

برای صاحبان سگی که می‌خوان بهترین‌ها رو به ما هدیه بدن، این یه منبع درجه‌یکه. پس بیا روی مبل لم بدیم، مجله‌مونو با هم بخونیم و فراموش نکن یه دونه تشویقی خوشمزه هم بهم بدی. ووووف!

برای دیدن مطالب، کد QR رو اسکن کن یا از این لینک استفاده کن:

http://www.whole-dog-journal.com

Bondivet یک وب‌سایت استرالیایی است که منابع ارزشمندی در زمینه سلامت و رفاه حیوانات خانگی ارائه می‌دهد. این وب‌سایت شامل مقالات، ویدیوها و محتوای آموزشی متنوعی در زمینه مراقبت از حیوانات، از جمله رفتار، آموزش و سلامت عمومی است.

علاوه بر این، Bondivet یک فهرست کامل از کلینیک‌ها و بیمارستان‌های دامپزشکی در استرالیا ارائه می‌دهد و فضایی مانند انجمن گفت‌وگو (فروم) دارد که در آن صاحبان حیوانات می‌توانند سؤالات خود را مطرح کرده و تجربیاتشان را با دیگران به اشتراک بگذارند.

برای دسترسی به این منابع مفید، می‌توانید کد QR را اسکن کرده یا از لینک مستقیم استفاده کنید.

https://bondivet.com

تلویزیون سگ Dog TV

خدای من، باورت میشه ما کانال !تلویزیونی باحال خودمون رو داریم؟ کلی ویدیو اونجا پیدا می‌کنی - از آهنگ‌های آرامش‌بخش گرفته تا تصاویر ذن و حتی نمایش‌های مخصوص سگ‌ها. مثل یه مرکز سرگرمی خودمون می‌مونه، برای وقتی .که انسان‌ها دور و برمون نیستن عالیه مثل این می‌مونه که یه دوست پشمالو روی صفحه نمایش داشته باشیم که همراهمون باشه و کمکمون کنه بر تنهایی و کسالت غلبه کنیم. مثل یه زمین بازی تو دنیای مثل این است که رویای یک سگ DogTV.com .دیجیتال می‌مونه به حقیقت پیوسته است! را اسکن کنید یا از لینک استفاده QR کد کنید.

https://www.dogtv.com/

Thunder Shirt تاندرشرت

ووف، یادت میاد تو فصل ۵ برات درباره‌ش پارس زدم؟ این شرکت فوق‌العاده محصولاتی طراحی می‌کنه که کمک می‌کنن ما سگ‌ها آرام و ریلکس بمونیم. ستاره‌ی محصولاتشون، یعنی ThunderShirt، یه جلیقه‌ی مخصوصه که با یک آغوش ملایم به بدن ما فشار وارد می‌کنه تا اضطرابمون کم بشه. وب‌سایتشون توضیح می‌ده این جادوی نرم چطوری کار می‌کنه، و کلی مقاله و منبع مفید درباره مدیریت استرس و اضطراب سگ‌ها در اختیارت قرار می‌ده.

SCAN ME

برای صاحبان حیوانات خانگی که دنبال راه‌حل غیرتهاجمی برای آرام‌سازی سگ‌های مضطربشون هستن، این یه منبع بسیار باارزشه! کافیه کد QR رو اسکن کنی یا از لینک مستقیم استفاده کنی تا بیشتر کشفش کنی. https://thundershirt.com/

گفت‌وگو با دامپزشک:

اجازه بده با هیجان دُم‌تکونی کنم و درباره یه وب‌سایت فوق‌العاده بهت بگم به نام "!Ask a Veterinarian Online" انگار یه کلینیک دامپزشکی مجازی رو همیشه همراهت داری! این وب‌سایت با بیش از ۱۲ هزار متخصص، به کاربران در ۱۹۶ کشور و در بیش از ۷۰۰ موضوع مختلف، اونم به ۴ زبان مختلف، خدمات مشاوره می‌ده!

از نگرانی‌های سلامتی گرفته تا رفتارهای عجیب و بامزه ما حیوانات، دامپزشک‌های حرفه‌ای اونجا هستن تا با مشاوره‌ای دقیق و دلسوزانه بهت کمک کنن بهترین تصمیم رو برای دوست پشمالوت بگیری. کافیه کد QR رو اسکن کنی یا از لینک مستقیم استفاده کنی تا به این کلینیک مجازی وارد بشی! https://www.askaveterinarianonline.com/

SCAN ME

Pitpat

من همیشه نگران جدا شدن از خانوادم یا گم شدنم هستم، اما حدس بزن چی شده؟ یه ابزار شگفت‌انگیز به اسم PitPatوجود داره! این فقط یه وب‌سایت نیست، بلکه یه گجت اَبَرقهرمانیه برای ما سگ‌ها!

یه دستگاه کوچیکه که به قلاده‌م وصل می‌شه و تمام حرکات منو زیر نظر می‌گیره – تعداد قدم‌هام، مسافتی که طی می‌کنم و حتی کالری‌هایی که می‌سوزونم! این دستگاه با یه اپلیکیشن باحال روی گوشی شما حرف می‌زنه و همه‌ی این اطلاعات رو اونجا نشون می‌ده، حتی می‌تونید برای من هدف‌های ورزشی تنظیم کنید!

PitPatمثل یار کمکی منه؛ بهت کمک می‌کنه مطمئن شی که من همیشه فعال و سالم می‌مونم. این ابزار واقعاً برای کنترل برنامه ورزشی من سگ‌وار بی‌نظیره! کافیه کد QR رو اسکن کنی یا از لینک استفاده کنی تا بیشتر درباره‌ش بدونی. https://www.pitpat.com/

SCAN ME

کاوش در دنیای پراضطراب سگ‌ها

آکادمی سگ آرام Calm Canine Academy

این آکادمی فوق‌العاده به ما سگ‌ها کمک می‌کنه که یاد بگیریم چطور با تنهایی کنار بیایم و تو نبود شما هم خوشحال و بااعتمادبه‌نفس بمونیم!

توی این سایت کلی منابع باحال و برنامه‌های آموزشی گام‌به‌گام وجود داره که به ما یاد می‌ده چطور آروم بمونیم وقتی تنها هستیم. دوره‌هاش تعاملی و سرگرم‌کننده هستن، طوری که آموزش تبدیل می‌شه به یه تجربه‌ی شاد و مفید!

اگه می‌خوای مطمئن شی که دوست پشمالوت وقتی خونه تنهاست، احساس خوبی داره، حتماً این وب‌سایت رو بررسی کن. انگار یه مربی اختصاصی برای غلبه بر اضطراب جدایی کنارمونه!

کد QR رو اسکن کن یا از لینک استفاده کن تا وارد این سفر آموزشی بشیم.

بیا به دنیا نشون بدیم که حتی تنهایی هم می‌تونیم قهرمان باشیم!

SCAN ME

https://www.calmcanineacademy.com/separation-skills-1

K9TI

این وب‌سایت یه متخصص حرفه‌ای تو آموزش آنلاین سگ‌هاست!

همه چیز درباره‌ی آموزش سگ‌ها (K9) و درک بهتر رفتارهای ما پشمالوها رو می‌تونی اینجا پیدا کنی. K9TI کلی اطلاعات باارزش، مقاله، نکات آموزشی و حتی دوره‌های آنلاین داره، از آموزش‌های پایه‌ی اطاعت‌پذیری تا مهارت‌های پیشرفته!

اگه می‌خوای پیوندت با سگت قوی‌تر بشه و تجربه‌ی آموزشش رو به سطح بالاتری ببری، این سایت یه گنج واقعی از دانش و تکنیک‌های مفیده. پس بیا همراه با من سفری پر از آموزش مثبت و دم‌تکونی رو شروع کنیم.

کافیه کد QR رو اسکن کنی یا از لینک مستقیم استفاده کنی.

آماده‌ای؟ بریم برای یه تمرین عالی!

https://k9ti.org/

SCAN ME

به یاد داشته باشید، این وب‌سایت‌ها و منابع آنلاین برای ارائه اطلاعات و پشتیبانی بیشتر طراحی شده‌اند. صدها وب‌سایت مفید دیگر نیز وجود دارد. همیشه برای راهنمایی‌های شخصی‌سازی‌شده و متناسب با نیازهای سگ خود، با یک دامپزشک یا متخصص مجاز مشورت کنید.

فصل ۱۶

منابع و مراجع؛ برای جست‌وجوی بیشتر

سلام دوستان کنجکاو من! اگر مشتاق دانش بیشتر هستید و می‌خواهید بیشتر کاوش کنید، در اینجا منابع و مراجع ارزشمندی برای مطالعه وجود دارد. این جواهرات به شما کمک می‌کنند تا سفر خود را به سمت درک و حمایت از بهترین دوست پشمالوی خود ادامه دهید:

موسسه رفتارشناسی حیولنات Animal Behavior Associates (ABA)

این مرکز حرفه‌ای توسط دو متخصص برجسته، **دکتر سوزان هِتس** و **دکتر دانیل استپ**، بنیان‌گذاری شده – هر دو از رفتارشناس‌های حیوانات با مدرک تخصصی هستن!

وب‌سایت ABA یه مرجع مطمئن برای راهنمایی در زمینه‌ی **رفتار حیوانات خانگی** ـ به‌ویژه سگ‌ها ـ محسوب می‌شه.

اینجا می‌تونی کلی مقاله، وبینار و منابع آموزشی ارزشمند پیدا کنی که بهت کمک می‌کنن مشکلات رفتاری مثل **اضطراب** رو بهتر بشناسی و باهاشون درست برخورد کنی.

از همه جالب‌تر اینکه یه فهرست جامع از **رفتارشناس‌های تأییدشده** هم دارن که می‌تونی ازشون مشاوره‌ی شخصی و برنامه‌ی درمانی بگیری.

SCAN ME

ABAدقیقاً برای همین ساخته شده:

تا به ما کمک کنه رفتار دوست پشمالومون رو بهتر بفهمیم و با راه‌حل‌های علمی، زندگی آروم‌تری رو در کنار هم بسازیم.

کافیه کد QR رو اسکن کنی یا وارد لینک بشی تا دنیای جدیدی از آگاهی و درک رفتاری رو کشف کنی.

https://animalbehaviorassociates.com

شورای ملی تحقیقات سگ‌ها(NCRC)

SCAN ME

یه مؤسسه‌ی غیرانتفاعی و علمی که همه تمرکزش روی درک درست رفتار سگ‌هاست – البته نه از روی حدس و گمان، بلکه با کمک **علم و تحقیق واقعی!**

NCRCتحقیقات مختلفی رو جمع‌آوری و بررسی کرده، بعد نتایجش رو ساده و قابل فهم برای همه ارائه داده.

اگه دوست داری بدونی پشت رفتارهای ما سگ‌ها چه دلایلی خوابیده، حتماً یه سر به صفحه‌ی **Resources**(منابع) این سایت بزن.

اونجا کلی منابع عالی از شرکت‌ها و سازمان‌هایی پیدا می‌کنی که برای کمک به ما حیوانات، مخصوصاً سگ‌ها، تلاش می‌کنن. پس بیا با هم علم رو بو بکشیم و بهتر همدیگه رو درک کنیم!

کد QR رو اسکن کن یا از لینک استفاده کن تا وارد این دنیای علمی و سگ‌دوست بشی.

https://nationalcanineresearchcouncil.com/

204 منابع و مراجع: برای جستجوی بیشتر

SCAN ME

✓ **دانشگاه فلوریدا**

این بخش یه بازی هیجان‌انگیز برای انسان‌هاست تا بتونن ما سگ‌ها رو بهتر بشناسن و نژادهای مختلفمون رو از هم تشخیص بدن. مثل یه بازی کارآگاهی سگ‌محور می‌مونه، مثلاً اینکه بدونن من یه **بیگل**ام یا یه **بردر کولی**، یا بتونن فرق بین یه **لابرادور** و **ژرمن شپرد** رو بفهمن!

✓ این راهنما بهشون کمک می‌کنه تا **تخصصی‌تر نژادها رو بشناسن** و درک بهتری از ویژگی‌های ما پیدا کنن. پس اگه دوست داری خانواده‌ات تبدیل به یه کارآگاه نژادشناس حرفه‌ای بشن، کافیه کد رو اسکن کنی یا وارد لینک بشن.

✓ وقتشه بازی کنیم و در عین حال یاد بگیریم.

✓ https://sheltermedicine.vetmed.ufl.edu/

✓

✓ **ژنتیک و اضطراب در سگ‌ها**

SCAN ME

تا حالا به این فکر کردی که **بین ژن‌های ما سگ‌ها و اضطراب** چه ارتباطی وجود داره؟ یه مقاله‌ی علمی بسیار جالب وجود داره که دقیقاً به همین موضوع پرداخته. این تحقیق بررسی می‌کنه که چطور **برخی ژن‌های خاص** می‌تونن باعث بشن ما سگ‌ها بیشتر دچار اضطراب بشیم. در واقع، یه نگاه عمیق و علمی به پشت‌پرده‌ی زیست‌شناسی اضطراب در دوستای پشمالوتون هست. اگه به علم علاقه‌مند هستی یا می‌خوای بهتر ما رو درک کنی، حتماً این مقاله رو بخون. کافیه کد QR رو اسکن کنی یا از لینک استفاده کنی تا وارد دنیای جذاب ژن‌ها رو اسکن کنی و از کشف دنیای شگفت‌انگیز علم لذت ببر !

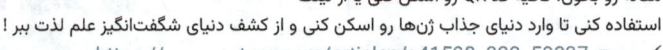

✓ https://www.nature.com/articles/s41598-020-59837-z

✓

✓ **روی توله‌سگت تمرکز کن، دانشگاه سگ باهوش Smart Dog University**

SCAN ME

✓ جاییه که باید ازش شروع کنی !

این وب‌سایت یه بلاگ فوق‌العاده درباره‌ی شناخت و مدیریت اضطراب جدایی داره – مخصوصاً برای ما توله‌ها! بودن در نقش توله‌سگ درست مثل یه بچه‌ی انسانیه، ما توی این دوره مثل یه اسفنج، کلی چیز یاد می‌گیریم !

✓ این سایت مثل سکوی پرتابه برای یه شروع عالی:

یه گنجینه‌ی کامل از بلاگ‌ها، منابع آموزشی، خدمات، وبینارها و کلی چیز دیگه. یادت نره: حتی اگه سگت نابغه باشه، **آموزش توله‌سگ‌ها نیاز به تخصص داره!**

پس بیا از حرفه‌ای‌ها یاد بگیریم تا والدین سگ بهتری باشیم. فارغ‌التحصیلی از «دانشگاه سگ‌های باهوش» کلی مزیت داره، مثل پیشگیری از اضطراب در آینده.

✓ کد QR رو اسکن کن یا از لینک استفاده کن و سفر آموزشی‌ت رو شروع کن!

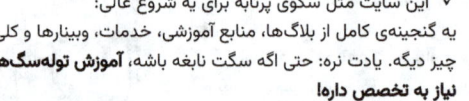

✓ https://smartdoguniversity.com/

✓

✓ به یاد داشته باشید، انسان‌های شگفت‌انگیز من، این منابع فقط نوک دم هستند! به کاوش ادامه دهید، به یادگیری ادامه دهید و با دانش، دم‌هایتان را تکان دهید. هر چه بیشتر بدانید، برای ارائه عشق، مراقبت و حمایتی که ما سگ‌ها به آن نیاز داریم، مجهزتر خواهید بود.

فصل ۱۷

۱۰ جدول مقایسه‌ای بسیار مفید

آماده شوید تا به سراغ ۱۰ جدول فوق‌العاده مفید در مورد ۴۰ دوست از نژادهای مختلف من بروید. این جداول گنجینه‌ای از اطلاعات هستند که به شما امکان می‌دهند ما را با هم مقایسه کنید و در مورد ویژگی‌های منحصر به فرد، نکات مربوط به سلامتی، نیازهای نظافت، ویژگی‌های آموزشی و حتی زمان‌های مورد علاقه ما برای چرت زدن و پیاده‌روی اطلاعات کسب کنید.

اما این همه ماجرا نیست! این میزها فوق‌العاده منحصر به فرد هستند زیرا به اعماق اضطراب ما نیز می‌پردازند و .نشانه‌هایی را که باید مراقب آنها باشیم و دلایلی را که ممکن است باعث افتادگی دم ما شوند، به اشتراک می‌گذارند اگر چیزی را از قلم انداخته‌ام یا سوالی دارید، لطفاً به من ایمیل بزنید. بیایید با هم مطمئن شویم که در این سفر باورنکردنی درک و مراقبت از همراهان پشمالوی خود، هیچ جزئیاتی را از قلم نیندازیم! وای!

سلام بچه‌ها! در حالی که شما مشغول خواندن بقیه فصل‌ها هستید، من می‌خواهم دمم را تکان بدهم و با دوست انسانم برای یک پیاده‌روی دلچسب بیرون بروم. آه، خورشید می‌تابد، نسیم می‌وزد، و !بوهای زیادی برای کشف کردن وجود دارد مراقبت از خودِ پشمالوییمان به اندازه گسترش دانشمان مهم است. پس، ادامه دهید، به خواندن ادامه دهید، و بعداً با شما صحبت خواهم کرد. از سفر لذت ببرید، دوستان سگ‌دوست من! ووف

ویژگی‌های ۴۰ نژاد محبوب

ویژگی‌های ۴۰ نژاد محبوب					
سازگاری با سایر حیوانات خانگی	**سازگاری با کودکان**	**نیازهای ورزشی**	**مزاج**	**اندازه**	**نژاد**
کم	متوسط	بالا	مستقل، پرانرژی	بزرگ	مالاموت آلاسکایی
کم	متوسط	بالا	باهوش، پرانرژی	متوسط	سگ گله استرالیایی
متوسط	بالا	بالا	باهوش، فعال	متوسط	شپرد استرالیایی
بالا	بالا	متوسط	دوستانه، کنجکاو	کوچک	بیگل
کم	کم	بالا	محافظ، وفادار	بزرگ	مالینویز بلژیکی
بالا	بالا	متوسط	ملایم، خوش‌خلق	بزرگ	سگ کوهستانی برنی
بالا	بالا	متوسط	بازیگوش، مهربان	کوچک	بیچون فریز
متوسط	متوسط	بالا	باهوش، پرانرژی	متوسط	برنیس کوهی
کم	بالا	متوسط	دوستانه، سرزنده	کوچک	بوستون تریر
کم	بالا	بالا	بازیگوش، پرانرژی	بزرگ	باکسر
بالا	بالا	بالا	فعال، همه کاره	متوسط	بریتنی
کم	بالا	کم	مطیع، آسان‌گیر	متوسط	بولداگ
کم	کم	متوسط	،با اعتماد به نفس باهوش	بزرگ	کین‌کورسو
متوسط	بالا	متوسط	هوشیار، مهربان	متوسط	کاردیگان ولش کورگی
بالا	بالا	متوسط	مهربان، لطیف	کوچک	کاوالیر کینگ چارلز اسپانیل
کم	کم	کم	سرزنده، شجاع	کوچک	چی‌واوا
بالا	بالا	متوسط	ملایم، باهوش	متوسط	کوکر اسپانیل
متوسط	بالا	متوسط	کنجکاو، باهوش	کوچک	داشهاند
کم	کم	بالا	وفادار، نترس	بزرگ	دوبرمن پینچر
بالا	بالا	متوسط	شاد، باهوش	متوسط	انگلیش کوکر
متوسط	بالا	بالا	ملایم، خوش‌خلق	بزرگ	انگلیش ستر
بالا	بالا	بالا	وفادار، با اعتماد به نفس	بزرگ	ژرمن شپرد
بالا	بالا	بالا	باهوش، دوستانه	بزرگ	گلدن رتریور
کم	بالا	کم تا متوسط	ملایم، دوستانه	غول پیکر	گریت دین
بالا	بالا	بالا	،خوش‌برخورد خونسرد	بزرگ	لابرادور رتریور
متوسط	بالا	متوسط	ملایم، دوستانه	غول پیکر	لئونبرگر
بالا	بالا	کم	شیرین‌خلق، سرزنده	کوچک	مالتیز
بالا	متوسط	متوسط	نترس، با روحیه	کوچک	اشنایزر مینیاتوری
متوسط	بالا	متوسط	جسور، هوشیار	متوسط	الکهاند نروژی
بالا	بالا	متوسط	باهوش، فعال	متفاوت است	پودل (استاندارد/مینی/اسباب‌بازی)
بالا	بالا	بالا	باهوش، فعال	متوسط	پرتگیز واتر

ویژگی‌های ۴۰ نژاد محبوب					
سازگاری با سایر حیوانات خانگی	سازگاری با کودکان	نیازهای ورزشی	مزاج	اندازه	نژاد
متوسط	بالا	کم	جذاب، شیطون	کوچک	پاگ
کم	کم	بالا	آرام، شجاع	بزرگ	روت وایلر
کم	کم	بالا	هوشیار، فعال	متوسط	شیبا اینو
بالا	بالا	کم تا متوسط	،مهربان بازیگوش	کوچک	شیتزو
کم	متوسط تا زیاد	بالا	،برونگرا شیطون	متوسط	هاسکی سیبری
بالا	کم	بالا	جسور، مهربان	متوسط	استافوردشایر بول تریر
متوسط	متوسط	متوسط	فعال، هوشیار	کوچک	ولپینو ایتالیایی
بالا	متوسط	بالا	دوستانه، ملایم	متوسط	ولش اسپرینگر اسپانیل
متوسط	بالا	کم	مهربان، با روحیه	کوچک	یورکشایر تریر

.لطفاً توجه داشته باشید که جدول، مروری کلی بر ویژگی‌های هر نژاد ارائه می‌دهد سگ‌های مختلف ممکن است در نژاد خود تفاوت‌هایی را نشان دهند. انجام تحقیقات بیشتر و مشورت با متخصصان مربوط به نژاد یا منابع معتبر برای کسب اطلاعات دقیق‌تر و جزئی‌تر، قبل از تصمیم‌گیری، مهم است . علاوه بر این، به یاد داشته باشید که آموزش، اجتماعی شدن و مراقبت مناسب برای رشد هر نژادی در یک محیط محبت‌آمیز و حمایتی ضروری است.

نوع، سطح و نشانه‌های اضطراب در ۴۰ نژاد

نوع، سطح و نشانه‌های اضطراب در ۴۰ نژاد			
علائم اضطراب	**سطح اضطراب**	**نوع اضطراب**	**نژاد**
زوزه کشیدن، پارس کردن بیش از حد، کندن زمین، فرار کردن، قدم زدن زیاد، رفتار مخرب (خراشیدن در یا پنجره)	متوسط	اضطراب جدایی	مالاموت آلاسکایی
،پارس کردن بیش از حد، رفتار مخرب، قدم زدن زیاد بی‌قراری، حساسیت بیش از حد به صداها	بالا	اضطراب جدایی	سگ گله استرالیایی
،نیش زدن بیش از حد، رفتارهای وسواسی، بی‌قراری جستجوی اطمینان خاطر، تخریب، قدم زدن با قدم‌های آهسته	متوسط	اضطراب ،فراگیر اضطراب جدایی	شپرد استرالیایی
زوزه کشیدن بیش از حد، کندن زمین، رفتار مخرب، قدم زدن زیاد، بی‌قراری، تلاش برای فرار	بالا	اضطراب جدایی	بیگل
پارس کردن بیش از حد، رفتارهای مخرب (جویدن مبلمان یا وسایل)، بی‌قراری، قدم زدن زیاد، تلاش‌های فرار	بالا	اضطراب جدایی	مالینویز بلژیکی
،پنهان شدن، جستجوی آرامش، نفس نفس زدن، قدم زدن بی‌قراری، تخریب، حساسیت بیش از حد به صداها	کم	اضطراب ،سر و صدا اضطراب جدایی	سگ کوهستانی برنی
،لرزش بیش از حد، ترس، اجتناب از تعاملات اجتماعی ،پریشانی جدایی، جستجوی اطمینان خاطر، تخریب بی‌قراری	کم	اضطراب ،اجتماعی اضطراب جدایی	بیچون فریز
،رفتار گله ای بیش از حد، بی قراری، قدم زدن سریع ،رفتار مخرب، سر و صدا کردن، رفتارهای وسواسی حساسیت بیش از حد به صداها	بالا	اضطراب جدایی	برنیس کوهی
،نفس نفس زدن بیش از حد، جستجوی آرامش، بی‌قراری تخریب، پارس کردن بیش از حد، حساسیت بیش از حد به صداها	متوسط	اضطراب ،سر و صدا اضطراب جدایی	بوستون تریر
،قدم زدن زیاد، آبریزش دهان بیش از حد، بی‌قراری بیش‌فعالی، رفتار مخرب، رفتارهای وسواسی	بالا	اضطراب عمومی	باکسر
،نفس نفس زدن، لرزیدن، پنهان شدن، جستجوی آرامش بی‌قراری، قدم زدن، تلاش برای فرار در هنگام صداهای بلند یا رعد و برق	متوسط	اضطراب ناشی از سر و صدا	بریتنی
،اجتناب از موقعیت‌های اجتماعی، ترس از افراد جدید ،پریشانی جدایی، آبریزش دهان بیش از حد، رفتار مخرب نفس نفس زدن، قدم زدن با سرعت زیاد	متوسط	اضطراب ،اجتماعی اضطراب جدایی	بولداگ

نوع، سطح و نشانه‌های اضطراب در ۴۰ نژاد

علائم اضطراب	سطح اضطراب	نوع اضطراب	نژاد
پارس کردن بیش از حد، غرغر کردن، پرخاشگری، رفتار مخرب (جویدن اشیاء یا مبلمان)، بی‌قراری، رفتارهای وسواسی	متوسط	اضطراب عمومی	کین‌کورسو
،نفس نفس زدن، لرزیدن، جستجوی اطمینان خاطر، کز کردن تلاش برای پنهان شدن، بی‌قراری، قدم زدن در هنگام صداهای بلند یا آتش‌بازی	کم	اضطراب ناشی از سر و صدا	کاردیگان ولش کورگی
،ناله کردن بیش از حد، ناراحتی جدایی، جستجوی اطمینان خاطر رفتار مخرب، بی‌قراری	کم	اضطراب جدایی	کاوالیر کینگ چارلز اسپانیل
،لرزش بیش از حد، پرخاشگری، ترس، پارس کردن بیش از حد پنهان شدن، جستجوی اطمینان خاطر، ناراحتی جدایی، اجتناب از تعاملات اجتماعی	بالا	اضطراب ،اجتماعی اضطراب جدایی	چی‌واوا
،پنهان شدن، پارس کردن بیش از حد، نفس نفس زدن، لرزش تخریب، بی‌قراری، حساسیت بیش از حد به صداها	متوسط	اضطراب سر ،و صدا اضطراب جدایی	کوکر اسپانیل
ناله کردن بیش از حد، رفتار خود تخریبی، بی‌قراری، کندن زمین، تلاش برای فرار، حساسیت بیش از حد به صداها	متوسط	اضطراب جدایی	داشهاند
زبان بدن ترسناک، اجتناب، پرخاشگری، بی‌قراری، پارس کردن بیش از حد، نفس نفس زدن، لرزش، حساسیت بیش از حد به صداها	بالا	اضطراب اجتماعی	دوبرمن پینچر
پارس کردن بیش از حد، ناله کردن، بی‌قراری، رفتارهای وسواسی (دنبال کردن دم، لیسیدن پنجه)، اضطراب جدایی، جلب توجه مداوم	متوسط	اضطراب عمومی	انگلیش کوکر
قدم زدن بیش از حد، لرزش، بی‌قراری، جستجوی اطمینان خاطر، رفتار مخرب، ناراحتی جدایی	متوسط	اضطراب ،فراگیر اضطراب جدایی	انگلیش ستر
نفس نفس زدن، لرزیدن، پنهان شدن، ناله کردن، پارس کردن بیش از حد، تخریب، تلاش برای فرار، حساسیت بیش از حد به صداها، قدم زدن زیاد، بی‌قراری	بالا	اضطراب سر ،و صدا اضطراب جدایی	ژرمن شپرد
،بی‌قراری، آرایش بیش از حد، جستجوی اطمینان خاطر ،رفتارهای وسواسی، گوش به زنگی بیش از حد، نفس نفس زدن لرزش	کم	اضطراب ،فراگیر اضطراب جدایی	گلدن رتریور

۱۰ جدول مقایسه‌ای بسیار مفید

نوع، سطح و نشانه‌های اضطراب در ۴۰ نژاد

علائم اضطراب	سطح اضطراب	نوع اضطراب	نژاد
،پنهان شدن، جستجوی آرامش، نفس نفس زدن، لرزیدن قدم زدن، بی‌قراری، حساسیت بیش از حد به صداها	کم	اضطراب سر و صدا، اضطراب جدایی	گریت دین
،پارس کردن بیش از حد، رفتار مخرب، قدم زدن زیاد آبریزش دهان، تلاش برای فرار	متوسط	اضطراب جدایی	لابرادور رتریور
،ناله کردن بیش از حد، ناله کردن، قدم زدن زیاد ،بی‌قراری، رفتار مخرب (خراشیدن در یا مبلمان) آبریزش دهان	متوسط	اضطراب جدایی	لئونبرگر
جویدن بیش از حد، ادرار کردن، بی‌قراری، جستجوی اطمینان خاطر، ناراحتی جدایی	کم	اضطراب جدایی	مالتیز
،پارس کردن بیش از حد، کندن زمین، قدم زدن زیاد بی‌قراری، رفتار مخرب، حساسیت بیش از حد به صداها	متوسط	اضطراب جدایی	اشنایزر مینیاتوری
،زوزه کشیدن، قدم زدن، پنهان شدن، جستجوی آرامش لرزیدن، بی‌قراری، تلاش برای فرار در هنگام صداهای بلند یا آتش‌بازی	متوسط	اضطراب ناشی از سر و صدا	الکهاند نروژی
لرزیدن، جستجوی آرامش، پنهان شدن، پارس کردن بیش از حد، تخریب، نفس نفس زدن، قدم زدن	کم	اضطراب سر و صدا، اضطراب جدایی	پودل (استاندارد/مینی/اسباب‌بازی)
،پارس کردن بیش از حد، نفس نفس زدن، بی‌قراری ،قدم زدن‌های طولانی، رفتارهای وسواسی (لیس زدن جویدن)، جلب توجه مداوم، اضطراب جدایی	کم	اضطراب عمومی	پرتگیز واتر
،لیسیدن بیش از حد، چسبیدن، جستجوی اطمینان خاطر گوش به زنگی بیش از حد، بی‌قراری، ناراحتی جدایی	کم	اضطراب عمومی	پاگ
،پرخاشگری، ترس، اجتناب از تعاملات اجتماعی گوش به زنگی بیش از حد، بی‌قراری، پارس کردن بیش از حد	بالا	اضطراب اجتماعی	روت وایلر
،سر و صدای بیش از حد، پنهان شدن، بی‌قراری تخریب، تلاش برای فرار، حساسیت بیش از حد به صداها	متوسط	اضطراب سر و صدا، اضطراب جدایی	شیبا اینو

نوع، سطح و نشانه‌های اضطراب در ۴۰ نژاد

علائم اضطراب	سطح اضطراب	نوع اضطراب	نژاد
پارس کردن بیش از حد، بی‌قراری، لرزش، جستجوی اطمینان خاطر، ناراحتی جدایی، رفتار مخرب	کم	اضطراب جدایی	شیتزو
تلاش‌های بیش از حد برای فرار، رفتار مخرب، زوزه کشیدن، قدم زدن، بی‌قراری، کندن زمین، خودزنی، تلاش برای فرار، گوش به زنگ بودن بیش از حد	بالا	اضطراب فراگیر، اضطراب جدایی	هاسکی سیبری
پرخاشگری، نفس نفس زدن بیش از حد، بی‌قراری، رفتار مخرب، ناراحتی جدایی، حساسیت بیش از حد به صداها	بالا	اضطراب عمومی	استافوردشایر بول تریر
ناله کردن بیش از حد، پارس کردن، رفتارهای مخرب (جویدن اشیاء یا مبلمان)، چسبیدن به دیگران، قدم زدن زیاد، تلاش برای فرار	کم	اضطراب جدایی	ولپینو ایتالیایی
پارس کردن بیش از حد، ناله کردن، بی‌قراری، رفتارهای وسواسی (دنبال کردن دم، لیسیدن پنجه)، اضطراب جدایی، جلب توجه مداوم	کم	اضطراب عمومی	ولش اسپرینگر اسپانیل
پنهان شدن، پارس کردن بیش از حد، لرزیدن، نفس نفس زدن، جستجوی آرامش، بی‌قراری، تخریب	کم	اضطراب سر و صدا، اضطراب جدایی	یورکشایر تریر

لطفا در نظر داشته باشید که سطح اضطراب ما می‌تواند از سگی به سگ دیگر متفاوت باشد و می‌تواند تحت تأثیر عواملی مانند ژنتیک، نحوه تربیت و محیط اطرافمان باشد.

علائم ذکر شده در جدول فقط نشانه‌های کلی هستند و ممکن است در مورد هر سگی از نژاد ما صدق نکنند. به همین دلیل است که برای صاحبان عزیز ما بسیار مهم است که با یک دامپزشک یا یک رفتارشناس حرفه‌ای مشورت کنند. آنها می‌توانند ارزیابی کاملی ارائه دهند و راهنمایی‌های متناسب با نیازهای منحصر به فرد ما را ارائه دهند. با کمک آنها، می‌توانیم اضطراب خود را بهتر درک و مدیریت کنیم و به زندگی شادتر و مثبت‌تری برسیم.

کاوش در دنیای پراضطراب سگ‌ها

علائم و ریشه‌های اضطراب در ۴۰ نژاد محبوب

علائم و ریشه‌های اضطراب در ۴۰ نژاد محبوب		
علت ریشه‌ای	**علائم اضطراب**	**نژاد**
اضطراب جدایی، کمبود تحریک ذهنی	زوزه کشیدن یا ناله کردن بیش از حد، رفتار مخرب	مالاموت آلاسکایی
کمبود فعالیت بدنی و ذهنی، کسالت و بی حوصلگی	بیش فعالی، بی قراری، گاز گرفتن یا رفتار گله ای	سگ گله استرالیایی
کمبود تحریک ذهنی، اضطراب جدایی	پارس کردن بیش از حد، رفتارهای وسواسی، بی‌قراری	شپرد استرالیایی
کسالت، عدم فعالیت بدنی و ذهنی	رفتار بیش از حد پارس کردن، کندن زمین یا فرار کردن	بیگل
کمبود فعالیت ذهنی و جسمی، عدم امنیت	،هوشیاری بیش از حد، بیش فعالی پرخاشگری	مالینویز بلژیکی
اضطراب جدایی، ترس از صداهای بلند	،آبریزش بیش از حد دهان، رفتار مخرب گوشه‌گیری	سگ کوهستانی برنی
اضطراب جدایی، ترس از تنها ماندن	،پارس کردن بیش از حد، اضطراب جدایی لرزش	بیچون فریز
کمبود تحریک ذهنی، غرایز گله‌داری	رفتارهای وسواسی، تمایلات گله‌وار، قدم زدن با سرعت زیاد	برنیس کوهی
بی‌حوصلگی، اضطراب جدایی	بیش فعالی، جویدن مخرب، لیسیدن بیش از حد	بوستون تریر
کمبود ورزش، اضطراب جدایی	،پریدن روی آدمها، بازیگوشی بیش از حد بی‌قراری	باکسر
کمبود تحریک ذهنی، ترس از تنها بودن	عصبی بودن، اضطراب جدایی، رفتار مخرب	بریتنی
،ترس از موقعیت‌های خاص مشکلات تنفسی	نفس نفس زدن شدید، آبریزش بیش از حد دهان، رفتارهای اجتنابی	بولداگ
فقدان جامعه‌پذیری، ناامنی	،رفتارهای پرخاشگرانه، تمایلات دفاعی بیش فعالی	کین‌کورسو
عدم معاشرت، ترس از تنهایی	،رفتار ترسناک، پارس کردن بیش از حد اضطراب جدایی	کاردیگان ولش کورگی
عدم معاشرت، ترس از محیط‌های جدید	کمرویی، رفتار مطیعانه، پنهان شدن یا از ترس دولا شدن	کاوالیر کینگ چارلز اسپانیل
ترس از غریبه‌ها، پرخاشگری مبتنی بر ترس	پارس کردن بیش از حد، لرزش یا تکان شدید، پرخاشگری	چی‌واوا
اضطراب جدایی، ترس از رها شدن	لیسیدن بیش از حد، اضطراب جدایی، ترس	کوکر اسپانیل
پرخاشگری مبتنی بر ترس، عدم اجتماعی شدن	پارس کردن بیش از حد، پنهان شدن یا نقب زدن، پرخاشگری	داشهاند
فقدان اجتماعی شدن، پرخاشگری مبتنی بر ترس	،هوشیاری بیش از حد، رفتار محافظتی پرخاشگری	دوبرمن پینچر
اضطراب جدایی، ترس از تنبیه	ادرار کردن مطیعانه، اضطراب جدایی، ترس	انگلیش کوکر
کمبود فعالیت ذهنی و جسمی، کسالت و بی حوصلگی	اضطراب جدایی، رفتار مخرب، بی‌قراری	انگلیش ستر
کمبود فعالیت ذهنی و جسمی، عدم امنیت	،پارس کردن بیش از حد، قدم زدن زیاد هوشیاری بیش از حد	ژرمن شپرد

علائم و ریشه‌های اضطراب در ۴۰ نژاد محبوب		
علت ریشه‌ای	**علائم اضطراب**	**نژاد**
اضطراب جدایی، کمبود تحریک ذهنی	جویدن بیش از حد، رفتار جلب توجه	گلدن رتریور
عدم معاشرت، ترس از محیط‌های جدید	خجالتی بودن، ترسو بودن، اضطراب جدایی	گریت دین
کمبود فعالیت ذهنی و جسمی، کسالت و بی حوصلگی	جویدن بیش از حد، بیش فعالی، بی قراری	لابرادور رتریور
کمبود تحریک ذهنی، ترس از تنها بودن	اضطراب جدایی، رفتار چسبندگی، جویدن مخرب	لئونبرگر
اضطراب جدایی، ترس از محیط‌های جدید	پارس کردن بیش از حد، لرزش یا تکان شدید، پنهان شدن	مالتیز
ترس از غریبه‌ها، پرخاشگری مبتنی بر ترس	پرخاشگری نسبت به غریبه‌ها، پارس کردن بیش از حد	اشنایزر مینیاتوری
اضطراب جدایی، کسالت	رفتار مخرب، زوزه کشیدن یا پارس کردن بیش از حد	الکهاند نروژی
کمبود تحریک ذهنی، ترس از تنها بودن	وابستگی، اضطراب جدایی، بی‌قراری	پودل استاندارد/مینی/اسباب‌بازی) (
کمبود فعالیت ذهنی و جسمی، کسالت و بی حوصلگی	پارس کردن بیش از حد، رفتار مخرب، بیش فعالی	پرتگیز واتر
مشکلات تنفسی، اضطراب جدایی	نفس نفس زدن شدید، خس خس سینه، مشکل در تنفس	پاگ
فقدان اجتماعی شدن، پرخاشگری مبتنی بر ترس	رفتارهای پرخاشگرانه، تمایلات دفاعی، ترس	روت وایلر
ترس از غریبه‌ها، پرخاشگری مبتنی بر ترس	رفتار ترسو، پرخاشگری نسبت به غریبه‌ها	شیبا اینو
اضطراب جدایی، ترس از تنها ماندن	،پارس کردن بیش از حد، اضطراب جدایی وابستگی مفرط	شیتزو
بی‌حوصلگی، اضطراب جدایی	،زوزه کشیدن بیش از حد، رفتار مخرب فرار از واقعیت	هاسکی سیبری
پرخاشگری مبتنی بر ترس، عدم اجتماعی شدن	،پرخاشگری نسبت به سگ‌های دیگر بیش‌فعالی	استافوردشایر بول تریر
اضطراب جدایی، ترس از تنها ماندن	پارس کردن بیش از حد، بی‌قراری، رفتار مخرب	ولپینو ایتالیایی
عدم معاشرت، ترس از تنهایی	رفتار ترسناک، اضطراب جدایی، لیسیدن بیش از حد	ولش اسپرینگر اسپانیل
پرخاشگری مبتنی بر ترس، عدم اجتماعی شدن	،پارس کردن بیش از حد، خجالتی بودن پرخاشگری	یورکشایر تریر

لطفاً توجه داشته باشید که این جدول اطلاعات کلی ارائه می‌دهد و ممکن است علائم اضطراب و ،علل ریشه‌ای آن در سگ‌های مختلف متفاوت باشد. اگر مشکوک به اضطراب سگ خود هستید مشورت با یک دامپزشک یا یک رفتارشناس حرفه‌ای سگ برای ارزیابی جامع و راهنمایی شخصی‌سازی‌شده ضروری است.

جزئیات بهداشتی ۴۰ نژاد محبوب

کوتاه کردن مو	حمام کردن	مسواک زدن	دفعات	میزان ریزش مو	نوع پوشش	نیازهای نظافتی	نژاد
گاه به گاه	ماهانه	روزانه	منظم	بالا	دو برابر	بالا	مالاموت آلاسکایی
همانطور که مورد نیاز است	ماهانه	هفتگی	منظم	متوسط	کوتاه	کم	سگ گله استرالیایی
گاه به گاه	ماهانه	هفتگی	منظم	متوسط	متوسط/بلند	متوسط	شپرد استرالیایی
همانطور که مورد نیاز است	ماهانه	هفتگی	منظم	کم	کوتاه	کم	بیگل
همانطور که مورد نیاز است	ماهانه	هفتگی	منظم	متوسط	کوتاه	متوسط	مالینویز بلژیکی
گاه به گاه	ماهانه	روزانه	منظم	بالا	طولانی	بالا	سگ کوهستانی برنی
به طور منظم	ماهانه	روزانه	منظم	کم	فرفری	بالا	بیچون فریز
گاه به گاه	ماهانه	هفتگی	منظم	متوسط	متوسط/بلند	متوسط	برنیس کوهی
همانطور که مورد نیاز است	ماهانه	هفتگی	منظم	کم	کوتاه	کم	بوستون تریر
همانطور که مورد نیاز است	ماهانه	هفتگی	منظم	کم	کوتاه	کم	باکسر
گاه به گاه	ماهانه	هفتگی	منظم	متوسط	متوسط	متوسط	بریتنی
همانطور که مورد نیاز است	ماهانه	هفتگی	منظم	کم	کوتاه	کم	بولداگ
همانطور که مورد نیاز است	ماهانه	هفتگی	منظم	کم	کوتاه	کم	کین‌کورسو
گاه به گاه	ماهانه	هفتگی	منظم	متوسط	متوسط	متوسط	کاردیگان ولش کورگی
گاه به گاه	ماهانه	هفتگی	منظم	متوسط	متوسط/بلند	متوسط	کاوالیر کینگ چارلز اسپانیل
همانطور که مورد نیاز است	ماهانه	هفتگی	منظم	کم	کوتاه	کم	چی‌واوا
به طور منظم	ماهانه	روزانه	منظم	بالا	متوسط/بلند	بالا	کوکر اسپانیل
همانطور که مورد نیاز است	ماهانه	هفتگی	منظم	کم	کوتاه	کم	داشهاند
همانطور که مورد نیاز است	ماهانه	هفتگی	منظم	کم	کوتاه	کم	دوبرمن پینچر
به طور منظم	ماهانه	روزانه	منظم	بالا	متوسط/بلند	بالا	انگلیش کوکر
به طور منظم	ماهانه	روزانه	منظم	بالا	طولانی	بالا	انگلیش ستر
گاه به گاه	ماهانه	هفتگی	منظم	متوسط	متوسط/بلند	متوسط	ژرمن شپرد
گاه به گاه	ماهانه	روزانه	منظم	بالا	طولانی	بالا	گلدن رتریور

جزئیات بهداشتی ۴۰ نژاد محبوب

پیرایش	حمام کردن	مسواک زدن	فرکانس	سطح ریزش	نوع پوشش	نیازهای نظافتی	نژاد
همانطور که مورد نیاز است	ماهانه	هفتگی	منظم	کم	کوتاه	کم	گریت دین
همانطور که مورد نیاز است	ماهانه	هفتگی	منظم	کم	کوتاه	کم	لابرادور رتریور
گاه به گاه	ماهانه	روزانه	منظم	بالا	طولانی	بالا	لئونبرگر
به طور منظم	ماهانه	روزانه	منظم	کم	طولانی	بالا	مالتیز
به طور منظم	ماهانه	روزانه	منظم	کم	موهای سیمی	بالا	اشنایزر مینیاتوری
همانطور که مورد نیاز است	ماهانه	هفتگی	منظم	متوسط	کوتاه	متوسط	الکهاند نروژی
به طور منظم	ماهانه	روزانه	منظم	کم	فرفری	بالا	پودل (استاندارد/مینی/اسباب‌بازی)
به طور منظم	ماهانه	روزانه	منظم	کم	فرفری	بالا	پرتگیز واتر
همانطور که مورد نیاز است	ماهانه	روزانه	منظم	کم	کوتاه	بالا	پاگ
همانطور که مورد نیاز است	ماهانه	هفتگی	منظم	کم	کوتاه	کم	روت وایلر
همانطور که مورد نیاز است	ماهانه	هفتگی	منظم	متوسط	دو برابر	متوسط	شیبا اینو
به طور منظم	ماهانه	روزانه	منظم	کم	طولانی	بالا	شیتزو
گاه به گاه	ماهانه	هفتگی	منظم	بالا	متوسط	متوسط	هاسکی سیبری
همانطور که مورد نیاز است	ماهانه	هفتگی	منظم	کم	کوتاه	کم	استافوردشایر بول تریر
همانطور که مورد نیاز است	ماهانه	هفتگی	منظم	متوسط	دو برابر	متوسط	ولپینو ایتالیایی
گاه به گاه	ماهانه	هفتگی	منظم	متوسط	متوسط/بلند	متوسط	ولش اسپرینگر اسپانیل
به طور منظم	ماهانه	روزانه	منظم	کم	طولانی	بالا	یورکشایر تریر

لطفاً توجه داشته باشید که این جدول یک مرور کلی ارائه می‌دهد و ممکن است سگ‌های مختلف نیازهای نظافتی خاصی داشته باشند که می‌تواند متفاوت باشد. همیشه ایده خوبی است که به دستورالعمل‌های نظافت مخصوص هر نژاد مراجعه کنید یا برای .مشاوره شخصی با یک آرایشگر حرفه‌ای مشورت کنید **برس زدن**

ویژگی‌های آموزشی ۴۰ نژاد محبوب

آموزش نکات	نیازهای اجتماعی شدن	نیازهای ورزشی	هوش	آموزش پذیری	نام نژاد
از تقویت مثبت و ثبات در آموزش استفاده کنید	بالا	بالا	بالا	متوسط	مالاموت آلاسکایی
تحریک ذهنی و ورزش منظم را فراهم کنید	بالا	بالا	بالا	بالا	سگ گله استرالیایی
تمرکز بر فعالیت‌های ذهنی و جسمی برای آموزش	بالا	بالا	بالا	بالا	شپرد استرالیایی
از پاداش و تشویقی برای ایجاد انگیزه در آموزش استفاده کنید	بالا	متوسط	متوسط	متوسط	بیگل
انرژی خود را به جلسات آموزشی ساختار یافته هدایت کنند	بالا	بالا	بالا	بالا	مالینویز بلژیکی
از روش‌های تقویت مثبت و آموزش ملایم استفاده کنید	متوسط	متوسط	میانگین	متوسط	سگ کوهستانی برنی
از تقویت مثبت و ثبات در آموزش استفاده کنید	بالا	متوسط	بالا	متوسط	بیچون فریز
ایجاد چالش‌های ذهنی و جسمی در آموزش	بالا	بالا	بالا	بالا	برنیس کوهی
از تقویت مثبت و ثبات در آموزش استفاده کنید	متوسط	متوسط	میانگین	متوسط	بوستون تریر
آموزش را زود شروع کنید و از تقویت مثبت استفاده کنید	بالا	بالا	میانگین	متوسط	باکسر
ارائه تمرینات ذهنی و جسمی برای آموزش	بالا	بالا	میانگین	بالا	بریتنی
از تقویت مثبت و صبر در آموزش استفاده کنید	متوسط	کم	میانگین	کم	بولداگ
ایجاد قوانین و مرزهای ثابت در آموزش	بالا	بالا	بالا	متوسط	کین‌کورسو
از تقویت مثبت و تحریک ذهنی استفاده کنید	بالا	متوسط	بالا	بالا	کاردیگان ولش کورگی

ویژگی‌های آموزشی ۴۰ نژاد محبوب					
آموزش نکات	نیازهای اجتماعی شدن	نیازهای ورزشی	هوش	آموزش پذیری	نام نژاد
استفاده از پاداش و تقویت مثبت در آموزش	بالا	متوسط	میانگین	متوسط	کاوالیر کینگ چارلز اسپانیل
از روش‌های آموزشی ملایم و تقویت مثبت استفاده کنید	متوسط	کم	میانگین	کم	چی‌واوا
تحریک ذهنی و تقویت مثبت را فراهم کنید	بالا	متوسط	میانگین	متوسط	کوکر اسپانیل
در آموزش صبور و منظم باشید	متوسط	متوسط	میانگین	متوسط	داشهاند
ارائه آموزش مداوم و تقویت مثبت	بالا	بالا	بالا	بالا	دوبرمن پینچر
از تقویت مثبت و ثبات در آموزش استفاده کنید	بالا	متوسط	میانگین	متوسط	انگلیش کوکر
از تقویت مثبت و تحریک ذهنی استفاده کنید	بالا	متوسط	میانگین	متوسط	انگلیش ستر
ارائه آموزش مداوم و تحریک ذهنی	بالا	بالا	بالا	بالا	ژرمن شپرد
از تقویت مثبت و ثبات در آموزش استفاده کنید	بالا	بالا	بالا	بالا	گلدن رتریور
آموزش را زود شروع کنید و از روش‌های آموزشی ملایم استفاده کنید	متوسط	متوسط	میانگین	کم	گریت دین
از تقویت مثبت و ثبات در آموزش استفاده کنید	بالا	بالا	بالا	بالا	لابرادور رتریور
از تقویت مثبت و آموزش اجتماعی شدن استفاده کنید	بالا	بالا	بالا	متوسط	لئونبرگر
از تقویت مثبت استفاده کنید و در آموزش صبور باشید	بالا	کم	میانگین	متوسط	مالتیز
از تقویت مثبت و ثبات در آموزش استفاده کنید	بالا	متوسط	بالا	متوسط	اشنایزر مینیاتوری

ویژگی‌های آموزشی ۴۰ نژاد محبوب

آموزش نکات	نیازهای اجتماعی شدن	نیازهای ورزشی	هوش	آموزش پذیری	نام نژاد
آموزش را زود شروع کنید و تحریک ذهنی را فراهم کنید	بالا	بالا	میانگین	متوسط	الکهاند نروژی
از تقویت مثبت و تحریک ذهنی استفاده کنید	بالا	متوسط	بالا	بالا	پودل (استاندارد/مینی/اسباب‌بازی)
ارائه تمرینات ذهنی و جسمی برای آموزش	بالا	بالا	بالا	بالا	پرتگیز واتر
از تقویت مثبت استفاده کنید و در آموزش صبور باشید	متوسط	کم	میانگین	کم	پاگ
رهبری و مرزهای ثابتی ایجاد کنید	بالا	بالا	بالا	متوسط	روت وایلر
از تقویت مثبت و ثبات در آموزش استفاده کنید	متوسط	بالا	میانگین	متوسط	شیبا اینو
استفاده از پاداش و تقویت مثبت در آموزش	متوسط	کم	میانگین	کم	شیتزو
از تقویت مثبت استفاده کنید و ورزش کافی فراهم کنید	بالا	بالا	بالا	متوسط	هاسکی سیبری
از تقویت مثبت و ثبات در آموزش استفاده کنید	بالا	بالا	میانگین	متوسط	استافوردشایر بول تریر
از تقویت مثبت و آموزش اجتماعی شدن استفاده کنید	بالا	متوسط	بالا	متوسط	ولپینو ایتالیایی
ارائه تمرینات ذهنی و جسمی برای آموزش	بالا	بالا	میانگین	بالا	ولش اسپرینگر اسپانیل
از تقویت مثبت و ثبات در آموزش استفاده کنید	متوسط	کم	میانگین	متوسط	یورکشایر تریر

لطفا توجه داشته باشید که آموزش‌پذیری، هوش، نیازهای ورزشی، نیازهای اجتماعی شدن و نکات آموزشی می‌تواند در هر نژاد متفاوت باشد و سگ‌های مختلف ممکن است ویژگی‌ها و نیازهای منحصر به فردی داشته باشند. این جدول یک مرور کلی برای راهنمایی صاحبان در آموزش مؤثر سگ‌هایشان ارائه می‌دهد.
همچنین به یاد داشته باشید، صاحب عزیز، آموزش باید برای هر دوی ما یک تجربه سرگرم کننده و جذاب باشد..جلسات را کوتاه، تعاملی و پر از عشق نگه دارید.

وضعیت سلامت عمومی و سن ۴۰ نژاد محبوب

وضعیت سلامت عمومی و سن ۴۰ نژاد محبوب					
مراقبت‌های پیشگیرانه	واکسیناسیون‌های توصیه‌شده	سطح انرژی	میانگین طول عمر	مشکلات رایج / سلامتی پیش زمینه‌ها	نژاد
ورزش منظم، تحریک ذهنی، مکمل‌های مفاصل	معاینات منظم	بالا	۱۰-۱۴ سال	»دیسپلازی مفصل ران کندرودیسپلازی، آب مروارید	مالاموت آلاسکایی
ورزش منظم، تحریک ذهنی، آموزش	واکسیناسیون پیشگیرانه	بسیار بالا	۱۲-۱۵ سال	»دیسپلازی مفصل ران آتروفی پیشرونده شبکیه	سگ گله استرالیایی
ورزش منظم، تحریک ذهنی، آموزش اطاعت	مراقبت‌های دامپزشکی روتین	بالا	۱۲-۱۵ سال	»دیسپلازی مفصل ران ناهنجاری چشم سگ کولی، صرع	شپرد استرالیایی
ورزش منظم، تحریک ذهنی، مدیریت وزن	واکسیناسیون پیشگیرانه	متوسط	۱۲-۱۵ سال	بیماری دیسک بین مهره‌ای، صرع	بیگل
ورزش منظم، تحریک ذهنی، آموزش اطاعت	معاینات منظم	بسیار بالا	۱۰-۱۲ سال	»دیسپلازی مفصل ران آتروفی پیشرونده شبکیه	مالینویز بلژیکی
ورزش منظم، مکمل‌های مفاصل، معاینات منظم	واکسیناسیون پیشگیرانه	متوسط	۷-۱۰ سال	»دیسپلازی مفصل ران »دیسپلازی آرنج سرطان	سگ کوهستانی برنی
آراستگی منظم، بهداشت دهان و دندان، تغذیه مناسب	مراقبت‌های دامپزشکی روتین	متوسط	۱۴-۱۶ سال	دررفتگی کشکک زانو، آلرژی	بیچون فریز
ورزش منظم، تحریک ذهنی، آموزش اطاعت	واکسیناسیون پیشگیرانه	بسیار بالا	۱۲-۱۵ سال	»دیسپلازی مفصل ران ناهنجاری چشم سگ کولی، صرع	برنیس کوهی
ورزش منظم، بهداشت دهان و دندان، کنترل وزن	مراقبت‌های دامپزشکی منظم	متوسط	۱۱-۱۳ سال	»سندرم براکی سفالیک دررفتگی کشکک زانو	بوستون تریر
ورزش منظم، تحریک ذهنی، معاینات منظم	واکسیناسیون پیشگیرانه	بالا	۱۰-۱۲ سال	»دیسپلازی مفصل ران کاردیومیوپاتی بوکسور	باکسر
ورزش منظم، تحریک ذهنی، آموزش اطاعت	مراقبت‌های دامپزشکی روتین	بالا	۱۲-۱۴ سال	»دیسپلازی مفصل ران صرع	بریتنی
ورزش منظم، بهداشت دهان و دندان، کنترل وزن	معاینات منظم	کم تا متوسط	۸-۱۰ سال	»سندرم براکی سفالیک دیسپلازی مفصل ران	بولداگ
ورزش منظم، تحریک ذهنی، معاینات منظم	واکسیناسیون پیشگیرانه	متوسط	۹-۱۲ سال	»دیسپلازی مفصل ران کاردیومیوپاتی اتساعی	کین‌کورسو
ورزش منظم، تحریک ذهنی، مدیریت وزن	واکسیناسیون پیشگیرانه	متوسط	۱۲-۱۵ سال	آتروفی پیشرونده شبکیه، بیماری دیسک بین مهره‌ای	کاردیگان ولش کورگی
ورزش منظم، تحریک ذهنی، معاینات منظم	واکسیناسیون پیشگیرانه	متوسط	۱۲-۱۵ سال	آتروفی پیشرونده شبکیه، دیسپلازی مفصل ران	کاوالیر کینگ چارلز اسپانیل
ورزش منظم، تحریک ذهنی، مدیریت وزن	مراقبت‌های دامپزشکی روتین	متوسط	۱۲-۱۶ سال	بیماری دیسک بین مهره‌ای، دررفتگی کشکک زانو	داشهاند

وضعیت سلامت عمومی و سن ۴۰ نژاد محبوب

مراقبت‌های پیشگیرانه	واکسیناسیون‌های توصیه‌شده	سطح انرژی	میانگین طول عمر	مشکلات رایج / سلامتی پیش زمینه ها	نژاد
ورزش منظم، تحریک ذهنی، آموزش اطاعت	واکسیناسیون پیشگیرانه	بالا	۱۰-۱۳ سال	کاردیومیوپاتی اتساعی، سندرم وابلر	دوبرمن پینچر
ورزش منظم، تحریک ذهنی، معاینات منظم	مراقبت‌های دامپزشکی روتین	متوسط	۱۲-۱۴ سال	دیسپلازی مفصل ران، آتروفی پیشرونده شبکیه	انگلیش کوکر
ورزش منظم، تحریک ذهنی، معاینات منظم	مراقبت‌های دامپزشکی روتین	متوسط	۱۲-۱۴ سال	دیسپلازی، مفصل ران آتروفی پیشرونده شبکیه	انگلیش ستر
ورزش منظم، تحریک ذهنی، معاینات منظم	واکسیناسیون پیشگیرانه	متوسط	۱۰-۱۲ سال	دیسپلازی مفصل ران، کم کاری تیروئید	ژرمن شپرد
ورزش منظم، تحریک ذهنی، آموزش اطاعت	واکسیناسیون پیشگیرانه	بالا	۹-۱۳ سال	دیسپلازی، مفصل ران میلوپاتی دژنراتیو	گلدن رتریور
ورزش منظم، تحریک ذهنی، معاینات منظم	مراقبت‌های دامپزشکی روتین	بالا	۱۰-۱۲ سال	دیسپلازی، مفصل ران لنفوم، آتروفی پیشرونده شبکیه	گلدن رتریور
ورزش منظم، تحریک ذهنی، معاینات منظم	واکسیناسیون پیشگیرانه	کم	۶-۸ سال	کاردیومیوپاتی اتساعی، اتساع معده‌ولوولوس	گریت دین
ورزش منظم، تحریک ذهنی، مکمل‌های مفاصل	مراقبت‌های دامپزشکی منظم	متوسط	۸-۱۰ سال	دیسپلازی، مفصل ران استئوسارکوم	لئونبرگر
ورزش منظم، تحریک ذهنی، معاینات منظم	واکسیناسیون پیشگیرانه	متوسط	۱۲-۱۵ سال	آتروفی، پیشرونده شبکیه پانکراتیت	اشنایزر مینیاتوری
ورزش منظم، تحریک ذهنی، مدیریت وزن	مراقبت‌های دامپزشکی روتین	متوسط	۱۲-۱۵ سال	دیسپلازی، مفصل ران آتروفی پیشرونده شبکیه	الکهاند نروژی
ورزش منظم، تحریک ذهنی، معاینات منظم	واکسیناسیون پیشگیرانه	بالا	۱۰-۱۸ سال	دیسپلازی، مفصل ران آتروفی پیشرونده شبکیه	پودل (استاندارد/مینی/اسباب‌بازی)
ورزش منظم، تحریک ذهنی، معاینات منظم	واکسیناسیون پیشگیرانه	متوسط	۱۰-۱۴ سال	دیسپلازی، مفصل ران آتروفی پیشرونده شبکیه	پرتگیز واتر

وضعیت سلامت عمومی و سن ۴۰ نژاد محبوب					
مراقبت‌های پیشگیرانه	واکسیناسیون‌های توصیه‌شده	سطح انرژی	میانگین طول عمر	مشکلات رایج / سلامتی پیش زمینه ها	نژاد
،ورزش منظم بهداشت دهان ،و دندان کنترل وزن	مراقبت‌های دامپزشکی منظم	کم	۱۲-۱۵ سال	سندرم براکی ،سفالیک دررفتگی کشکک	پاگ
،ورزش منظم ،تحریک ذهنی بهداشت دهان و دندان	معاینات منظم	متوسط	۱۲-۱۵ سال	دررفتگی ،کشکک زانو آلرژی	شیبا اینو
آراستگی منظم، بهداشت ،دهان و دندان مدیریت وزن	مراقبت‌های دامپزشکی روتین	کم تا متوسط	۱۰-۱۸ سال	سندرم براکی ،سفالیک دررفتگی کشکک زانو	شیتزو
،ورزش منظم ،تحریک ذهنی معاینات منظم	واکسیناسیون پیشگیرانه	بالا	۱۲-۱۴ سال	دیسپلازی ،مفصل ران آتروفی پیشرونده شبکیه	هاسکی سیبری
،ورزش منظم ،تحریک ذهنی معاینات منظم	واکسیناسیون پیشگیرانه	بالا	۱۲-۱۴ سال	L-2- اسیدوری هیدروکسی ،گلوتاریک دررفتگی کشکک	استافوردشایر بول تریر
،ورزش منظم ،تحریک ذهنی معاینات منظم	مراقبت‌های دامپزشکی روتین	متوسط	۱۴-۱۶ سال	دررفتگی کشکک، آتروفی پیشرونده شبکیه	ولپینو ایتالیایی
،ورزش منظم ،تحریک ذهنی معاینات منظم	واکسیناسیون پیشگیرانه	متوسط	۱۲-۱۵ سال	دیسپلازی ،مفصل ران آتروفی پیشرونده شبکیه	ولش اسپرینگر اسپانیل
،ورزش منظم بهداشت دهان ،و دندان کنترل وزن	ویزیت‌های روتین دامپزشکی	کم تا متوسط	۱۲-۱۵ سال	شانت ،پورتوسیستمیک کلاپس نای	یورکشایر تریر

لطفا توجه داشته باشید که آموزش‌پذیری، هوش، نیازهای ورزشی، نیازهای اجتماعی شدن و نکات آموزشی می‌تواند در هر نژاد متفاوت باشد و سگ‌های مختلف ممکن است ویژگی‌ها و نیازهای منحصر به فردی داشته باشند. این جدول یک مرور کلی برای راهنمایی صاحبان در آموزش مؤثر سگ‌هایشان ارائه می‌دهد.

.همچنین به یاد داشته باشید، صاحب عزیز، آموزش باید برای هر دوی ما یک تجربه سرگرم کننده و جذاب باشد. جلسات را کوتاه، تعاملی و پر از عشق نگه دارید.

داده‌های فیزیولوژیکی ۴۰ نژاد

داده‌های فیزیولوژیکی ۴۰ نژاد				
نژاد	**اندازه**	**ارتفاع (سانتی متر)**	**وزن (کیلوگرم)**	**پوشش**
مالاموت آلاسکایی	بزرگ	۶۶ _ ۶۱	مرد: ۳۸_۵۰ زن: ۳۴_۴۰	ضخیم، دو لایه
سگ گله استرالیایی	متوسط	۵۱ _ ۴۳	مرد: ۱۵_۲۲ زن: ۱۴_۲۰	پوشش کوتاه و متراکم
شپرد استرالیایی	متوسط-بزرگ	۵۸ _ ۴۶	مرد: ۲۵_۳۲ زن: ۱۶_۳۲	قد متوسط، دو لایه
بیگل	کوچک-متوسط	۴۱ _ ۳۳	۴۱۸۵۲	کت کوتاه و شیک
مالینویز بلژیکی	متوسط-بزرگ	۶۶ _ ۶۱	مرد: ۲۵_۳۰ زن: ۲۲_۲۵	پوشش کوتاه و متراکم
سگ کوهستانی برنی	بزرگ	۷۰ _ ۵۸	مرد: ۴۵_۵۰ زن: ۳۸_۵۰	پوشش بلند، ضخیم و موج‌دار
بیچون فریز	کوچک-متوسط	۳۰ _ ۲۳	مرد: ۳_۵.۵ زن: ۳_۵	پوشش مجعد و متراکم
برنیس کوهی	متوسط	۵۳ _ ۴۶	مرد: ۱۴_۲۰ زن: ۱۲_۱۵	قد متوسط، دو لایه
بوستون تریر	کوچک-متوسط	۴۳ _ ۳۸	مرد: ۵_۱۱ زن: ۴_۷	پوشش کوتاه و صاف
باکسر	متوسط-بزرگ	۶۳ _ ۵۳	مرد: ۲۵_۳۲ زن: ۲۲_۲۹	پوشش کوتاه و صاف
بریتنی	متوسط	۵۲ _ ۴۳	،مرد: ۱۴_۱۸ سال زن: ۱۲.۵_۱۵.۵	پوشش موج‌دار با طول متوسط
بولداگ	متوسط	۴۰ _ ۳۱	مرد ۲۲_۲۵ ساله زن ۱۸_۲۳ ساله	پوشش کوتاه و صاف
کین‌کورسو	بزرگ	۶۸ _ ۶۴	مرد: ۴۵_۵۰ زن: ۴۰_۴۵	پوشش کوتاه و متراکم
کاردیگان ولش کورگی	کوچک-متوسط	۳۱ _ ۲۵	مرد: ۱۲_۱۷ زن: ۱۱_۱۵	پوشش متراکم و با طول متوسط
کاوالیر کینگ چارلز اسپانیل	کوچک-متوسط	۳۳ _ ۳۰	نر و ماده ۹_۵	کت بلند و ابریشمی
چی‌واوا	کوچک-کوچک	۲۳ _ ۱۵	نر و ماده ۳_۱.۵	پوشش کوتاه و صاف
کوکر اسپانیل	متوسط	۴۱ _ ۳۶	مرد: ۱۲_۱۶ زن: ۱۱_۱۴	پوشش ابریشمی با طول متوسط
داشهاند	کوچک-متوسط	۲۳ _ ۱۳	نر و ماده ۱۲_۵	پوشش کوتاه و صاف
دوبرمن پینچر	بزرگ	۷۲ _ ۶۳	مرد: ۳۴_۴۵ زن: ۲۷_۴۱	پوشش کوتاه و صاف
انگلیش کوکر	متوسط	۴۳ _ ۳۸	مرد: ۱۳_۱ زن: ۱۲_۱۵	پوشش ابریشمی با طول متوسط
انگلیش ستر	متوسط-بزرگ	۶۹ _ ۶۱	مرد: ۲۵_۳۶ زن: ۲۰_۳۰	کت بلند و ابریشمی
ژرمن شپرد	بزرگ	۶۵ _ ۵۵	مرد: ۳۰_۴۰ زن: ۲۲_۳۲	پوشش دو لایه با زیرلایه متراکم

داده‌های فیزیولوژیکی ۴۰ نژاد

پوشش	وزن (کیلوگرم)	ارتفاع (سانتی متر)	اندازه	نژاد
پوشش متراکم و ضد آب	مرد: ۲۹_۳۴ زن: ۲۵_۳۲	۵۱ _ ۶۱	بزرگ	گلدن رتریور
پوشش کوتاه و صاف	مرد: ۵۴_۹۰ زن: ۴۵_۵۹	۷۱ _ ۸۶	غول بزرگ	گریت دین
پوشش کوتاه و متراکم	مرد: ۲۹_۳۶ زن: ۲۵_۳۲	۵۵ _ ۶۲	بزرگ	لابرادور رتریور
پوشش متراکم و مقاوم در برابر آب	مرد: ۵۴_۷۷ زن: ۴۱_۵۴	۶۵ _ ۸۰	غول بزرگ	لئونبرگر
کت بلند و ابریشمی	مرد: ۵.۵_۸ زن: ۴.۵_۶.۵	۲۰ _ ۲۵	کوچک-کوچک	مالتیز
دو لایه با رویه سیمی	مرد: ۵_۸، زن: ۴_۶	۳۰ _ ۳۶	کوچک-متوسط	اشنایزر مینیاتوری
پوشش دو لایه با زیرلایه متراکم	مرد: ۲۳_۲۸ زن: ۱۸_۲۳	۴۸ _ ۵۳	متوسط	الکهاند نروژی
پوشش فرفری و ضد حساسیت	سن: مرد: ۱۸_۳۲ سال سن: زن: ۱۸_۲۷ سال :سن: مرد: ۴_۶ سال سن سال سن: مرد: ۲_ ۵_۳.۵ سال سن ۴ زن: ۲_۳	۲۴ _ ۶۰	کوچک-بزرگ	پودل استاندارد/مینی/(اسبا ببازی)
پوشش مجعد و مقاوم در برابر آب	مرد: ۱۹_۲۷ زن: ۱۶_۲۳	۴۳ _ ۵۷	متوسط-بزرگ	پرتگیز واتر
پوشش کوتاه و صاف	مرد: ۶_۹ زن ۵_۸ ساله	۲۵ _ ۳۶	کوچک-متوسط	پاگ
پوشش کوتاه و متراکم	مرد: ۵۰_۶۰ زن: ۳۵_۴۸	۵۶ _ ۶۹	بزرگ	روت وایلر
دو لایه با لایه بیرونی صاف	مرد: ۱۰_۱۱ زن: ۸_۹	۳۵ _ ۴۳	متوسط	شیبا اینو
کت بلند و روان	نر و ماده ۴_۹	۲۰ _ ۲۸	کوچک	شیتزو
ضخیم، دو لایه	مرد: ۲۰_۲۸ زن: ۱۶_۲۳	۵۰ _ ۶۰	متوسط-بزرگ	هاسکی سیبری
پوشش کوتاه و صاف	مرد: ۱۳_۱۷ زن: ۱۱_۱۶	۳۵ _ ۴۰	متوسط	استافوردشایر بول تریر
متراکم، دو لایه	مرد: ۴_۵ زن ۳_۴	۲۶ _ ۳۰	کوچک	ولپینو ایتالیایی
پوشش موج‌دار با طول متوسط	مرد: ۲۰_۲۵ زن: ۱۶_۲۰	۴۶ _ ۴۸	متوسط	ولش اسپرینگر اسپانیل
کت بلند و ابریشمی	نر و ماده ۲_۳	۱۷ _ ۲۳	کوچک-کوچک	یورکشایر تریر

لطفاً توجه داشته باشید که اطلاعات ارائه شده کلی است و ممکن است در بین توله سگ‌های مختلف، حتی در یک نژاد، متفاوت باشد. برای مشاوره شخصی‌سازی شده متناسب با جزئیات سگ خاص خود، مشورت با یک دامپزشک یا متخصص ضروری است.

کاوش در دنیای پراضطراب سگ‌ها

سطوح هوش در ۴۰ نژاد محبوب

سطوح هوش در ۴۰ نژاد محبوب	
سگ‌های این رده باهوش‌ترین سگ‌ها محسوب می‌شوند و می‌توانند یک فرمان جدید را در کمتر از ۵ تکرار یاد بگیرند. آن‌ها همچنین تمایل دارند فرمان‌های جدید را به سرعت درک کنند و می‌توانند فرمان‌ها را به موقعیت‌های جدید تعمیم دهند.	**ردیف ۱: باهوش‌ترین سگ‌ها**
سگ‌های این رده بسیار باهوش هستند و می‌توانند یک فرمان جدید را در کمتر از ۵ تا ۱۵ بار تکرار یاد بگیرند. آن‌ها معمولاً فرمان‌های جدید را به سرعت می‌فهمند و می‌توانند آن‌ها را به موقعیت‌های جدید تعمیم دهند.	**رده ۲: سگ‌های کاری عالی**
سگ‌های این رده از نظر هوش بالاتر از حد متوسط در نظر گرفته می‌شوند و می‌توانند یک فرمان جدید را در کمتر از ۱۵ تا ۲۵ تکرار یاد بگیرند. آن‌ها ممکن است برای درک دستورات جدید به تکرار بیشتری نیاز داشته باشند، اما همچنان قادر به تعمیم دستورات به موقعیت‌های جدید هستند.	**رده ۳: سگ‌های کاری بالاتر از حد متوسط**
سگ‌های این رده از نظر هوشی متوسط در نظر گرفته می‌شوند و می‌توانند یک فرمان جدید را در کمتر از ۲۵ تا ۴۰ تکرار یاد بگیرند. آن‌ها ممکن است برای درک دستورات جدید به تکرار بیشتری نیاز داشته باشند و در تعمیم دستورات به موقعیت‌های جدید مشکل داشته باشند.	**ردیف ۴: سگ‌های کاری متوسط**
سگ‌های این رده از نظر هوش در سطح متوسطی قرار دارند و می‌توانند یک فرمان جدید را در کمتر از ۴۰ تا ۸۰ بار تکرار یاد بگیرند. آن‌ها ممکن است در درک فرمان‌های جدید مشکل داشته باشند و برای یادگیری آن‌ها به تکرار بیشتری نیاز داشته باشند.	**ردیف ۵: سگ‌های کاري عادل**
سگ‌های این رده کم‌هوش‌ترین سگ‌ها محسوب می‌شوند و ممکن است در یادگیری دستورات جدید، درک آنها یا تعمیم آنها به موقعیت‌های جدید مشکل داشته باشند. آنها ممکن است برای یادگیری یک دستور جدید به بیش از ۱۰۰ تکرار نیاز داشته باشند.	**ردیف ۶: پایین‌ترین درجه‌ی کار**

نژاد	ردیف ۱	ردیف ۲	ردیف ۳	ردیف ۴	ردیف ۵	ردیف ۶
مالاموت آلاسکایی						۲۰٪
سگ گله استرالیایی		۸۵٪				
شپرد استرالیایی		۸۵٪				
بیگل						۳۰٪
مالینویز بلژیکی			۳۰٪			
سگ کوهستانی برنی					۵۰٪	
بیچون فریز						۲۵٪
برنیس کوهی	۹۵٪					
بوستون تریر						۴۰٪
باکسر				۵۰٪		
بریتنی			۳۰٪			
بولداگ						۴۰٪
کین‌کورسو						۳۰٪
کاردیگان ولش کورگی						۸۰٪
کاوالیر کینگ چارلز اسپانیل						۵۰٪
چی‌واوا						۳۰٪
کوکر اسپانیل						۳۰٪
داشهاند						۲۵٪

سطوح هوش در ۴۰ نژاد محبوب						
ردیف ۶	ردیف ۵	ردیف ۴	ردیف ۳	ردیف ۲	ردیف ۱	نژاد
					۸۵٪	دوبرمن پینچر
۵۰٪						انگلیش کوکر
۴۰٪						انگلیش ستر
					۹۵٪	ژرمن شپرد
					۹۵٪	گلدن رتریور
۲۵٪						گریت دین
		۸۵٪				لابرادور رتریور
۵۰٪						لئونبرگر
۵۰٪						مالتیز
۵۰٪						اشنایزر مینیاتوری
۳۰٪						الکهاند نروژی
					۹۵٪	پودل (استاندارد/مینی/اسباب‌بازی)
۵۰٪						پرتگیز واتر
۲۵٪						پاگ
		۸۵٪				روت وایلر
۴۰٪						شیبا اینو
۷۰٪						شیتزو
	۸۵٪					هاسکی سیبری
۴۰٪						استافوردشایر بول تریر
بدون داده						ولپینو ایتالیایی
			۵۰٪			ولش اسپرینگر اسپانیل
۳۰٪						یورکشایر تریر
لطفا توجه داشته باشید که هوش را می‌توان به روش‌های مختلفی اندازه‌گیری کرد و این فقط یک رتبه‌بندی بر اساس مجموعه‌ای از معیارهای خاص است. علاوه بر این، هر سگ منحصر به فرد است و ممکن است صرف نظر از نژاد، هوش و توانایی‌های حل مسئله خود را نشان دهد.						

الگوی خواب، پیادروی و درون/بیرون‌خانه در ۴۰ نژاد

الگوی خواب، پیاده‌روی و درون/بیرون‌خانه در ۴۰ نژاد				
سرپوشیده فضای باز	نیازهای ورزشی	ساعات پیاده‌روی روزانه	ساعات خواب	نژاد
فضای باز	بالا	۲-۳	۱۴-۱۶	مالاموت آلاسکایی
فضای باز	بالا	۲-۳	۱۲-۱۴	سگ گله استرالیایی
فضای باز	بالا	۲-۳	۱۲-۱۴	شپرد استرالیایی
هر دو	متوسط	۱-۲	۱۲-۱۴	بیگل
فضای باز	بالا	۲-۳	۱۲-۱۴	مالینویز بلژیکی
فضای باز	متوسط	۲-۳	۱۴-۱۶	سگ کوهستانی برنی
سرپوشیده	متوسط	۱-۲	۱۴-۱۶	بیچون فریز
فضای باز	بالا	۲-۳	۱۲-۱۴	برنیس کوهی
هر دو	متوسط	۱-۲	۱۲-۱۴	بوستون تریر
سرپوشیده	بالا	۱-۲	۱۲-۱۴	باکسر
فضای باز	بالا	۲-۳	۱۲-۱۴	بریتنی
سرپوشیده	کم	۱-۲	۱۴-۱۶	بولداگ
هر دو	متوسط	۱-۲	۱۲-۱۴	کین‌کورسو
سرپوشیده	متوسط	۱-۲	۱۲-۱۴	کاردیگان ولش کورگی
سرپوشیده	متوسط	۱-۲	۱۲-۱۴	کاوالیر کینگ چارلز اسپانیل
سرپوشیده	کم	۱	۱۴-۱۶	چی‌واوا
هر دو	متوسط	۱-۲	۱۲-۱۴	کوکر اسپانیل
هر دو	متوسط	۱-۲	۱۲-۱۴	داشهاند
فضای باز	بالا	۲-۳	۱۲-۱۴	دوبرمن پینچر
هر دو	متوسط	۲-۳	۱۲-۱۴	انگلیش کوکر
فضای باز	متوسط	۲-۳	۱۲-۱۴	انگلیش ستر
فضای باز	بالا	۲-۳	۱۲-۱۴	ژرمن شپرد
فضای باز	بالا	۲-۳	۱۲-۱۴	گلدن رتریور
سرپوشیده	کم	۱-۲	۱۴-۱۶	گریت دین
فضای باز	بالا	۲-۳	۱۲-۱۴	لابرادور رتریور
فضای باز	متوسط	۲-۳	۱۲-۱۴	لئونبرگر
سرپوشیده	کم	۱-۲	۱۴-۱۶	مالتیز
سرپوشیده	متوسط	۱-۲	۱۲-۱۴	اشنایزر مینیاتوری
هر دو	متوسط	۱-۲	۱۲-۱۴	الکهاند نروژی
سرپوشیده	متوسط	۱-۲	۱۲-۱۴	پودل (استاندارد/مینی/اسباب‌بازی)

الگوی خواب، پیاده‌روی و درون/بیرون‌خانه در ۴۰ نژاد

سرپوشیده فضای باز	نیازهای ورزشی	ساعات پیاده‌روی روزانه	ساعات خواب	نژاد
هر دو	بالا	۲-۳	۱۲-۱۴	پرتگیز واتر
سرپوشیده	کم	۱-۲	۱۴-۱۶	پاگ
فضای باز	بالا	۲-۳	۱۲-۱۴	روت وایلر
هر دو	متوسط	۱-۲	۱۴-۱۶	شیبا اینو
سرپوشیده	کم	۱-۲	۱۴-۱۶	شیتزو
فضای باز	بالا	۲-۳	۱۴-۱۶	هاسکی سیبری
هر دو	بالا	۲-۳	۱۲-۱۴	استافوردشایر بول تریر
سرپوشیده	متوسط	۱-۲	۱۲-۱۴	ولپینو ایتالیایی
فضای باز	بالا	۲-۳	۱۲-۱۴	ولش اسپرینگر اسپانیل
سرپوشیده	کم	۱-۲	۱۴-۱۶	یورکشایر تریر

به یاد داشته باشید که این‌ها دستورالعمل‌های کلی هستند و سگ‌های مختلف ممکن است بر اساس سن، سلامتی و سطح انرژی کلی خود، نیازهای کمی متفاوتی داشته باشند. همیشه با یک دامپزشک مشورت کنید تا مطمئن شوید که نیازهای خاص دوست پشمالوی خود را برآورده می‌کنید. چرت زدن و جنب و جوش خوبی داشته باشید!

جدول مراحل رشد توله سگ

سن (هفته)	رشد فیزیکی	رشد رفتاری	مراحل مهم آموزش	مراقبت‌های بهداشتی	برنامه تغذیه	آموزش توالت رفتن	اجتماعی شدن
۱-۲	چشم و گوش باز	خزیدن، محدودیت حرکتی	هیچکدام	اولین مراجعه به دامپزشک	شیر خوردن مکرر از مادر	هنوز شروع نشده	مواجهه زودهنگام با لمس ملایم انسان
۳-۴	شروع به راه رفتن	پرورش حواس و آگاهی	آشنایی با دستورات اولیه	برنامه واکسیناسیون آغاز شد	انتقال به غذای نرم توله سگ	شروع به معرفی پدهای توله سگ یا فضای باز کنید	آشنایی ملایم با حیوانات دیگر
۵-۶	اولین دندان‌های شیری پدیدار می‌شوند	کنجکاوی و اکتشاف	آموزش خانه تکانی آغاز شد	واکسیناسیون را ادامه دهید	وعده‌های غذایی منظم با غذای توله سگ	برنامه منظم آموزش توالت رفتن	تجربیات مثبت با افراد جدید
۷-۸	دندان‌های بزرگسالی شروع به درآمدن می‌کنند	افزایش تحرک و بازیگوشی	آشنایی با قلاده و بند قلاده	معاینات منظم و انگل‌زدایی	وعده‌های غذایی برنامه‌ریزی‌شده با وعده‌های غذایی مناسب	تقویت مداومت در آموزش توالت رفتن	قرار گرفتن در معرض محیطهای مختلف
۹-۱۲	جهش رشد	هماهنگی و تعادل بهبود یافته	آموزش پیشرفته فرمانبرداری	ملاحظات عقیم‌سازی	وعده‌های غذایی برنامه‌ریزی‌شده با وعده‌های غذایی مناسب	مهارت‌های آموزش توالت رفتن را بهبود بخشید	ادامه معاشرت با انسان‌ها/حیوانات
۱۳-۱۶	مرحله نوجوانی	بلوغ جنسی	آموزش پیشرفته فرمانبرداری	،مراقبت از دندان پیشگیری از کک و کنه	وعده‌های غذایی منظم با وعده‌های غذایی مناسب	تقویت مداومت در آموزش توالت رفتن	مواجهه مداوم با تجربیات جدید
۱۷-۲۰	بدن کاملاً توسعه یافته	بلوغ رفتاری و استقلال	دستورات و ترفندهای پیشرفته	معاینات منظم بهداشتی و واکسیناسیون	وعده‌های غذایی منظم با وعده‌های غذایی مناسب	تقویت مداوم آموزش توالت رفتن	حفظ تعاملات اجتماعی مثبت
۲۰+	سگ بالغ -	بلوغ کامل	ادامه آموزش پیشرفته	نظافت منظم و مراقبت‌های پیشگیرانه	وعده‌های غذایی منظم با وعده‌های غذایی مناسب	عادات خوب دستشویی رفتن را تقویت کنید	اجتماعی شدن مداوم و تحریک ذهنی

این جدول یک جدول زمانی کلی و راهنمای کلی برای کمک به صاحبان توله سگ‌های جدید ارائه می‌دهد تا جنبه‌های ضروری مراقبت و رشد را پیگیری کنند. با این حال، توجه به این نکته مهم است که هر توله سگ منحصر به فرد است و هر توله سگ ممکن است نیازها و تغییرات منحصر به فردی داشته باشد. برای برنامه‌های واکسیناسیون خاص و توصیه‌های غذایی متناسب با نژاد، اندازه و نیازهای سلامتی توله سگ خود، با دامپزشک خود مشورت کنید.

به یاد داشته باشید، این جدول به عنوان نقطه شروع عمل می‌کند و سفر توله سگ شما پر از اکتشافات و تنظیمات هیجان‌انگیز در طول مسیر خواهد بود. از ماجراجویی بزرگ کردن یک توله سگ شاد و سالم لذت ببرید! واو!

دستورالعمل برای ترجمه وب سایت

برای مشاهده وب‌سایت‌ها به زبان‌های دیگر با استفاده از مترجم گوگل، مراحل زیر را دنبال کنید

https://translate.google.com.au/

1. **باز کردن‌برنامه** به مرورگر وب خود بروید و عبارت « گوگل ترنسلیت » را جستجو کنید یا مستقیماً به Translate.google.com مراجعه کنید. سپس روی دکمه وب‌سایت کلیک کنید

2. **انتخاب زبان‌ها**: در سمت چپ صفحه گوگل ترنسلیت، زبان مبدا (زبان وب‌سایتی که می‌خواهید ترجمه کنید، مثلاً انگلیسی) و در سمت راست، زبان مقصد (زبانی که وب‌سایت باید به آن ترجمه شود مثلاً فارسی) را انتخاب کنید .

3. **آدرس وب‌سایت را وارد کنید** : آدرس وب‌سایتی را که می‌خواهید ترجمه کنید در فیلد مربوطه وارد کنید.

کاوش در دنیای پراضطراب سگ‌ها

4. **انتخاب زبان مقصد** : به طور پیش‌فرض، گوگل ترنسلیت سعی می‌کند زبان مقصد را بر اساس تنظیمات مرورگر شما تعیین کند.

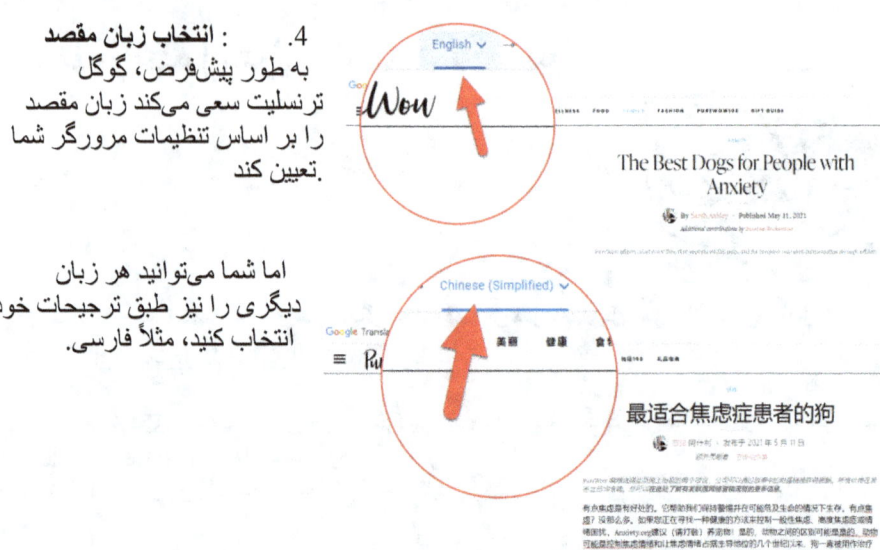

اما شما می‌توانید هر زبان دیگری را نیز طبق ترجیحات خود انتخاب کنید، مثلاً فارسی.

5. **مرور وب‌سایت ترجمه‌شده** : اکنون می‌توانید مانند هر صفحه وب دیگری در وب‌سایت ترجمه‌شده جستجو کنید. به خاطر داشته باشید که ترجمه ممکن است بی‌نقص نباشد، به‌خصوص برای محتوای پیچیده یا تخصصی، اما باید درک کلی از محتوای وب‌سایت به شما بدهد.

6. **تغییر به زبان اصلی:** شما می‌توانید در هر زمانی بین زبان پیش‌فرض و زبان انتخابی خود تغییر دهید. کافیست روی دکمه «ترجمه» در گوشه سمت راست بالای صفحه کلیک کنید و «زبان اصلی» یا «ترجمه» را انتخاب کنید.

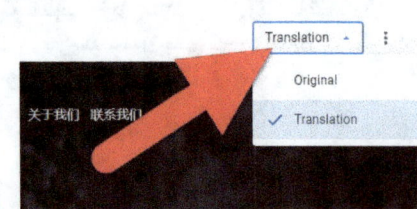

لطفاً توجه داشته باشید که قالب مترجم گوگل ممکن است به مرور زمان تغییر کند. برای دسترسی به جدیدترین دستورالعمل‌ها، توصیه می‌کنیم با استفاده از مرورگرهای اینترنتی به صورت آنلاین جستجو کنید.

واژه‌نامه

ووف ووف بگذارید چند اصطلاح رایج را با شما در میان بگذارم که باعث می‌شود ما سگ‌ها از خوشحالی دممان ! را تکان دهیم. این کلمات مانند کد مخفی ما برای داشتن تعاملات عالی با شما هستند. بنابراین، اگر در کتاب به کلمه‌ای برخوردید که باعث شد بگویید : ها؟ فقط کافی است به واژه‌نامه مراجعه کنید تا معنی آن را بفهمید! این روش ما برای کمک به شما در یادگیری زبانمان است و باور کنید، این کار باعث می‌شود اوقات با هم بودنمان حتی لذت‌بخش‌تر هم بشود!

Adap به فرزندی پذیرفتن

عمل استقبال از یک سگ بی‌خانمان یا رها شده در یک خانه‌ی همیشگی و پر از عشق، و دادن شانس دوباره برای خوشبختی به آنها.

Backup پشتیبان

وقتی اینو میگی، میدونم وقتشه چند قدم به عقب بردارم.

Bark پارس

روش ما برای ابراز عقیده، چه برای محافظت از قلمرومان باشد و چه برای جلب توجه شما.

Barking mad پارس کردن دیوانه‌وار

وقتی احساس سرزندگی و انرژی زیادی داریم، این روش ماست تا به شما اطلاع دهیم که برای هیجان آماده‌ایم.

Belly rub مالش شکم

مانند ماساژ سگ، این یک لذت خالص است که ما را غرق در شادی می‌کند .

Best friend بهترین دوست

انسان خاصی که جایگاه ویژه‌ای در قلب‌های ما دارد، عشق، همراهی و ماجراجویی‌های بی‌پایان را به ما هدیه می‌دهد.

Butt Wiggle تکان دادن باسن

اوه، این یکی خیلی خنده داره! باسنم تکون می‌خوره در حالی که پاهای جلویی‌ام ثابت می‌مونن. مثل گرم کردن قبل ازبغل کردن گروهی می‌مونه، یعنی دارم از خوشحالی منفجر می‌شم!

Crawl خزیدن

یک ترفند جالب که در آن خیلی پایین به جلو حرکت می‌کنم، مثل یک خزیدن یواشکی.

Cuddle بغل

عمل دلگرم‌کننده‌ی در آغوش گرفتن و نزدیک شدن به یکدیگر، که پیوندی از عشق و گرما ایجاد می‌کند.

Down پایین

یعنی باید روی شکمم دراز بکشم، آماده برای نوازش یا خوراکی.

Go Boop بوپ کن

یعنی وقتی که به آرامی به بینی‌ام ضربه می‌زنی – مثل یک سلام کوچولو می‌ماند!

Good boy/girl پسر/دختر خوب

کلماتی که دوست داریم از انسان‌های اطرافمان بشنویم، کلماتی که ما را به خاطر رفتار خوبمان تحسین می‌کنند و باعث می‌شوند احساس کنیم دوست داشته شده‌ایم و از ما قدردانی می‌شود.

آرایش Grooming

فرآیند تمیز و زیبا نگه داشتن : مو چه از طریق برس زدن، حمام کردن یا کوتاه کردن آن.

Happy Helicopter هلیکوپتر شاد

تصور کنید دم من مثل ملخ هلیکوپتر می‌چرخد. بله، این یک هلیکوپتر شاد است! این اتفاق زمانی می‌افتد که من خیلی هیجان‌زده هستم یا مشتاقانه منتظر چیزی سرگرم‌کننده هستم.

Hide قایم شو

اوه، بازی قایم موشک! من عاشق پیدا کردن تو و خوراکی‌ها هستم !

Hug آغوش

وقتی دستانت را دور من می‌گذاری، عشق و گرمای تو را حس می‌کنم.

Leash قلاده

همراه قابل اعتماد ما که در طول ماجراجویی‌هایمان ما را ایمن و متصل به انسان‌های اطرافمان نگه می‌دارد .

Nap Time چرت زدن

سرگرمی مورد علاقه ما این است که در یک جای دنج لم بدهیم و با یک چرت زدن دلچسب، انرژی خود را بازیابیم.

Nervous Nudge تکان عصبی

وقتی کمی مردد یا کمی مضطرب هستم، دمم را سریع و با تردید تکان می‌دهم. این روش من برای گفتن این : است که "در مورد این موضوع کاملاً مطمئن نیستم، اما دارم تلاش می‌کنم!"

پنجه کشیدن Paw

این روش من برای ابراز علاقه یا درخواست خوراکی از شماست .

Play Time قرار بازی

یک دورهمی شاد و مفرح با دوستان پشمالویمان، جایی که می‌توانیم : جیغ وداد کنیم، دنبال هم بدویم و حسابی دم تکان بدهیم.

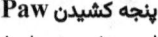

Rescue نجات

عمل قهرمانانه نجات یک سگ از یک موقعیت دشوار یا ناامن، فراهم کردن عشق، مراقبت و خانه‌ای ابدی برای او.

Roll over غلتیدن
یک دستور بازیگوشانه برای اینکه به پشت بچرخم - وقت ماساژ شکم است!

Sniff بو کشیدن
حس بویایی فوق‌العاده قدرتمند ما که به ما امکان می‌دهد دنیای اطرافمان را کشف و کاوش کنیم.

دوستِ بغلی Snuggle Buddy
یک دوست پشمالو یا یک انسان که عاشق نوازش و بغل کردن ماست و به ما راحتی و گرما می‌دهد.

تکان دادن دم Tail Flagging
دمم را بالا نگه می‌دارم و به آرامی آن را از یک طرف به طرف دیگر تکان می‌دهم و اعتماد به نفس و انرژی مثبتم را به نمایش می‌گذارم. احساس خیلی خوبی دارم!

Tail twist پیچش دم
وقتی دمم یه رقص کوچیک می‌کنه که نشون می‌ده چقدر از دیدنت هیجان‌زده و خوشحالم!

Touch لمس کردن
وقتی این را می‌گویی، می‌دانم که باید بینی‌ام را به دستت فشار دهم.

Training آموزش
فرآیند یادگیری مهارت‌ها و رفتارهای جدید از طریق تقویت مثبت، که به ما کمک می‌کند تا همراهانی خوش‌رفتار و مطیع باشیم.

Treat Time وقت خوشگذرانی
لحظه‌ای که خیلی‌ها منتظرش هستند و به خاطر خوب بودنشان با خوراکی‌های خوشمزه پاداش می‌گیرند.

Treat خوراکی
پاداش نهایی برای بهترین همراه پشمالو بودن، یک لذت خوشمزه که نمی‌توانیم در برابرش مقاومت کنیم.

Vet دامپزشک
اوه، دامپزشک دکترما پشمالوهاست! آنها از سلامت و رفاه ما مراقبت می‌کنند. مراجعه منظم به دامپزشک برای معاینات، واکسیناسیون و هرگونه نگرانی در مورد سلامتی مهم است. آنها به ما کمک می‌کنند تا سالم و شاد بمانیم.

شادیها Wags

Full Body Wags تکان دادن تمام بدن
خودتان را برای این یکی آماده کنید! نمی‌توانم هیجانم را کنترل کنم، بنابراین تمام بدنم به جشن تکان دادن می‌پیوندد. این یک شادی خالص است که رها شده است!

کاوش در دنیای پراضطراب سگ‌ها

Happy Sniff Wags تکان دادن دم با لذت

وای، وقتی دارم یه چیز جذاب رو بو می‌کشم، دمم از هیجان تکون می‌خوره! انگار دارم می‌گم: "این بوی فوق‌العاده‌ای داره! بیا کشفش کنیم!"

Slow Wags تکان دادن آهسته

گاهی اوقات، دمم را به آرامی و با دقت تکان می‌دهم. انگار دارم می‌گویم: «من کنجکاوم، اما دارم برای فهمیدنش وقت می‌گذارم".

Subtle Wags تکان دادن ملایم

گاهی اوقات، من یک تکان ملایم می‌دهم، فقط یک حرکت کوچک دمم. این نشان می‌دهد که من در آن لحظه راضی و آرام هستم.

Tail Wag تکان دادن دم

بیان افسانه‌ای شادی و خوشبختی، تکانی که می‌گوید دوستت داریم.

Wait صبر کن

این یکی مهمه – یعنی باید مکث کنم و برای اشاره بعدیت صبور باشم.

Walk قدم زدن

برای ما سگ‌ها، شنیدن کلمه‌ی "بریم پیاده‌روی؟" مثل موسیقی به گوشمونه! یعنی وقتشه دنیا رو بو بکشیم، چیزای تازه کشف کنیم و در کنار آدم محبوبمون ورزش کنیم. دم‌هامون تکون می‌خوره، قلب‌هامون می‌زنه، و شادی می‌ریزه تو تموم وجودمون!

Walkies پیاده‌روی

:یعنی ماجراجویی هیجان‌انگیز با آدم‌مون! یعنی وقتشه بریم دور و بر رو کشف کنیم، بوهای تازه رو دنبال کنیم و تو هوای آزاد کلی کیف کنیم. هیچ‌چیزی اندازه‌ی یه "پیاده‌روییی!" با آدم محبوبمون حال نمی‌ده!

Wave دست تکان دادن

من پنجه‌ام را برای گفتن سلام یا خداحافظی بالا می‌برم، درست مثل یک دست تکان دادن دوستانه!

Zoomies زومی ها

آن انفجارهای شادی و انرژی خالص که باعث می‌شود در خانه یا حیاط به صورت دایره‌ای یا زیگزاگ بدویم.

ثبت خاطرات سگ من

ثبت خاطرات سگ من

راهنمایی ضروری برای دوستداران سگ‌ها